# 谱牒、碑文、祭文赏析

主　编　陈建平
副主编　高振茂　张永选　杜树泽

兰州大学出版社

**图书在版编目(CIP)数据**

谱牒、碑文、祭文赏析/陈建平主编．—兰州:兰州大学出版社,2009.9

(2009农家书屋文库)

ISBN 978-7-311-03415-3

Ⅰ．谱… Ⅱ．陈… Ⅲ．①家谱—鉴赏—中国②碑帖—鉴赏—中国③祭文—鉴赏—中国 Ⅳ．K820.9 K877.424 I207.6

中国版本图书馆CIP数据核字(2009)第170773号

责任编辑 钟 静
封面设计 管军伟

书　　名　谱牒、碑文、祭文赏析
主　　编　陈建平
副 主 编　高振茂　张永选　杜树泽
出版发行　兰州大学出版社　(地址:兰州市天水南路222号　730000)
电　　话　0931-8912613(总编办公室)　0931-8617156(营销中心)
　　　　　0931-8914298(读者服务部)
网　　址　http://www.onbook.com.cn
电子信箱　press@onbook.com.cn
印　　刷　兰州德辉印刷有限责任公司
开　　本　710×1020　1/16
印　　张　17
字　　数　290千
版　　次　2009年9月第1版
印　　次　2009年9月第1次印刷
书　　号　ISBN 978-7-311-03415-3
定　　价　27.20元

# 前 言

谱牒是中国宗法血缘文化的产物，记录着家族的发源、生育、繁衍、荣衰和升沉历史的全过程，包含了诸如姓氏渊源、世系演变、人口增减、支脉迁徙、宗族文化、风俗习惯和社会变故等很多内容，其中蕴藏着有关人口学、社会学、民族学、经济史、人物传记、宗族制度以及地方史等方面的丰富资料，并含有大量可供海内外炎黄子孙寻根认祖的线索。它不仅对开展学术研究具有重要价值，而且对满足海外侨胞、港澳台同胞寻根谒祖的意愿也有积极的作用。

编纂家谱是宗族社会的一项重要活动。修谱，既要展示出谱牒所要求的基本内容，使它确能起到考世系、明伦次、增和睦的作用，同时也进行一些必要的改革，不拘泥于传统格式的束缚，做到简明扼要，别具一格。在历史事件和人物的叙述上，尽量做到客观公正，不牵强附会，不言过其实；在文字上做到通俗易懂，标点分明，便于后人阅读。只要把握好这些要求，也就足够了。

碑文，是为了纪念死者而刻在墓碑上的一种文体。碑文种类繁多，据《文体明辨序说》载，碑的种类有15种之多，常见的有功德碑、墓碑、纪念碑、记事碑、庙碑和诗碑等。碑文格式并无太多死框框，碑文内容因撰者而异。今天书写碑文要力求出新，以时代需要为念，不可死拘旧制，作茧自缚。

祭文是一种比较古老而且运用广泛的实用文体。在我国，祭文很早就被运用在祈祷雨晴、驱逐邪魅、祈求福降和哀悼死亡等诸多方面，而以哀悼亡逝者为主。祭文历经朝代更替、格式流变，在内容和形式上更是不拘一格，丰富多彩。

古代祭文从时空上与现代社会相距甚远，许多理念和思想与当今时代不尽相同，行文要求也发生了较大变化。古代祭文在文体上分类较多，除散体外多为韵体,也有采用骚体、骈文或俪文的。

近现代祭文传承了古代祭文情真意切、隐恶扬善的基本风格,在内容和形式上更加广泛自由,丰富多彩。在行文上亦古亦新、半文半白或自由抒写,完全处于多元化的创作格局。在文体上既包括从古代沿袭下来的韵文和散体,也包括现代散文、随笔和诗歌等。

新祭文从内容到形式都有了变化和发展,在内容上体现了积极的思想和时代精神,既寄托着对死者的哀思,又鼓励生者化悲痛为力量;在形式上比较自由,语言朴实,感情真挚,有用韵文写的,也有用散文写的,比较适合家祭之用。

谱牒、碑文和祭文,是中华民族传统文化的一个重要组成部分。它博大精深,源远流长,是千百年来人们心血的凝集和智慧的结晶。今天把这些精神财富和珍贵遗产挖掘出来,对人们今后进行社会教育、家庭教育和道德教育,以及对传统文化的弘扬和传承,必将起到良好的作用。

本书收集了谱牒、碑文和祭文资料共计117篇,其中家谱2部,碑文67篇,祭文48篇。作品精彩纷呈,风格各异,具有很强的知识性、资料性和实用性。

编者

2009年6月

# 目　　录

# 1 谱 牒

## 1.1 谱牒概述

谱牒是记载某一宗族主要成员世系及其事迹的档案，它以一定的形式记载了该宗族历史，其形式和内容集中了档案学、历史学和文化人类学等学科的要旨。

谱牒历史悠久。人类进入父系社会后，逐步形成同宗共祖的血亲集团，最近的血缘关系为父子、母子，最远的血缘关系为民族，不同的血缘关系形成规模不同的血亲集团，逐渐形成为宗族，谱牒自此诞生。

口述谱牒是文字产生前最为古老的一种谱牒。它通过人们的口传心授将宗族的世代谱系传承下来，我国古籍文献中记载的上古传说时代的家族世系，例如《史记》中记载黄帝各支系的《五帝本纪》等，就是口述谱牒。在我国少数民族中，口述谱牒更为普遍。

我国最早出现的是甲骨谱牒，属于甲骨档案的一种，最早的甲骨谱牒记载了殷王世系，以及祭祀祖先的祭祀谱，它只记世系和人名，没有事迹。稍后还出现了青铜谱牒，先秦称铜为金，故将商周铸刻在青铜器上的文字谱牒称为金文谱牒。青铜谱牒多为祭祖用，铸上列祖列宗名字、忌日，随器永存，按时祭祖，使子孙不忘。

铁器的出现，石刻应运而生，石刻比青铜铭文更廉价、更方便，可以写更复杂、更大量的文字，刻谱于石，流传久远。到汉代，碑谱十分流行，碑谱上刻有家族的世系、成员名字、繁衍情况、官位、封地等等，已经是比较成熟的家谱了，并逐渐演变为墓碑。尽管后来广泛使用纸谱，但碑谱依其流传久远的优势，延续至今。

可见，自商代到民国，上至帝王，下至平民百姓，从城市到乡村，从汉族到众多少数民族，都十分重视编修谱牒，而且多对谱牒怀有一种极其崇敬的心情。连续不断地编修、续修谱牒,几乎成了中国古代社会的一种全民性文化运动。时至今日,家谱已成为绝大多数中国人所熟知常讲的一个词汇。

谱牒实质上是一个家族历史和现状的记录，不为封建家族和剥削阶级所独有。谱牒的出现是中国人民尊重祖先的一种自然美德,记录家族历史是中华民族文化的重要组成部分。

近年来,海内外研究谱牒学之风开始兴盛,这是维护中华民族大家庭的团结统一、发扬中华民族光荣传统的一项有益之举。对各种谱牒的收集、整理和研究,将会使中华民族这一瑰宝大放光彩!

## 1.2 家谱的基础知识

### 1.2.1 家谱的概念及起源

家谱,又称谱牒、宗谱、族谱、家乘、房谱、支谱、家牒、家传、谱系、氏谱等,是记载着同宗同祖的血缘集团世系人物和事迹等方面情况的历史典籍。

关于家谱的起源,可以追溯到先秦时代。

上古时期的家谱,仅为君王诸侯和贵族所独有,家谱的作用仅为血统的证明,内容也比较单一,仅为世系的说明。

周代史官撰有《世本·帝系篇》,说明已有修谱制度。《世本》汇集了中国自黄帝到春秋各代天子、诸侯、卿大夫的世族谱系,是一部对前代和当代各血缘集团系谱进行综合、总结的全国性的总谱。

汉代以前,中国家谱体例相当简单,一般都只是按照世系的先后,简略地叙述家族的人名,交待人物之间的世次关系。

汉代中国家谱才进入发展时期,家谱的体例开始有了新的变化,主要表现为记事范围扩大了,不仅记人名,而且记姓的起源,不仅记字号,而且有官位者还记其官位;在表现形式上,以姓为单位,先叙姓的起源,再叙世系和官位,分代分格按顺序记载。

魏晋以后,家谱在政治生活、经济生活和社会生活中的作用就大大增强,家谱的内容比以往有所增加。

唐代家谱的体例以图表式为主,辅以文字叙述。图表用来表示世次关系,一般是分代分格填写;文字则用来叙述得姓源流、迁徙情况等。

宋代是我国家谱体例发展的重要历史时期。家谱体例经过宋人的改造和确定成为后世的定型，一直指导着后人的修谱。欧阳修和苏洵创立的体例即“欧苏体例”是这一时期最优秀的代表，被后世奉为私谱体例的楷模。欧、苏体例，重在图表之创新，每图只记五世，五世以后，格尽另起。在形式上，欧体是横行的，每图五栏；苏体是上下直行的，每图也只列五世。自上而下五代世系条理清晰，依次为高祖之父、高祖、曾祖、祖父、父，自右而左为同辈兄弟由大到小排列。五世排满一图后，则另起一图，但第五世必须同见于第一图的末一栏与第二图的第一栏，两图共列九世。第三图则由第九世到第十三世，余此类推。欧、苏体例成为后世修谱的楷模，但相较而言，人们运用欧体者较多。

元代已出现了由亲及疏、由远及近、一体共载的现象，突破了五世为图的限制，出现了以大宗谱法做的大谱图。

明代家谱不仅书五世之近亲，而且书五世以外之远亲，由亲及疏，由近及远，使为百世之纲纪。明代家谱记事范围之扩大，记述内容之丰富，也是对欧、苏体例的进一步改造和发展。

清代是中国家谱体例发展最为完备的时期。在这个时期里，家谱的记事范围几乎涉及家族、宗族事务的各个方面。中国现存历代家谱中，清代纂修的家谱最多，这些家谱的内容，包括谱序、恩荣录、世系图、世系谱、凡例、家法族规、字辈、谱论、科举、祠堂、祠产、墓图、墓志、五服图、家礼、仕宦、传记、行状、志录、寿文、贺文、祭文、名绩录、契约、艺文、遗像、赞词、年表、余庆录、领谱等。

民国年间，家谱修撰风气仍然盛行不衰，甚至在改革开放的今天，修谱活动依然存在。

### 1.2.2 家谱的特点

(1)纂修的连续性

家谱需要不断重修、增修和续修，才能保证其家族历史的完整和清晰。家谱一般都是一次修罢不久即着手进行第二次纂修，就这样一修再修、三修四修以至多修，除遇有天灾人祸外，是从不辍修的，因而形成一个鲜明的特点即纂修的连续性。

(2)笔法上的隐恶扬善

纂修家谱基本倾向是隐恶扬善。家谱为亲者讳、掩盖祖先的恶迹，只记好的而不记坏的。但并不是所有的恶迹都需要为亲者隐藏的，有些家谱明确指出有的恶迹不必隐藏，须记载下来以警示子孙，告诫后人，如弃祖、叛党、犯刑、败伦、背义等。

### 1.2.3 家谱的功能

家谱是一个家族的总记录，是该家族的发展史，家族人物的风云变幻、宦海沉浮，家族的兴盛衰落、流转迁徙，通过一册家谱尽收其中。一个家族可能发展到枝大叶茂、瓜瓞绵绵，也可能散处四方、星罗棋布，但是有了家谱详细完备的记录，纵然天涯海角，纵然代远宗长，同宗同族的血亲是隔不断的，是一脉相承的。这就是家谱最基本的功能，即敦宗睦族、凝聚血亲的功能。

家谱、谱牒的功能在各个不同历史时期不尽相同，但其敦宗睦族、凝聚血亲的基本意义是一贯的。官修家谱是中国历代封建王朝用人选官和为世族政治服务的工具，无论是官修家谱还是私修家谱，其目的都是为封建宗族服务的，都起到维护封建统治秩序、巩固封建统治基础的作用，家谱具有极强的教化功能和较为严格的控制、管理作用。

### 1.2.4 家谱的名称与类型

从古至今，家谱名称有：谱、谱牒、族谱、族系录、族姓昭穆记、族志、宗谱、宗簿、宗系谱、家乘、家牒、家史、家志、家记、百家集谱、世录、世家、世本、世纪、世谱、世传、世系录、世家谱、支谱、本支世系、枝分谱、帝系、玉牒、辨宗录、偕日谱、系谱、图谱、新谱、星源集庆、列姓谱牒、血脉谱、源派谱、系叶谱、述系谱、大同谱、大成谱、氏族要状、中表簿、房从谱、维城录、谱录、祖谱、联宗谱、真谱、渊源录、家世渊源录、源流考，世典、世牒、世思录、家模汇编、乡贤录、会谱德庆编、私谱、传芳集、本书、系谱、清芬志、家传簿、先德传、续香集、房谱、祠谱、坟谱、近谱、会谱、全谱、合谱、统谱、通谱、统宗谱、宗世谱、总谱等等。

古今家谱大致有如下类型：

在文字记载的家谱中，因载体和生成方式不同，又可区分为实物的和书本式的家谱。早期的如商周甲骨、青铜家谱，汉代的石刻家谱，后来出现的塔谱及少数民族的结绳家谱等，都是实物的。魏晋南北朝以后的家谱，基本上都是书本式的，不同的是有的为手写，有的为雕版印刷，当然现在又有排印的了。

书写的载体有纸张与绸帛之分，装帧形式也有卷轴装、册页装、经折装、线装、平装、精装等区别。

### 1.2.5 家谱的内容与格式

家谱的形式有多种。在文字家谱出现之前就有口授家谱和结绳家谱。后来，人们有的用图表裱制垂挂于中堂的，也有的装订成册供家人翻阅的。历史上，官宦人家一般都是采用装订成册的家谱；而平民百姓、经商士绅、豪门则多为悬挂供后人供奉的图表式家谱。

家谱的内容主要包括三部分：第一部分是世系图，即某人的世系所承，属于何代、其父何人；第二部分是家谱正文，是按世系图中所列各人的先后次序编定的，分别介绍各人的字号、父讳、行次、时代、职官、封爵、享年、卒日、谥号、姻配等，这些介绍性的文字，长者五十余字，短者仅二三字，实际是人物小传；第三部分为附录。

有些家谱，在立谱时，便确定了家族世系命名的辈分序列，而且事先标定字号，辈分清楚，乡间名之为“排辈”，实则是排资论辈的意思。由于历史上形成的重男轻女思想，男子在起“大名”时，必须以预定的某字作为名字的一部分。这个字要放在全名三字的中间或最末，各个辈数层次不一定完全一样，但有着约定俗成的规矩。

### 1.2.6 九族五服图

九族中，纵向有高祖父母、曾祖父母、祖父母、父母、己身、子、孙、曾孙、玄孙；横向有己身、兄弟、堂兄弟、再堂兄弟、三堂兄弟、姊妹、堂姊妹、再堂姊妹、三堂姊妹。围绕着纵横向的九族，就形成了我们平时所说的九族。往上数，上辈中有叔伯父母、堂伯父母、再堂伯父母、祖伯父母、堂伯祖父母、曾祖伯父母、姑、堂姑、再堂姑、祖姑、堂祖姑、曾祖姑等。往下数，下辈中有侄妇、堂侄妇、再堂侄妇、侄女、堂侄女、再堂侄女、侄孙妇、堂侄孙姑、侄孙女、堂侄孙女、曾侄孙妇、曾侄孙女等。

五服是在丧礼中因亲疏关系而穿戴的五种不同孝服，即：斩缞、齐缞、大功、小功、缌麻。

“斩缞”，是五服中最重要的一种。“缞”是指丧服中披于胸前的上衣，下衣则叫做裳。斩缞上衣下裳都是用最粗的生麻布制成的，左右衣旁和下边下缝，使断处外露，以表示未经修饰，所以叫做斩缞。凡诸侯为天子、臣为君、男子及未嫁女为父母、媳对公婆、承重孙对祖父母、妻对夫，都要穿斩缞。

次重孝服叫做“齐缞”，是用本色粗生麻布制成的。孙子、孙女为其祖父、祖母穿孝服；重子、重女为其曾祖父、曾祖母穿孝服；为高祖父、高祖母穿孝服均遵“齐缞”的礼制。

“大功”是轻于“齐缞”的丧服，是用熟麻布做的，质料比“齐缞”用料稍细。

为伯叔父母、堂兄弟、未嫁的堂姐妹、已嫁的姑和姐妹,以及已嫁女为母亲、伯叔父、兄弟服丧都要穿这种“大功”丧服。

“小功”是轻于“大功”的丧服,是用较细的熟麻布做的。这种丧服是为从祖父母、堂伯叔父母、未嫁祖姑、堂姑、已嫁堂姐妹、兄弟之妻、从堂兄弟、未嫁从堂姐妹,和为外祖父母、母舅、母姨等服丧而穿的。

最轻的孝服是“缌麻”,是用稍细的熟布做成的。现在大多用漂白的布做成,称为“漂孝”。凡为曾祖父母、族伯父母、族兄弟姐妹、未嫁族姐妹,和外姓中为表兄弟、岳父母穿孝都用这种丧服。

到了近现代的时候,中国的丧葬习俗受到西方的影响,丧服有了很大改变。通常是在告别死者、悼念亡魂时,左胸别一朵小黄花,左臂围一块黑纱。有些妇女死了,亲人在发际插一朵白绒花。这些象征的致哀方式,比起古代丧服,大大简化了。

### 1.2.7 宗规和家训

宗规、家训,是家族自己制定,要求所有家族成员共同遵守的各种行为规范和规章制度的总称,通常是由父祖长辈、族内尊长为后代子孙和族众规定的立身处世、居家治生的原则、规范、训语和禁戒。它是建立在传统伦理道德和宗法制度之上,借助尊长权威,加之于子孙族众之上的各类约束,有些甚至还带有法律效力,其目的是为了使子孙后代永远存续家族、光大族望,不致因行为失当而败坏家业、灭宗绝祀。

宗规、家训的内容很广泛,来源也不一致,因而名称很多,仅落实到家谱之中,名称大致就有家训、家诫、家教、家范、家规、家法、家仪、家约、家矩、家则、家要、家箴、家语、家言、家书、家政、家制、家订、家鉴、宗范、族范、世范、宗规、族规、宗训、宗约、族约、宗式、宗仪、宗誓、宗典、宗教、宗政、庭训、庭语、祠规、规条、条规、祖训、训言、条约、公约、墓规等几十种。

早期的家训,大致包括两个方面,即被后人记载下来的非文献的训诫活动和文献形式的训诫文书。汉代以后,文献形式的训诫文书开始出现。早期大多是以书信的形式出现的,然后逐渐出现遗书、遗言的形式,最后出现正式以家诫、家范、家训命名的训诫文书。其中著名的有汉高祖刘邦的《手敕太子》,刘向的《诫子歆书》,马援的《诫兄子严、敦书》,曹操的《诫子植》、《诸儿令》、《遗令》,嵇康的《家诫》,诸葛亮的《诫子书》、《诫外甥书》,羊祜的《诫子书》,徐勉的《诫子崧书》等等。

### 1.2.8 行辈字派

行辈字派是对各辈人名中的用字的限定。比如某一辈人的名中都用“明”字,另一辈都用“德”字等等。孔氏家族的行辈字派从思晦开始,他规定下一辈均用“克”字。再往下各辈依次在名中用:希、言、公、彦、承、弘、闻、贞、尚、衍、兴、毓、传、继、广、昭、宪、庆、繁、祥、令、德、维、垂、佑、钦、绍、念、显、扬等。现在在台湾的孔德成先生是孔子的 77 代孙。

行辈字派一般都是由家族中的某一位名人制订的, 很多都被编成几句吉祥话,有的甚至被写成了诗。比如有的行辈字派是:福禄永昌隆,和良端世美,才智瑞宁聪。

宗谱的行辈字派由于是加强宗法制度的工具, 所以其用字也充分反映了这一目的,主要有三类:

第一类是美德或吉祥的字,如:德、仁、明、亮、全、有、忠、诚、孝、礼、福、禄、吉、祥、贤、良等。

第二类是希望宗族延续和昌盛的,如:永、传、昌、盛、兴、延、继、承、世、多等。

第三类是怀念先祖和歌颂皇天恩德的,如:泽、祖、显、荣、恩、锡、启、先等。这也限制了行辈字派的用字。

## 1.3 家谱实例及赏析

### 1.3.1 家谱两例

**实例 1《陇靖邑李氏家谱》[1](节选)**

谱例

第一篇 谱序

(一)引欧阳谱例十五条

—五世而另起头以立祖者,盖五服之义也。

—传云:家庙未修,不造私居。家庙者,祖宗之所依也,不可不为之先。

---

[1]本文引用的所有实例,均为现实中已有的谱牒、碑刻和祭文的原文,在编辑过程中,我们只对错字和语法错误进行了改正和弥补,其他均依原作。——编者

—祖宗名讳，本不可犯，谱牒未成，难以稽考，有或犯者，事往弗追，自成谱后，有立名讳，须看世系，慎勿犯焉。

—宗族之内，有依酒凶恶诈伪之徒，败坏门闾，凌辱先祖，许房亲人等，削其世系，以警其余。

—族中产业，已有定分，不得大吞小强，欺凌孤贫，各以安分，以和安分，以和骨肉。

—有事必告宗子，盖宗子者，祖之元也。

—无嗣者续之。

—昭穆失序者正之。

—婚娶不论财贿。

—宗族不论贫富。

—子孙不许为僧道。

—丧祭不许从异端。

—不许为人奴隶。

—保邱垄毋受水害之浸，再勿近城郡道路。

—族中有异姓匪人出之。

(二)引苏氏谱例八条

—谱者纪其名，以传不忘先人之义也。斯谱之作，主于传后，当以讳书，虽今后修谱，务皆以名书，使子孙观者，得有考据，及为子命名，不至于冒犯也。

—世系之书，以严宗法为主，如初封之祖。孟为长，仲为次，季又次也，继世系次第。孟之子，虽幼乃宗子，例当先书。仲之子虽长，乃支子，例当后书。

—世系之次第例，以嫡长子继正宗，支庶居旁，若无长则以长子之子为承重；若无长孙，则以次嫡继之；若无次嫡，然后以庶长继之，但以嫡长为先，承重为后，支庶又后，不以长幼为先后也。

—世系凡有子者，则于名下注几子；无子者，则以亲兄弟之子继之，亲兄弟若无应继之子，则于从从兄弟之子，择其贤者继之。毋徇私意，毋贪财产，立所当立者立之，不当立者，勿紊昭穆。凡立嗣子，初书于所生之下，注曰为某伯某叔之后，然后直系其派，于所继者之下。

—谱传者，书名、书字、书行、书号者，所以虑差互也；书仕与不仕，所以别显隐也；书生卒年月日时，所以原终始也；书娶某氏者，所以厚人伦也；书女子适某氏，所以别戚疏也；书葬某地者，所以待拜扫也。

—孝子顺孙，忠臣义士，烈女节妇，有关人伦，务必详为考据，纂修实行，明著于谱，以旌其贤。

—异姓之子，过房为义男，曾收入户，不愿归宗者，原其本姓；一依长幼次第及其所生男女，各著见于本名之下，附载谱末，使之不得乱同姓也。

—斯谱之作，天叙攸属，且为传家典章，告我后人，珍而藏之，宝而守之，非若金玉之具，或既失可以复得者，比数世之后，有尊祖敬宗同此心者，务求立言君子，序其前后，多为誊录，分给各房收阅，倘有兵火之罹，或彼失此得，龙门曰：三世不修谱牒，比之不孝。

(三)引朱子家礼

按礼别子法，于今人家不合，以人家相宜礼制言之，以始迁及初有分爵者为始祖，又以始祖之长子，准占继别之宗，或问如何谓之别子。朱子曰：乃嫡子长子之弟，别于正嫡也，死后别于子孙，立别子为始祖，所谓别子之祖者，即大宗之祖也。宗子只立嫡。若嫡死，有子则继之；嫡无子则立亲弟，是次嫡也。通礼大传曰：别子为祖，继别为大宗，继祢为小宗，疏谓大宗则一；小宗有四至五从，则亲属尽，所谓五世则迁，是谓小宗也。又论祭法曰：高祖尚有服当祭，凡嫡母先后，皆当并祔合祭，是谓小宗也；若嫡母无子，而庶母之子主祀，庶母之主，亦可入祠堂，出妻嫁妻，不可入祠堂，子孙只合设位往拜可也；小宗不可僭祭。兄弟同居，则兄主祭，异居而同祀，只合兄主而弟助，或宗有故不得祭，庶子设祭亦可；旁亲之无后者，以其班祔，盖班祔者附也，谓不得专享其祭，附于祖以受食而已；又有殇祔，殇者伤也。男女未成人而死可伤也。若已冠笄嫁娶者，皆谓之成人。不满八岁者，谓无服之殇不祭；八岁至十一为下殇，其祭终父母之身；十二岁至十五岁为中殇，其祭终兄弟之身；十六至十九为长殇，其祭终兄弟之子，附同祭旁亲之制。

(四)引师文轩祠墓

按礼君子，将营宫室，先立祠堂于正寝之东为四龛，以奉先世神主。世人好建寺供佛，而不肯修祠奉先，妇人亦好游庙烧香，而不肯从班助奠。悖礼伤化，孰有甚焉，独不思己身从何而来，舍实实在在一脉流通之祖先，仍向虚虚茫茫渺不相涉之傀儡，而致敬耶？又有作祠于庙旁，或建于旷野，终无男女会祀，只令一僧主持，殊不知庙地，乃孤神之所，祠近于庙，亦犯孤神；若无男女会祀，必无迁祧，即有子有孙之祖宗，立作不生不育之菩萨矣，况以尼姑奉祖者多寡，以和尚奉祖者多鳏，大抵气感气，形招形，古人之言不虚也，故必傍夫僻静地方，脉气旺处立祠，以便男女分班，时常祭拜，庶免混杂之嫌，亦不致索然休替矣。

(五)乌兰李氏忠孝祠家谱自序

粤矣元会之运世，循环而不已者，盖一元安地支十二子分会，每会一万八百年，共十二万九千六百年数尽矣。先天戊亥之会，黑暗乾坤，万有俱寂，混沌之极，贞下起元又复始也。天开生水于子，秉清气而浮上，地辟生火于丑，秉浊气而凝下，天地氤氲，万物化醇于寅者，顶立而居中。惟人秉阴阳之正气，秉性最灵且贵，固有健顺五常之德，能赞天地之化育，参为三才之品。是以王假有庙，使人皆知有本。供祖追远以尽孝，造谱流长可清源，绍前启后，俾子孙知其纲常伦理，礼仪节文，自然循规蹈矩，于先祖增光。其味深长，可不尽性而为完人之事。安忍忘本哉？

如我高祖李公讳震阳者，世居关中池阳千夫里，即陕省西安府三原县北桥头七原人也。皇明万历时，宦游甘肃省兰州府靖远县。其子讳懋者，见西乡型仁里古城滩高崖子地，青山四围，势分南北，黄水中流，灌溉东西，居民百家余，皆饮和食德，物华而天宝，人杰而地灵。俯思圣言，里仁为美，安不择处，入籍建业。由是乎桂子衍庆，兰孙绵绵，历明至清。劫始，三百之春，苗裔分居本滩，迁徙县城内、南川大芦子，共百有八家，皆遵耕读传家。而至今日，咸丰之年，长毛贼大乱天下得其半，在南京称王顺天，国号大法，开科邦分之就。……斯时，皇太后专政，帅挂曾宫保国藩，副帅李宫保鸿章，夺回南京疆土，逐尽反贼。……二民住定，遂施牛对籽种，插楼矿而为业，开渠凿井，发轴车而灌田，驿路兵锁，护客商而通行，普散经书，移闱厂而发科等等仁惠，不可甚记，陕甘难民沾公无量之鸿恩矣。延至光绪元年，清田均赋安定之后，我族剩男丁四十，留女人十三，家谱失遗，祖讳辈数，房分亲疏，俱不知其详。后拾半片残谱而阅，才知我辈十世。今谱已失，窃思口传，不如笔之有据。谨以查知诸公之讳，存亡老少名集，权书稿谱，每讳下题词一篇，若昭若穆，尊卑等次，节操品行，展谱判然。子孙续记流传，不至于混乱宗派，有犯讳失名之罪。以俟阖族请文墨之士，赞先祖之默佑，序劫亡之苦情，再著尔时老人执迷，不遵督示乡兵管见之法，筑堡保生，皆曰皇城亦失，土堡岂能御贼，殊不思所失之城，皆偷献而开，未有一城硬攻所破。直然弃农，跋山涉水而遁也。被贼掳绪捉去，吊烤财物死者，十中有三；对敌死者，十中一零；困饿死者，十中有五；他乡容有堡者，背堡务农，十有八九；人畜保全，粜粟而致富，今我邑所留之人，后被复城县主金麟者，谕催忍筑志城堡护身，而得残命。由此观之，前人大错也，后世若临兵劫，筑连营堡最佳，坚守更高，保全身家，天伦乐在，而忠孝可得。视谱者，勿哂农愚舞文，幼读未学讲作，黾勉略记实事，切嘱子孙之远虑。

是为序。

历大清光绪二十六年子月朔吉

孙 李文熚暎山氏 哀撰敬书

(六)创修忠孝祠厢房墙壁祭田序

李氏祠堂之设,昔年祖上旧有矣。因同治甲子岁丑月朔,逆回绕境,眷卷大殿,东西厢房,屏对南门,被焚灭烬,基壁河水冲清,竟入杳冥空寞之域也。兵燹之后,我族百家,虽留老幼残丁,男女五十有三,欲遵旧章。关圣帝君,眼光元君诞期,年节朔望,拈香礼拜祈福敬祖报德者,无向可指,实难约集一处,同诚而祭祀。是以遂举李文郁家长,办理祠事,严正伦常,奈何多年,族人钱力共单,善难举动。延至光绪十六年,有李文质齿序虽幼,品行端方,勇且智仁,大众公议,重举新家长而主建祠阖族大事,但文质坚推年幼德薄,恐负众望,又举齿德兼并者,李文学、李文锦、李文郁、李文熚、李文洲、李文燉、李尊纪等帮办。本年三月间,截项即买锡福堂,修祠庄基地一亩六分,六月间每丁收洋芋三两,共丁八十三名,作本每年每两六钱芋息,积累而成祠事。又买苏、常二姓庄基地六分。十九年岁歉,让息收本。复每丁收洋芋五钱,不意二十一年……所有前放洋芋本息,分厘未收。至二十四年冬季,头前人等商议,恐其本息累多,有害祠事,莫预断口舌,等又截项出名,借他人银,置买常姓连祠基大水地三亩,一则指地出产,以积修殿之用,二则为万世神祖香火之费。俟至二十五年,宽让重利,一本一息收讫。又买田姓庄基地八分,遂请堪舆卜向定祠基福地。除买地之外,下余若干项,修东西厢房六间,字炉一座,墙壁门窗俱全,大众公议,每丁齐工三个,每一工钱一百八十文,理宜功竣开销匾额,目今世衰年歉,近难建立大殿,权将出入各项,长工布施名某,丁钱丁工,分类开列匾左,永垂不朽云尔!

(七)忠孝祠轮办祭祀执事牌记

我族家祠置祭田者创兴财神眼光元君始祖祭祀,并乏嗣古墓,而拜扫年远之设矣,今事难美,恐后子孙反常,不能尽善,有负我祖忠孝名祠之意,乃诈伪无惧,欺哄神人,霸恶不逊,或者惮劳,废远祖祭祀,别生异论,皆由专办成势之弊;如此不惟不向上祈福于族人,而又流下招祸于己身哉,是以我辈斟酌名某、列等,每岁二人,轮办祭祀,量入为出所费。至九月十三日会毕,同众清算各项,准交来年执事者牌账经理,若有余赀仍归家长首人,放债积利,而修神殿大用,首人亦会期清算息若干账目,不得徇情蒙蔽,私害祠事。自定之后,凡我祖苗裔,秉公轮办,家训有曰:"祖宗虽远,祭祀不可不诚。"试看客之义园,异姓孤家,且有祭祀,种福发财,况我族乏嗣,亦为一脉之祖,安忍无祭泯灭墓垄也,故将祭坟茔图于牌图,永垂后世。愿族人个个树德尽孝,生旺子孙,富贵光祖,爰书数语耳。

历光绪岁次庚子子月上浣谷旦书

(八)引师文轩谱义传

往古有传,载其人之事迹也。夫谱但书名字而已,名字载而事迹不著,奚足为子孙?劝作谱者,定如作传,推先人之品行,或约略数言,叙于本名之下,或叙篇章,缀于兹页之左,其人生平自见矣;即无可考者,勿加贬词,生则第录其耕读生理,及诞降年月日时,娶妻某氏,妾某氏,生男几名,娶某氏为配,生女几人,嫁某氏为妻,殁亦详叙其年月日时,葬营第几垢。后世子孙,览册自明,即愚蒙忘记,而二三世后,间生达者,缘旧问查往谱,或手自记,或请立言君子,务将往事实行,一一之章句,间有赞叙,皆录于后,方见吾门有人,宗族之光也。

(九)引杨氏世系说

世系之编,所以辨宗支也。盖宗支不明,则后世不知其本源矣。故作谱以纪世系,因系一辨宗支。夫正而先书者,为嫡长子,旁系而后书者,为支庶子。枝附于干,干附于根,则宗统一明,世次以叙,族属可得而考也。此谱以所知者为始祖,则本之苏氏,历五而一祧者,则法之欧阳也。

嘱咐吾子也,家谱一事也;世道今衰也,人情不古也;君子退后也,小人出头也;善事不为也,恶孽爱作也;不论品行也,专讲有钱也;喜吃烟睡也,怕做生理也;纲常多泯也,淫盗时兴也;弱人莫理也,横徒尽是也;只顾眼前也,不看后来也;此谱旁观也,多者忌讳也;不如密藏也,遗我子孙也;触目惊心也,勉励学好也;等到国兴也,尊贤贵德也;可以显明也,传于阖户也;遵斯规矩也,褒贬善恶也;惊愚化贤也,于祖增光也;自身无孽也,福积后世也;但愿长记也,犹如史书也;作者勿私也,可效董瑚也;杜撰妄为也,遭天厌之也。

第二篇 始葬曾祖墓图(略)

玉材氏曰:一图癸山丁向,右水倒左,出巽巳方,为正养向,名贵人禄马上御街,丁财两旺,功名显达,发福绵远,忠孝贤良,男女寿高,房房皆发,女秀。地理中第一吉向。

第三篇 李氏世系赞义

赞本西江月词:源流长消理备,李初宿根陇西地。今满天下有支,我干开花白清。结果仁熟精义,借物比人明终始,绍前启后总题。

一世公讳震阳,仅从谱文得知:“幼视先公传影眸面,大宾纱帽,蟒带荣耀身,文武尊卑未懂,不知上世图像,还是高祖形真,昔谱首讳记的清遵纲墓在原郡。”

震阳,有一子一女,子懋,女适他门,不详。

二世公讳懋,据谱载:“城坟碑载曾祖池阳迁靖……图像家谱损遍,名讳辈数泯灭。我今考就若干,汇集成卷新造端,聊表子孙一念。”

懋有二子,长曰长庚;次曰景庚。懋公殁,葬于靖远蟾滩儿砂河沿(今靖远县城东关)。立祖茔癸山丁向。

三世公讳长庚、景庚。谱云:“分关书年历,此辈兼坟定明,子孙移徙川与城门门难清,其本另支今出几族,纵然相管辱荣世代天纲要序成小可,孰能穷尽。”仅知二公有嗣,可智、可玉也。

四世公讳可智、可玉。谱云:“两讳有可考证,一碑一由祖孙。如今墓志监单存,我支此辈脉正。阖族名名人家,知谁是他派根,只得含糊难细论,誊录谱中略定。”

智公,有子曰精义;玉公,有子曰增义(考据为四子)。智公殁,葬于蟾滩儿砂河沿老祖茔,癸山丁向;玉公殁,葬于蟾滩砂河口,立祖茔,壬山丙向。

五世公讳精义,谱云“考我五世墓,疑因何右葬左空?城沟坟等不同宫,兄弟有无难定,后代继绝彼派,爷孙叔侄可穷,或上分祖,埋西东冢,论一远一近”。

精义公,有子二,长曰相,次曰宾。公殁,葬于蟾滩儿老祖茔西右位,癸山丁向。

增义公,有子三,长曰琮,次曰宝,季曰珍。公殁,葬于蟾滩儿砂河口祖茔,壬山丙向。

**附:《增义公墓碑》**

【正面】

碑右:道光四年岁次甲申二月上浣

碑顶:长发其祥

碑中:皇清待赠显考思李公之墓

碑左:孙:大品　曾孙:如椒、如杜　元孙:永生、永成　勒石

【背面】

由右往左:大储封思安李老太公先生墓志

正文:

思安李老太公,祖居靖之西乡上河滩,大率以耕读为业,清白传家。今岁甲申之春,公长孙名大品者,欲以片石墓记德,以表公之幽行。予生也晚,未获亲接言论丰采,然谊系世交义,弗容辞状,闻李老太公讳曰增义,思安其字也,为可玉第四子也。勤俭持身,无事浮华,敬养高堂,菽水承欢,晨昏定省,克尽孝

道，与人交推诚置腹，不设雌黄。公以攻木为业，其得心应手，用斤成风，神于规矩人以匠宗称者有来矣。

公配孺人，相公治家，有敬姜风，举子二：长曰琮，次曰宝。琮生大品、大科；宝生大广，生殁年月系书布主无所据，亦无考。呜呼，公捐馆，至今多历年所矣。使公长孙大品，不急起而表扬之，则公之懿行世系，不将历久而愈晦乎？予将何以为记也，诚即公之遗行，而约略其梗概之，夫复何言。

辛丑科选拔贡士候铨直隶州再晚　卢铤少朴氏 撰拜

县儒学廪善生员眷末　张际泰如甫 拜书

五世公讳精义、增义，谱云："下门五世公讳泯灭，早补莫空，后辈分支丝绺地步前定，混沌诸位起首，皆本此祖脉通，不在他系，著乱宫，清白传家永幸。"

以上五世公讳约略而定矣。观古之谱例，高祖至五世孙，复分支起脉线立祖，至九世孙，又复分支起脉线立祖，如此脉络连贯一本散万，使子孙知源流远近也。今时兴印板家谱，去脉线旧式，新造情细且简，即文墨未精者，依陈规略添几字，其事而成。余效著谱，但未见立祖辈数前辙，暂从权定耳，凡阖族总传公谱休论亲疏，而祖五世子孙服尽，至六世另立祖，以卷数目分其次序，虽百世不至于混乱宗派，犯讳失名哉。

第四篇　附录(略)

**实例2《陇靖邑王氏族谱》(全部)**

第一篇　名人题词(略)

第二篇　王氏族谱序

修史传志，承古拓今，是中华文化的重要组成部分；追本溯源，不忘故土祖根，是中华民族的传统美德。自宋以来，国人为使先德不宜听其湮没，世序不可以无考，齿序不可以无稽，始修族谱。族有谱，所以序昭穆，明伦次，考世系，识宗支，尊祖聚族，久远无极。谱引先人嘉言懿行以劝后辈，而特著仕宦、军旅、簪缨、节操、孝悌等方面中之佼佼者，不仅可扬家族之名声，亦是闾里之荣耀，对于治家修身、惇典睦族、扬善抑恶、传播文明，有着其它方面不可取代的作用。可见族谱这一闪烁东方文明的家史，乃是国史、地方志必要之补充。正确而为之，肯定是一件十分有意义的事情。盛世撰志，家兴修谱。改革开放以来，国强民富，人们安居乐业，百花争艳，万象更新，修谱之风亦悄然兴起，海外华裔有远涉重洋来大陆寻根的，台湾同胞有排除种种干扰回乡探亲祭祖的，是知谱牒墨迹，乃生命线索，天地至文。

我邑瓜园王氏，属靖远望族之一。明正统二年随靖虏卫建立从山西太原迁来，繁衍生息，本固枝荣，至今已有五百多年的历史。今有禄邦诸君，团结族人，寻根典祖，调查考证，重修牒谱，报本心肠明鉴，和族大义可嘉。王氏族谱既继承了传统谱志的记事内容、章法风范，又紧跟时代，改革创新，注入新的内涵，堪称为一部内容翔实、文字典雅、格调新颖的族谱。我想王氏族谱的重修，定能起到明晰世系、和睦族人、扶孤济困、奋发向上的借鉴作用，是为现代精神文明建设做出有益贡献。余曾任职靖远，又系乡谊，读看王氏族谱，感慨良多，谨述上言，权以为序。

白银市政协副主席原靖远县长县委书记　赵得琮敬撰

农历戊寅年腊月初一日

第三篇　王氏族谱序

靖远瓜园王氏，源于山西太原，乃举国之大姓也。明中叶以军武戍边适靖虏卫(即靖远县城)，遂迁居靖虏卫，至今历五百余年。以耕读传家，讲孝悌、重教育、慎择交、赏进取，门风忠厚朴诚，重义轻利，代有人才。王氏族谱之修，为历代族人所重。同治兵燹，旧谱荡然无存，遂使族规泯没，族训无闻，族史缺略，难以考究，逮本世纪末，欣逢盛世，国运昌盛，民康物阜，族人长者相约，议修族谱，禄邦等谆谆致意，嘱余参议协修，余忝承雅嘱，曷可推委，唯诚惶诚恐，尽心为之。盖因修谱之事，源远流长，规矩甚多，既无旧章可以抄袭，又不能尽承陋规，取舍之间，只能与王氏族人共议，合情合理，完备周详而已，设有不周，天人共谅之。修谱者，宗族之盛典也，立规者，宗族之本根也，示训者，宗族之源泉也，本固则枝繁叶茂，源旺则果鲜实香，故修谱、立规、示训，宗族之大事也。昔南朝颜之推为严氏家训二十篇，代代传习，人才辈出，如颜思鲁、颜师古、颜杲卿、颜真卿等，皆旷代之大儒；宋司马光为家范十卷，训示后代，其后裔代有人才，名扬青史。故颜氏家训、司马家范，概为后世名门望族所汲取，工整楷书，布于祖宗祠前，以为累世训示。遍览诸史，累朝累代都有一些官宦贵族，治家既无训范，子弟不学无术，涂脂抹粉，滑腔油调，轻佻狂傲，目中无人，考试则托人带笔，应对则预习学舌；转瞬之间，权力丧尽，钱财耗散，纨绔子弟，一无所能，漂泊穷流，转死沟壑，家道一衰而不复振，前车之鉴，足以为戒。可知修谱之事，至重、至慎、至大，家谱之修，所以明治家之道，育子有方，读书之切，做人之要；礼教之，恭行之，子孙成才之道，无逾于此。瓜园王氏后裔，续先圣英武，承祖宗训诫，重修家谱，明家规，示训诫，广盛德，慎思虑，美言行，必能使祖宗光大，可盛！可嘉！可贺！是为序。

《白银市志》主编白天星

## 第四篇 重修王氏族谱序

### 引 言

中华民族自古以来就有尊祖敬宗、报本追远的光荣传统。由此而发展起来的撰修家谱、族谱活动累世不衰,盛世尤著。由于家谱、族谱是一家一族的生命史,记录着其发源、生息繁衍的过程,是“纯正血统的主靠蓝本”,因此,各家各姓都极为重视牒谱修撰。我王氏先祖历来重视修撰牒谱。自二世祖得广迁居靖远后即议修谱,经几代先祖的修整完善,到清朝中期,家族已有一部比较完整翔实的记录宗族渊源、世分繁衍、宗辈关系、人口发展和迁徙情况的族谱。此谱当时供奉于王氏宗祠,成为族人继承和弘扬祖先的优良传统、嘉言懿行,教育子孙后代的生动教材。清同治三年(公元1864年)九月,陕西回民反清军入靖,攻取东湾子、瓜园等地,我王氏宗族人口、财产遭受严重损失,宗祠、族谱皆毁于兵燹。同治七年(公元1868年)战乱平息,王氏族人曾议重修族谱,后因牵头人病殁,修谱之事因此中辍。此后一百三十多年,由于历史条件和社会环境等原因,王氏宗族再未动议修谱之事,族人生男生女取名排列无固定谱系,随长方而定,宗族的历史也无谱牒可考。

国无史、郡无志、族无谱,如同木无本、水无源。王氏宗族近一百三十多年来无谱牒族训之现状,对生活在今天的族人来说,无疑是一大缺憾。尤其是随着宗族人口的发展,辈分的延续,族无谱则乱的危机困扰着每个知情达理的王氏族人。至二十世纪九十年代,改革开放,民殷国富,盛世修谱,蔚为风气。一九九二年初,宗族靖泰公提出重修族谱的动议,由卫邦、禄邦向有关人员作了通报,并协商提出了先做宣传动员和有关准备工作,待条件成熟后,再议此事的主张。据此要求,登贤、登泰、登谭三人作了积极的努力,并就撰修族谱事宜向宗族各分支通了信息,并初步搜集了一些相关资料。经宗族各房头各住地代表反复协商,就重修族谱一事形成了共识,统一了思想。在此基础上,宗族各房代表于一九九七年十月一日聚会瓜园,正式商定重修族谱事宜,与会者一致认为,在世纪之交的关键时期,重修一部王氏族谱显得十分必要。重修的原则是:

(一)从太祖占国被赐为“王”姓后即为新族谱的起点,以考证和掌握的史实资料为依据,在进行综合分析的基础上,客观反映王氏宗族历史和现状的全貌。

(二)重修新族谱以“知渊源,明世系,别婚姻,继传统”为根本的出发点,力求客观公正。

(三)摒弃旧的宗法观念,上谱立传坚持男女平等,有男则男,有女则女。

(四)新族谱在内容的表述上应略古详今,立足现代,突出当代。在文字写法上要有鲜明的时代特征，通俗易懂，为多数族人所理解和接受。

（五）重修族谱自始至终坚持节约从简的原则，不兴师动众，不大操大办，不浪费财物。

（六）在重修族谱的过程中，一切事宜均由各房代表平等协商处理，不允许有凌驾于族人之上的封建族长角色存在。

经宗族各房代表一致推举，成立王氏族谱编委会，由禄邦任总编，登贤为编委会主任，登泰、兹、森为副主任。怀着崇敬先祖荫庇，激励后辈奋进的责任感，对族人重托，诚惶诚恐，义不容辞。修谱中首先遇到的难题是资料不全。尽管有定邦、卫邦、巨邦、有邦及镜等宗族诸顾问的大力支持，又有登刚、登谭、登谋和浩、华荣、华俭、俊文、振武等编委的鼎力相助，经多方搜集、考证，找到了许多过去从未面世的珍贵资料，但一遇到具体问题需要说明时，仍觉得证据不足。因此，禄邦等不得不花大量的时间和精力，求助于《明史》、《明太祖实录》、《明成祖实录》、《清史》和《靖远县志》，求教于一些搞地方志的专家学者及家族中的年长者，经过数月的考证分析和潜心研究，终于写出了族人现在看到的这篇文字，就算是对族人重托的一个交代，也算是对祖先敬了一份报本追远之心。

一、宗族渊源及历史变迁

在中华民族姓氏的大家庭中，王姓人口最多，据国家语言文字工作委员会和中国科学院遗传研究所对第三次全国人口普查的抽样统计，全国"王"姓，总人口约有一亿。王姓作为我国第一大姓，不仅分支众多，而且大多数是由王族之后改姓的。在王姓众多支脉中，最兴旺的属太原王氏。据史书记载，东周灵王有太子名晋，聪明早慧，才识过人，能言善辩，未成年就已名闻诸侯。灵王二十二年（公元前550年），京师洛阳附近的谷、洛二水泛滥成灾，威胁王宫，灵王准备派人壅塞二水，太子晋认为这不是好办法，便提出"因势利导，顺其自然"的治水方略，灵王不仅未采纳其建议，还因此废掉了他的太子名位，太子晋被废后，他的家人一下子由王室成员变成了黎民百姓。为了纪念他们曾是王族的身份，便以"王"为姓。后因天下绝大多数王姓人都尊奉太子晋为祖先，也就有了"天下王氏出太原"的说法。

靖远瓜园王氏，既属于太原王氏的一个分支，又与宋朝赵氏皇族有密切的亲缘关系。据考证，十四世纪中叶，元末红巾军起义，天下大乱。在这王朝更迭的年代，河南滑县一个名叫赵辅臣的青年农民（相传为宋朝皇室之后），为报国仇家恨，毅然弃农从戎，投奔到朱元璋的农民军中。公元一三六八年赵辅臣随征虏大将军徐达攻打元大都（今北京），在战斗中立下军功，经徐达保举晋升为将军，后被派往太原戍边。洪武二十三年(公元1391年)，赵辅臣在征讨元朝王室残余势力的战斗中捐躯，按明朝世袭兵制之规定，赵辅臣的长子赵国党承袭了大将军之位，仍统兵镇守太原。赵国党继承父业后，恪尽职守，整饬军纪，操练人马，时刻准备对付犯境之敌。洪武二十九年(公元1397年)蒙古鞑靼部举兵南下，攻克大同府，进逼南京。在朝廷安危的紧急关头，太原守将赵国党统兵奋力抵抗，出奇制胜。捷报传到南京，明太祖龙颜大喜，破例加封赵国党为守都王(在此之前，明太祖未封过异姓王)，赐姓为"王"，令其更名为王占国，入太原王氏宗族。占国在太原，深得当地军民尤其是王氏族人的拥戴。在族人的撮合下，占国娶太原名门闺秀李月花为妻，生育四子，取名为：得鹏、得江、得地、得广。

占国为官公正清廉，体恤百姓。长年驻守边关，每逢灾年，军队粮草供给发生困难，他便发动官兵垦荒屯田，自给自足。这本是为朝廷分忧解难的明智之举，却遭奸佞的诬陷。永乐十六年(公元1419年)，明成祖朱棣听信谗言，以占国违反《大明律》"功臣不得私置田土"的规定为由，削去其王位，治罪处斩。占国遇害后，在族人和众家丁的扶持下，李月花携四个未成年的儿子逃至位于太原西北部的柳槐滩(今山西兴县境内)，母子以农为生，相依为命。十七年后，老夫人李月花因病仙逝，王氏四兄弟已长大成人。明英宗朱祁镇即位后，为解决因土地兼并和赋税的繁重而导致的"流民"、"逃户"等社会问题，于正统元年(公元1436年)，令各地核查人口，并编造《逃户周知册》。为躲避这次人口清查，王氏四兄弟逃离柳槐滩，向西进入陕西境内。到陕西后，得鹏病殁；得江思乡心切，又返回山西；得地、得广经人介绍加入前去戍边的队伍，于正统二年(公元1437年)农历三月来到靖虏卫(今靖远县城)。来靖虏卫不久，为生计所迫，得地去了肃州(今甘肃酒泉)，得广定居靖虏卫西乡(今乌兰乡西滩村)。从此，得广以农为本，兼做小本生意。不几年置田产、建房屋，娶妻张氏，生子仲若，子又生孙，传宗接代。

得广的子孙后代，在西滩定居后，历经五世，人丁兴旺，到了六世祖俭和时，娶妻陈氏，只生了三个女儿，为传王氏香火，其小女招婿杨氏，生下四子：太成、太渊、太山、宏麦，并将三子太山过继给陈姓，为使四个儿子记住自己是王门之后，王杨氏铸造四尊铜佛，让他们各带一尊。后因战乱，兄弟四人为谋生遂各奔东西(太成留靖远，太渊去海原，太山过继给陈姓，宏麦去青海)。临别前太成、太渊、宏麦兄弟三人将母亲送给自己的铜佛供奉于王氏宗祠，太山带一尊放在陈家，由老大太成依照原样重铸铜佛四尊，兄弟四人各带一尊，作为后代子孙日后相认的证物。后来在王氏族人中代代相传的故事中，提到的三尊铜佛，就是太成、太渊、宏麦兄弟三人分手前供奉于王氏宗祠中的三尊铜佛。从有关铜佛的故事可以看出，王氏先祖对佛教的信奉是十分虔诚的。同时这则故事相传至今充分说明，王氏宗族在定居靖远后的发展中，确实经历过一次使后人难以忘却的变迁。

王氏祖先定居西滩后，一直以农为生。至明朝万历年间，由九世祖王洪岭组织族人实施了来靖远后的第一次人口迁徙。族人离开西滩，沿黄河而下，至距县城三十里处的瓜园滩，兴建家园，开荒种田。从此，王氏家族在瓜园这块风水宝地繁衍生息，世代相传，至今共二十代，由于族人奉行耕读传家，勤俭创业的治家宗旨，一代又一代的王氏子孙发扬先祖勤劳勇敢、顽强拼搏、不畏艰险、自强不息的光荣传统和精神，靠自己的聪明才智，创造了一部家族的文明史。如今的瓜园王氏宗族，已成为靖远县一个人丁兴旺、长幼有序、英才辈出、闻名遐迩的大家望族。

二、人口发展及宗族繁衍

王氏宗族自二世祖得广定居靖远，至今561年，相传27代。在这漫长的历史进程中，王氏宗族的兴衰始终和国家、民族的前途命运相联系。每当国家政权巩固、社会稳定、经济发展，王氏宗族的人口就有大的发展，外流人口也相对减少。在明朝嘉庆、万历年间和清朝的康熙、乾隆年间及当代，王氏宗族人丁兴旺，比较强盛。相反，每逢社会动荡，外族入侵，兵荒马乱或遭受严重自然灾害，王氏宗族人口发展缓慢或出现负增长，外出谋生或举家外迁的现象也比较突出。明末清初和清朝同治年间及本世纪上半叶的民国年间，王氏宗族的人口都曾锐减，人口外流现象也比较严重，一些房头因无男丁，不得不靠女儿招婿或由其他房头过继男丁来顶门立户，有个别房头流落在外，下落不明。但无论是顺境还是逆境，王氏宗族的历代祖先都以灵活机智的适应能力和坚韧顽强的求生能力，顺应时势的发展变化，使家族人口不断发展，分布面越来越广。王氏宗族在靖远的人口发展及其分蕃情况可分以下几个阶段表述：

第一阶段(自二世祖得广到八世祖太成)，王氏族人生活在靖虏卫西乡，从正统二年三月开始，大约到明万历三十五年(公元1608年)左右，历经七代，列入世系图表的先祖共30人，其中男15人，女15人。因经商或逃荒流落在外至宁夏海原等地的2人(即第八世)，过继外姓1人(第八世)，其后代的详情无法可考。相传在这一阶段亡故的族人，大多数葬在西滩祖茔，此茔地后被河水淹没，未留下任何遗迹。

第二阶段(自九世祖洪岭到十五世祖贵远)，九世祖王洪岭率族人迁居瓜园村，为族人的生存发展争得了更大的空间，奠定了王氏宗族不断发展壮大的基础。从此，王氏宗族在瓜园这片沃土上繁衍生息，传至贵远共七代，生存时间大约从明朝万历三十五年（公元 1608 年）开始至清朝乾隆二十年（公元 1755 年）左右，列入世系图表的先祖共 38 人，其中男 21 人，女 17 人，因为官去北平的 1 人（第九世），从军去河南开封等地的 3 人（详见世系图表），经商或逃荒去凉州（今武威）、海原、会宁及本县北滩、兴隆等地的 6 人（详见世系图表），过继外姓 3 人（第九世 1 人、第十一世 2 人），其后代详情无法考证。相传，这一阶段亡故的族人，大多数葬在纱帽山、笔架山等茔地，十三世祖王学年原葬纱帽山，后迁进西滩祖茔，经族人共同商议于一九八四年冬迁到砂梁村乃家沟安葬，这是王氏宗族迄今为止保存时间最长的祖坟。

第三阶段（自十六世祖王钧至二十八代孙全宝），从清朝乾隆二十年（公元 1755 年）开始至今，约二百四十三年左右，历经十三代，共有 1 678 人，其中男 644 人，女 1 034 人（包括已出嫁的女性）。从十六世祖王领、王钧、王明弟兄三人开始，按亲缘关系分为三个房头：大房头自十六世传至二十六世，共十一代 82 人（男 37 人，女 45 人）；二房头自十六世传至二十五世，共十代 128 人（男 52 人，女 76 人）；三房头自十六世传至二十八世，共十三代 1 468 人（男 555 人，女 913 人）。这是王氏宗族由强到弱，又由弱到强发展的重要时期，也是形成今天族人分蕃局面的关键阶段。这一阶段族人绝大多数仍生活在靖远县东湾乡瓜园村。另外，随着人口的迁徙，在靖远县、平川区境内先后开创了靖远县高湾乡五百户村、葛埫村、靖远县东升乡驮粮村、平川区共和乡老庄村等四个王氏族人生存发展的分蕃地。列入世系图表的这一阶段已故先祖和宗族后裔共 219 人，其中男 93 人，女 126 人。其中：亡殁在清朝中后期的，大多数葬在滕家堡子和吴家边山湾；亡殁在清末或民国年间的大多数葬在吴家边山湾祖茔；1949 年之后直至今天，族人亡故大多数葬在居住地附近，无相对集中的茔地。

通过深入细致的考察统计和认真审核落实，截至 1998 年 8 月底，王氏宗族共有现世人口 1 459 人，其中男 551 人，女 908 人（包括已出嫁的女性）。现世人口共七代，辈分最高且年龄最长的为第二十二世祖凤谦（时年 87 岁），辈分最低年龄最小的为第二十八代孙全宝（乳名，时年 4 岁）。王氏宗族的现世人口绝大多数仍生活在祖籍瓜园村，另有一些族人分蕃居住在靖远县高湾乡五百户村、葛埫村、靖远县东升乡驮粮村、平川区共和乡老庄村。具体情况如下：

靖远县东湾乡瓜园村，是王氏宗族来靖远以后的主要发祥地，现有族人共 1 078 人。因参加工作，离开瓜园村到外地安家居住的 111 人，主要分布在靖远县城、平川区宝积镇、长征、白银市、兰州市、北京市和南京市等地。

靖远县高湾乡五百户村，是王氏宗族定居瓜园后最早向外迁徙人口的地方。是第三房头的二十二世祖凤春等人，为了摆脱贫穷，寻求新的生活环境，于清朝光绪十七年(1891 年)来到这里定居生活，传至二十七世王庭(乳名)已有六代，共 117 人，其中：已去世 17 人(男 8 人，女 9 人)，现世人口 100 人。因参加工作，离开五百户村到外地安家居住的 11 人，主要分布在靖远县城和白银等地。

靖远县高湾乡葛埫村，是第三房头的二十一世祖广年等人，为了改善生活环境，于民国十五年(1926 年)来到这里，务吊庄稼，后定居生活，传至二十五世王发发(乳名)已有 5 代，共 181 人，其中：已去世的 22 人(男 10 人，女 12 人)，现世人口 159 人。因参加工作，离开葛埫村到外地安家居住的 18 人，主要分布在靖远县城、武威、窑街等地。

靖远县东升乡驮粮村，是第三房头二十三世公安邦、二十四世公登孝、登廉等人，因拓展新的生存环境，种植旱地庄稼，弥补水地产粮不足，于民国九年(1920 年)前先到东升乡驮粮村旧庄沟居住，后因地震，登孝等人遇难，迁移东升乡红湾村半川子社定居，开荒种田。1941 年，又从半川子村迁移到东升乡驮粮村(即现居住地)。1984 年，因国家兴修引黄灌溉——兴堡川电灌工程，东升乡柴新村地域平坦，灌溉条件便利，部分王氏族人又从驮粮村迁移到距离原居住地向北 10 公里的柴新村新农村定居，自到东升乡传至二十八世王六六(乳名)已有 5 代，共 129 人，其中：已去世 7 人(男 4 人，女 3 人)，现世人口 122 人。因参加工作，离开驮粮村到外地安家居住的 26 人，主要分布在靖远县城、白银市、兰州市、玉门市、酒泉市、新疆、金塔、石嘴山等地。

平川区共和乡老庄村，是第二房头的二十二世祖凤谦、凤琪、凤俭等人，为谋生计于 1945 年前后从瓜园来到这里，后因天灾人祸，加之地方势力排挤，凤谦、凤琪返回瓜园，凤俭仍留在此地顽强奋斗。1947 年秋，凤俭娶老庄村吴步义之长女吴兴兰为妻，曾回瓜园村居住一年左右，于 1949 年初又回到老庄村，从此安家落户，传至二十四世登嵩，共三代 19 人，其中：已去世 1 人，现世人口 18 人。因参加工作，在白银、长征等地居住的 7 人。

三、宗族世系及宗辈关系

王氏宗族世系，顾名思义是指被明太祖赐为“王”姓以后的宗族世系。故以占国为王氏宗族第一世祖，亦称始祖、太祖。根据考证，王氏宗族在清朝同治四年(公元 1865 年)前，有较为完善的族谱，从已排出的世系图表看，在这一漫长的历史阶段,族人生子取名,多数时候还是注重宗辈的区分和谱系的排列。但在一些特定的历史时期,由于社会的动荡、生活困难、人口外流和族人对文化教育不够重视,对后代取名,未能遵守谱系,随意性很大。同时,也有几代先祖追求当时的社会时尚,喜用单字取名,有的父子两代都取单字名。总体上讲,这一阶段,王氏族人的命名和宗辈关系是明确的(详见王氏宗族世系图表本书略)。

清朝同治四年后,因王氏族谱毁于战乱,族人生子取名无固定谱系可循,只能按照大房头所排字辈为序,这就形成了今天绝大多数族人共同遵循的取名规则。由于现行的取名规则未能和同治四年前保存的族谱所定谱系衔接,所以,出现了不同辈之间的重名现象,第十七世和第二十二世都以"凤"字排辈取名。另外,随着家族人口的不断增加和向外迁徙,族人居住地逐渐分散,宗族未能及时设牒上谱,在瓜园居住的各房头与分蕃而居的族人联系疏远,在取名上又不作统一要求,加之一些迁居在外的族人,根据在新居住地人口的发展,以长幼为序,再分房头,由此造成了思想概念上的混乱和名字叫法上的不统一,这是可以理解的。本着尊重历史、尊重现实的原则,只要我们将这一时期宗族世系考证清楚,将宗辈关系排清理顺,就达到了目的,至于同一辈族人名字的叫法不统一无关要紧,也没有必要让他们将已叫出的名字更改。但是,从这次重修王氏族谱之后,这种不统一的现象应该不再重演。

为使今天的族人及其后代们了解王氏宗族自始祖占国开始到二十八世全宝(乳名),共二十八代人的世系和宗辈关系,特列如下一览表(略)。

四、人才培养及其成就

王氏宗族在靖远的发展经历了明、清两个朝代,经历了二十世纪二十年代至九十年代中国社会的历史变革。在这漫长的历史进程中,王氏宗族抓住时代给予的每一次机遇,重视加强子孙后代的文化教育,把为国家和社会培养、输送有用人才作为义不容辞的责任。一代又一代王氏宗族的优秀子孙,牢记先祖们"修身、齐家、治国、平天下"的教诲,学文习武,为国家的独立、民族的解放、社会的进步而英勇奋斗,勤劳不息,做出了应有的贡献。每个历史时期,都有杰出人物:其中有精通兵法,善于治军,官至北平督司的王洪财;有勤奋习武,深明大义,在同治五年三月保卫靖远城的战斗中建立军功,被授六品军功的王成年;有热爱教育事业,参与创建靖远敷文学校并出任校长,后又调任县督学、女子学校副校长的王凤麟;有热心公益事业,为兴修靖乐渠尽心尽力的王凤翔;有一心为公,带领蔿端村群众为改变贫困落后面貌苦干实干,被评为劳模的王凤鹏；有处事公正，热爱集体，教子有方，为造福老庄村做出贡献的王凤俭；有早年就读于黄埔军校，积极投身国民革命，曾任国民军团长、副师长、军参谋长，陇东师管区副司令、武威保安副司令，起义后任解放军师长、西北军区参事室参议、甘肃省人民政府参事的王浩鼎；有学贯中西、饮誉海外，在海洋地质、冰川冻土、沙漠、滑坡等领域的研究中取得重大突破的中科院研究员、甘肃省科学院地质自然灾害防治研究所所长王靖泰；有抗美援朝，保家卫国，英勇捐躯，被人民政府授予"革命烈士"称号的王秀邦；有在朝鲜战场英勇战斗，转业后在经贸、工商等工作岗位上做出贡献的王钧。同时，王门女性在宗族的发展中，勤俭持家，相夫教子，敬老抚幼，聪明贤惠，奉献社会，功不可没。二十一世祖太母王雍氏和二十三世祖太母王高氏、王吴氏就是王门女性的典范。在上述英才楷模的身上集中体现出王氏家族忠心报国、坚贞不屈、公而忘私、崇德扬善、勤劳质朴、扶危济困、乐于奉献的优良家风和传统美德。他们在生前或去世后，都以自己的业绩和影响不同程度地提高了瓜园王氏在靖远的地位。

特别是中华人民共和国成立后，在经济发展、社会进步的新时代，王氏宗族更是新秀辈出，精英荟萃。表现在：

(一)在农业方面。家居瓜园的族人在治理黄河水患、防止土地盐碱化、农作物品种改良等方面进行了积极探讨，取得了明显成效，尤其在靖远县率先运用水稻旱育稀植新技术，并取得成功，为全县粮食增产做出了突出贡献，培养造就了一批种田能手和"土专家"。同时，还涌现出了一些自学成材的能工巧匠，他们的成就得到了社会的承认。

(二)在工交商贸方面。随着社会的发展，王氏族人通过不同的途径离开农村，进入工交商贸领域的目前有64人，其中担任厂长(经理)的3人，从事技术研究和管理的25人，一般职工39人。

(三)在文教卫生方面。族人中投身文化教育的有28人，其中从事教育行政管理的2人(处级1人，科级1人)，从事教学工作的26人(高教4人，中教8人，小教14人)；在医疗卫生领域工作的10人，其中副主任医师1人，医师9人，护士1人，取得中级以上职称的9人。

(四)在党政管理方面。目前王氏族人在省、市、县(区)和乡(镇)四级党政机关及其事业单位工作的34人，其中县(处)级干部5人，科级干部7人，一般干部22人。

(五)在接受学校教育方面。在解放以后的48年里，王氏族人尊师重教，想方设法送子弟进入各级各类学校接受教育蔚然成风，其成就也是前所未有的。

据统计，截至1997年底，中专毕业的29人，大学毕业的48人(本科22人，专科26人)。目前在校的中专生4人，大学生8人(本科6人，专科2人)。这些在校求学的子女，是王氏宗族宝贵的人才资源，我们要珍重、关怀、爱护，为他们的成才创造有利条件。

综上所述，王氏宗族无论是过去还是现在，在人才培养方面都取得了可喜的成就，这是令人欣慰的。但我们绝不能因此而沾沾自喜，在前人成就的光环照耀下，故步自封，不思进取。在世纪之交的今天，我们重修王氏族谱，不仅是为了追述、缅怀先祖的业绩，更是希望通过修谱使族人和后代，能够从宗族的历史和先祖的成就中受到启迪，得到鼓舞，自强不息，勇往直前，团结奋进，靠自己的智慧和力量去创造王氏宗族更加辉煌灿烂的明天。我坚信，王氏宗族的后代一定不会辜负前辈的殷切期望，一定能够以自己的实际行动完成家族振兴的光荣任务，未来的王氏宗族一定会诞生无数政治名人、经济名人、军事名人、文学名人、艺术名人和科技名人。我也坚信，在这次重修王氏族谱的过程中，宗族上下所形成的凝聚力、向心力，是一笔宝贵的精神财富，大力发扬光大，对实现家族振兴必将起到积极的促进作用。希望王氏后辈子孙无论何时何地都要继承前辈的光荣传统，齐心协力，共绵世泽，同振家声。我更坚信，随着历史的发展，王氏宗族将顺应时代潮流，以其鼎盛兴旺的风貌展现在世人面前，将会为国家为民族做出更大的贡献。

靖远瓜园王氏二房头第二十三代后裔　禄邦敬撰

公元一九九八年农历腊月初一

第五篇　甘肃靖远瓜园王氏续辈二十字

由于王氏宗族蕃大，人口众多，为避免过去发生的不同辈分之间重名和同辈之间名字叫法不一致的现象，族人建议，对今后起名，像孔门那样给予规范，一字一辈，见名者即可分清辈次尊下。为此，根据王氏宗族的历史渊源和对前世的称道及对后代的希望，经编委会讨论拟就如下五言诗一首，共20字，并决定从“振”字辈以后启用：

国昌家运新，祖德承嗣显。

思圣崇文武，宗荣光裕远。

公元一九九八年农历腊月初一

第六篇　甘肃靖远瓜园王氏族训

培植心田，端正品行。尽忠报国，遵纪守法。

赡养父母，兄友弟恭。和睦乡邻，教育子孙。

矜怜孤寡，扶危济困。耕读传家，勤劳创业。

勇于进取，发奋图强。合族同心，世泽绵长。

公元一九九八年农历腊月初

第七篇　甘肃靖远瓜园王氏族规

为弘扬祖宗盛德，规范族人言行，谨遵祖训，订立族规。

一、热爱祖国，忠于民族。凡王氏族人都应胸怀天下，谨重名节，替国分忧，为民谋利；不得因私废公，舍义取利，背叛祖国，出卖民族。

二、遵守法纪，维护公德。凡王氏族人都应安分守法，持正不阿，克己奉公，清正廉明；不得作奸犯科，损人利己，违法乱纪，败坏公德。

三、尊祖敬宗，光耀门庭。凡王氏族人都应赤诚敬祖，继承祖德，建功立业，光宗耀祖；不得背宗忘祖，丢丧祖德，品行不正，辱没门楣。

四、家庭和睦，孝慈友恭。凡王氏族人都应以礼治家，父慈子孝，夫妻爱敬，兄友弟恭；不得丧失伦常，虐待父母，夫妻反目，兄弟成仇。

五、勤奋好学，尊师重道。凡王氏族人都应勤学尊师，刻苦攻读，注重家教，法肃辞严；不得轻视教育，冷落师长，放纵子女，贻误学业。

六、修身自律，崇德重义。凡王氏族人都应励志自强，诚信守约，谦恭礼让，见利思义；不得妄自尊大，文过饰非，欺诈蛮横，见利忘义。

七、勤劳勇敢，质朴俭约。凡王氏族人都应勤劳本业，勇于创造，节俭持家，艰苦奋斗；不得好逸恶劳，颓废懒惰，骄奢淫逸，挥霍浪费。

八、乐群贵和，德洽乡里。凡王氏族人都应以德交友，严己宽人，尊老爱幼，扶危济困；不得以怨报德，刻薄他人，恃强凌弱，仗势欺人。

九、团结互助，共兴宗族。凡王氏族人都应同心同德，互帮互助，互谅互让，共兴共荣；不得相互忌妒，相互攻击，同宗争斗，败家损族。

公元一九九八年农历腊月初一

第八篇　甘肃靖远瓜园王氏宗族重要人物传

王成年，二十一世。生于清道光二十五年(1845年)古历正月十四日，卒于中华民国八年(1919年)。自幼习武，功力精绝，好行侠义，济危扶困，打抱不平，誉满邑里。同治三年(1864年)，回民反清军攻占陡城、东湾、瓜园等地，围攻靖远县城，成年以乡里武勇同义兄弟三十多人赴靖远守城，殊死拼斗，多立战功。事平之后，朝廷授以六品军功，赏戴花翎，有古照遗存。同治八年(1869年)后返回瓜园，重新以农为业，勤俭持家，耕读并重，教育子孙，和睦四邻，德泽绵远，邑人恭颂为乡圣。民国六年(1917年)，倾家资送长孙浩鼎去兰州求学，后入黄埔军校，功业有成。王门阖族家道日兴，其厚德之遗泽不可泯没，立传以记。

王雍氏，二十一世。乳名翻顺儿，生于清光绪十一年(1885年)农历腊月二十六日，卒于公元1964年农历十一月三十日，本邑雍家门人。长适二十一世祖万年，操持家务，相夫课子。民国九年(1920年)大地震，万年在山后(今东升乡境)遇难，叔弟富年之妻魏氏亦遭不幸，雍氏强压悲痛，毅然担起了抚养子侄重任。将魏氏所生幼侄与亲生女儿并重，悉心照料。三年后，叔弟富年因病去世，且伯兄镒年已早逝，王氏二房一门，雪上加霜，几无生理。雍氏以其超人的毅力、坚定不移的信心，含辛茹苦，起早摸黑，终于将亲生的一子二女及五个侄儿、一个侄女抚育成人。对出生三天就离开生母的幼侄凤俭，更是呕心沥血，倾注了无限的母爱和关怀。民国三十三年(公元1944年)，年仅二十九岁的儿子凤明去世，撇下儿媳连氏和三个孙子、一个孙女，雍氏又顽强地协助儿媳将孙子、孙女抚养成人。

太母雍氏虽是一名普通的农村妇女，但深明大理，胆识超人，曾为维护家庭的合法权益，独闯县衙，打赢官司。雍氏目光远大，贤惠有识，十分重视对子女的教育。早年因孤儿寡母，家境贫寒，未能供子女上学，每多自责自怨，因之一再告诫子侄辈，不管有多大困难，都要拼力供娃娃上学。为王氏一门尊师重教，后辈学业有成的新家风打下了基础。

雍氏高风亮节，坚贞不屈，任劳任怨，唯贤唯德，抚养教育了王氏二房两代人，其精神将作为王氏宗族的宝贵财富永垂不朽。

王凤麟，二十二世。字汝翼，清光绪二十二年(1896年)二月十四日生，卒于公元1976年正月初六。公少聪颖好学，民国十三年(1924年)以优等生毕业于甘肃省立第一师范，后长期在靖远从事教育工作，先后任敷文学校校长、女子学校副校长，治校有方，为靖远早期教育事业的发展建立了卓著功勋。后历任靖远县党部文书、县督学等职，为官清廉，淡泊名利。后因厌恶官场腐败，辞职回乡，在本村小学任校长，长期为家乡教书育人。逢年过节，走家串户，主动为四邻画窗花、写对联，深得众乡亲的赞誉和爱戴。

公擅长书画，早年曾受范振绪先生指教，尤以水墨山水、行楷见长，曾在法泉寺绘制壁画多幅。文字功底深厚，善诗赋，晚年曾于黄河东岸垂钓，触景生情，作“忙时务农闲垂钓，夕阳西下晚霞照。遥望胡城今犹在，可想当年民苦焦”一诗(胡城指今糜滩三角古城)。为砂梁村皮影戏场作对联曰：“不大点地，有国有家有天下；这几个人，能文能武能君王。”工整生动，寓意贴切，广为传颂。公一生仁德处世，胸怀磊落，深为时世所敬仰、称颂。

王凤翔，二十二世。字自重，生于清光绪二十五年(1899年)，卒于1951年农历七月。早年曾就读兰州一中。民国二十七年(1938年)担任东湾联保主任，二十九年(1940年)任靖远县草料站站长，三十三年(1944年)任源顺渠(即靖乐渠)老人(主管领导)。

源顺渠是唯一的一条靖远至东湾灌溉万亩良田的主干渠，四十年代初，因黄河大水之后，河道北徙，渠口背水，祖厉河碱水遂流入河道，使万亩良田变成碱滩，树木枯死，庄稼几乎绝收，民生凋敝。凤翔在此时出任源顺渠老人，任务之艰，可想而知。上任伊始，即夜以继日，反复考察，聘请专家，制定方案，筹措资金，规划修建祖厉河倒虹吸工程，将渠口上延至吴家湾，以期一劳永逸，造福一方。经千辛万苦，多方奔波，民国三十四年(1945年)冬季，工程终于开工，冰天雪地，寒风刺骨，凤翔挽起裤角，带头跳入冰冷的苦水中施工。为给民工筹措午饭，凤翔不舍昼夜，多方奔走，说服县长康天衢及城内富裕人家，小商小贩为民工送饭送衣，起早睡晚，呕心沥血三年，终于在民国三十七年(1948年)竣工通水。至今仍发挥着巨大效益的祖厉河倒虹吸涵洞，将永远铭刻着凤翔的名字。

凤翔极为重视对宗族子侄的教育，四十年代即带领族人重修王氏宗祠。

王凤俭，二十二世，中华民国九年(1920年)十一月十二日生，卒于1998年农历九月二十一日。公出生三日，慈母西去，甫及三岁，严父见背，伶仃孤苦，由婶娘雍氏抚育成人。因家境贫寒，早承家务，忍饥挨饿，起早贪黑，备受艰辛。为生计所迫，于1945年离开瓜园，到共和乡小水村打工谋生，1947年娶妻吴氏，遂迁居共和乡老庄村，挖土窑三孔，家徒四壁，维勤维俭，操持家计。1949年解放后，积极投身土地改革和互助组、合作化运动。因处事公正，工作出色，曾被评为县级劳模，名载《甘肃日报》。此后数十年，以农为业，勤苦劳作，被乡邻誉为“种田能手”；热爱集体，忠于职守，管水看树，育果种菜，吃苦耐劳，呕心沥血，公心可嘉。晚年热心公益事业，率先捐资助学，并敦促儿子禄邦多方奔走，会同各界人士为地方谋办人畜饮水工程，兴建标准化学校一所，造福桑梓，众皆称颂。

公天性淳朴厚重，耿直刚强，严于律己，宽以待人，和睦邻居，扶贫济困，虽未尝读书而识谋高远，口不言人过失，心不嫉人名位，维贤维德，立言立行，忠厚传家，礼义教子。子孙芸芸，或从政、或务农，皆谦和正直，恭勤敬业，成就卓卓。教子有方，功不可没。垂暮之年，卧病在床，思念故乡瓜园，牵挂宗族事宜，谆谆嘱托禄邦,团结族人,续成王氏族谱,以慰列祖列宗。公一生不仅为子孙后代开创了新的生息繁衍之地,而且以自己的言行、业绩、功德为王氏宗族争了光,上不辱祖先,下遗泽后代。公逝世后,老庄村众乡亲敬献匾牌一块,上书"劳苦功高"四字,是对其一生的充分肯定和客观评价。公虽辞世,但其风范将长留人间,永昭后世。

王高氏,二十三世。生于清光绪六年(1880年),卒于公元1963年农历正月。近邑沙(砂)梁村人,出身名门大族,幼娴内则,明识达理,慈惠贤淑。长适王门,夫讳寿邦。方期相夫教子,丕振家门,孰谓天道无常,夫君见背;长子登银,方在襁褓之中,遗腹子登元尚未出世,母子孤苦伶仃,悲怆痛首;然高氏深明大义,矢志不嫁。其后恭勤恭俭,宵火达旦,缝补浣洗,彻夜不眠,一双儿女渐次成人。民国十八年(1929年)饥荒,人多外逃,高氏又收养侄儿登礼、内侄女及侄孙女等抚养成人。为人慈惠善良,乐善好施,胸怀宽阔,和睦四邻,故虽家门累遭不幸,而能于艰难之中奋发持家,喜享遐龄。语曰:仁者鸿寿,坤德遗泽,其家必昌,如高氏者,当之无愧矣。

王吴氏,二十三世。清光绪十一年(1885年)生,卒于1971年农历十月十六日。东湾乡南头村人。夫讳振邦,壮年病逝,吴氏矢志不嫁,抚养二子二女,惟艰惟辛。长子19岁夭折,次子登福30岁病逝,吴氏几经磨难,两代寡居,激励儿媳,顽强生活,抚子抚孙,渐次成人。民国九年(1920年)大地震,弟敬邦及弟媳遇难,留两幼女,吴氏也尽力抚育,视同亲生。贤良慈惠,乐善好施,一生数遭大难,顽强抗争,王氏宗族此一门人赖吴氏得嗣续不绝。至孙王兹,生六子,门第光大,家声重振,子孙兴旺,王吴氏必可含笑于九泉,福佑后世更加昌隆。

王浩鼎,二十三世。生于清光绪二十七年(1901年),卒于公元1973年。成年长孙,聪敏好学,兰州一中毕业后,考入北京警官学校学习。民国十四年(1925年),复考入黄埔军官学校第四期炮科学习。毕业后即入国民革命军第九军十四师炮兵营任排长,不久以军功升任连长,继任炮兵营长。民国十八年(1929年)调汉口国民革命军第三十五铁甲车队三大队任队长。民国二十八年(1939年)任国民军一六五师四九三团团长。曾率部参加阻击日寇的中条山战役,战斗中身先士卒,屡立战功。民国三十二年(1943年),升任陇东师管区副司令;三十五年任武威保安副司令,三十七年任一一九军王治岐部参谋长,监察组长,后任一一九军二四七师副师长。1949年秋,天水解放,王治岐部退守武都,会同王浩鼎率部起义,收编为中国人民解放军三军九师任师长。1950年12月,调任西北军区参事室参事,甘肃省人民政府参事室参议,1970年还乡,

1973年在兰州病逝。

王靖泰，二十三世。凤翔子，生于中华民国二十三年(1934年)，卒于公元1994年农历十一月。民国三十一年(1942年)入本乡小学读书，博闻强记，刻苦学习，品学兼优。1956年靖远一中毕业后考入西北大学地质系，1960年毕业分配到华东师范大学地理系两河口研究室工作，进行长江三角洲及海岸考察研究。后转该校地质系，教授构造学及第四纪地质学，1970年随地质系迁调上海同济大学海洋地质系，教授构造地质学，继续进行长江三角洲、滦河三角洲及海洋变化研究，撰写研究文集和论文八本。1979年调中国科学院冰川冻土研究所任副研究员，致力于冰川冻土地貌与冰川沉积学研究，其论文在国际学术界有很大反响。1982年后，曾两次应邀赴欧洲进行学术交流，先后在英、法、意、德、比利时等国考察访问。1985年调甘肃省科学院，任地质自然灾害协调研究中心主任。1986年兼任甘肃省科委技术评审委员会委员。1987年任该院自然灾害防治研究所所长，同年晋升研究员。1988年被兰州大学地理系聘为教授。1990年被联合国粮农组织任命为甘肃省白银市水浇地农业生产改良项目中国专家组组长。1991年起任甘肃高等教育评审委员会委员。1994年在兰州病逝后，英国部分科学家捐款在伦敦大学设立"王靖泰基金会"，用于奖励资助中国留英学生。

第九篇 瓜园王氏世系图(略)

第十篇 瓜园王氏宗族现世逝世个人情况登记表(略)

第十一篇 跋

瓜园王氏，有谱可考者已二十八代，六百余年，即明初从军武戍靖虏卫，遂居于靖虏。明中叶，支裔繁衍，其一支迁居瓜园，已四百余年。后数百年，因靖虏卫境内屡遭兵燹，加之天灾荒旱，王氏后裔，或仕宦经商徙居他乡，或逃荒、逃兵远走他乡，或遭受不幸，自一世至十六世，王氏宗族发展缓慢。十六世后，即清初中叶，支裔迅速繁衍壮大，二百余年，人口增至数千名，形成了今天谱系所记载的规模。

谱系之修，为历代族人所重，自迁居瓜园，后代有人将宗族情况予以记载，明末至清中叶，多次组织续谱，惜旧谱均毁于同治兵燹，仅有族人保留的一些零星记载。四十年代，凤翔公曾组织族人修王氏宗祠，并议修谱，因逢乱离，仅备部分材料，未臻完善。1980年后，国家振兴，民殷物阜，盛世续谱，民理之常。世界闻名的科学家靖泰公晚年曾多次倡议族人续成族谱，凤俭公等都切望族人尽快续成族谱，可知族谱之修乃族人之共望。1997年，由宗族各支裔共同协商，组成以禄邦叔为总编的王氏族谱编委会，着手搜集资料，整理族谱，谱序分别请全国人大七届代表、原靖远县一中、靖远师范校长、省教育学院副院长张克让先生，原白银市副市长王保泰先生，中共白银市市委副书记、纪委书记、原靖远县县委书记巨明礼，白银市副市长张廷魁，市政协副主席王敬文、赵得琮，市人大秘书长、市书法协会主席梁一中，中国书法协会会员、享受国务院津贴专家、新疆石河子文化局局长王爱廉，靖远县人大副主任马天霖等题了词，梁一中秘书长题写了封面谱名。为了解决修谱中的一些疑难问题，族人共议，请《白银市志》总编、族谱专家白天星先生为顾问，与族人共商确定了族谱内容及族训、族规、人物传、宗族佚闻等内容，并请白天星先生进行了统一修订。谱序部分请中国当代文坛新星、书法篆刻名人、川口同宗王仲申先生工整誊写。表录部分请永新周绪南先生誊写。世袭图表请本邑展雨清先生及靖远矿务局第二中学青年书法家吴天枢先生誊写。农历十一月十八日开笔写谱，腊月初一举行了规模宏大的落成祭谱仪式，白天星先生任主祭官，周绪南先生为司仪，王仲申、吴天枢先生为赞仪。乐队由靖远名乐手 10 人组成。打五色彩旗 28 面，象征王氏宗族已传 28 代，分五行五福晋三排列。由地方名人赵得琮、马天霖揭谱。邹安民先生代表各方各界人士致贺词。主祭官分别上了祭方神文、祭祖文、祭家神文、祭谱文等。

族谱之修，种类繁多，仪序亦杂。王氏宗族后裔唯恭唯敬，克成此谱。对所有襄助修谱的各界人士深表谢意。

靖远瓜园王氏三房头第二十四代后裔登贤 拜撰

于公元一九九八年农历腊月初一

第十二篇 宗族佚闻——瓜园的传说

祖辈相传，明代以前的瓜园是一片红柳丛生，荆蔓遍野的沼泽地。明万历年间，靖虏卫境内人口剧增，卫城(今靖远县城)王氏一族遂迁居瓜园，修筑堤坝，开垦荒地，经数十余年的辛勤开垦耕种，王氏支裔繁衍，人口增加，村庄也初具规模。有一年黄河发大水，冲毁堤坝，淹没农田。有几个年轻人蹚水到柳树林，见一老人尸体在水中漂浮。青年们将老人尸体推入洪水中，让洪水将尸体冲走。第二天，他们又见尸体重新被冲了回来，青年们将老人尸体打捞上来，掩埋在柳树林后的沙滩上。第二年春天，村民们重筑堤坝，平整土地，种植庄稼。当庄稼旺盛生长的时候，人们发现掩埋老人的地方长出数株瓜苗，因下面埋着人，谁也没去破坏。两个月后，瓜蔓绿油油连成一片，中间结出数十个西瓜来，其中两个瓜又大又圆，足有一百斤，全村人又惊又喜，人人保护，直到中秋佳节，村中长老共议，将两颗最大的西瓜摘下奉祭月神，全村人共同赏月吃瓜。瓜切开后，熟好的西瓜瓤如蜜珍，瓜子乌黑明亮，味道甜美可口。瓜吃完后，村中长老将全部瓜子保存起来，第二年清明后，在河边的河滩上全部种上西瓜，西瓜长得又大又圆，蜜甜爽口，清热解暑，堪称农家珍品。瓜园西瓜的名声很快传到府、县衙门，府、县作为地方珍品上贡京师。此后，瓜园的西瓜作为贡品闻名全国，瓜园的名字也同西瓜一样流传开来。王氏支裔在这块地方繁衍生息，发展壮大，历久不衰。

第十二篇　宗族佚闻——登孝公佚闻

登孝公，乳名长寿儿，乃佐邦之长子，生于清光绪十五年(1889年)，幼年敏捷祥和，性纯孝，勤俭持家，和睦四邻。成人之后，兴家立业，补修庄院时，在地基下挖出二郎真君木雕神像一尊，因屋舍狭小，无以奉祀，遂默祷神灵，发愤重塑金身，永奉香火。并将神像送还方神庙内。民国九年(1920年)大地震，公在东升驮粮村旧庄沟为救他人不幸遇难，夙愿不偿，时年32岁，后代将其掩埋于大坝渠台子。至民国三十年(1941年)东升驮粮村奉祀龙轿忽传言，已为瓜园村登孝附龙轿，称己职为王副官、八玄君，奉五殿阎君敕令代圣宣化，普渡兆民，治疗疾疫，消除灾难，救济众生。自此八玄君龙轿有求必应，大显威灵，四方善男信女、灾疾人家成群结队，祈求神灵保佑，每多感应。后传至瓜园本村，本境乡民或称王善人、王副官、八玄官，因多感应，沐恩村民合计送“善言通明”旌匾以示感戴。每年乡民为建醮设坛，祈福消灾，灵应异常。先圣曰：“天道溟溟，俗民难知。”事涉善缘奇闻，录之于谱，以示不朽。

公元一九九八年农历腊月

后记

经过九个多月殚精竭虑的考证、分析和撰写，重修王氏族谱序终于脱稿，该说的题外话似乎都已说到，然而当静下心来思考修谱之事，禄邦等仍觉得还有些题外话需要向族人和后代再作些交代。

(一)瓜园王氏五百六十多年的族史能够理出今天的头绪，应当感谢历代绘神主、铸钟磬、传族史做出贡献的列祖列宗和族外同仁，没有他们的贡献，王氏族人恐怕今天只有饭后茶余的一些传说而已，在这次搜集、考证、落实有关族史资料的过程中，得到了大多数族人和族外亲友的理解和支持，他们的帮助使我们攻克了族史考证过程中的一个又一个难关，对此表示衷心感谢。

(二)在王世族史的撰写中，尽管我们通过多种途径，采取了一些行之有效的措施，掌握了大量的资料，但是同历史原貌相比仍不过是凤毛麟角，在这种情况下，要撰写一部把王氏各历史阶段都容纳进去并贯通起来的族史，只能根据现已掌握的资料表述，如有不确切、不完善的地方，待后人有新的发现，就以新资料得出的结论修正补充。

（三）关于这次重修王氏族谱的宗旨和目的，已在引言中作了说明。这里想重申两点：一是这次族人上谱始终坚持男女平等的原则排列世系图表，有男则男、有女则女，从未因有无男女而歧视任何族人。因此，每个王氏族人，不得以这次修谱为借口，为门庭有绩，谱上有名，公然抵制对抗国家的计划生育政策。二是根据因其所不知，而缺其所不知，亦史法也的原则，在重修的王氏族谱中，允许一些漏记、落记，也允许一些人无续过嗣之事，完全取决于过嗣人自己的意愿，自己不愿意者别人不能强求。

（四）为使王氏宗族新增人口适时上谱进牒，确保族谱世代相传，建议从这次重修族谱为始，今后每十年续谱一次，每三十年修谱一次（下次修谱的时间为公元2028年）。续谱修谱的有关事宜仍由族人共同协商确定，愿宗族后代勿负前辈厚望，同心同德，将每次续谱修谱作为族中最重要的公共活动，切实搞好。

靖远瓜园王氏二房头第二十三代后裔禄邦　拜撰

于公元一九九八年农历腊月初一

补记

谱盒的设计、制作说明：

经编委会研究决定，由精通古今雕刻技艺的族人登文为族谱存放制作谱盒。登文博览古今雕刻技艺书籍，大胆创新，精心设计、制作，历时一月有余，于1998年古历腊月初一敬制谱盒一架。

一、谱盒的规格

谱盒内长一尺二寸，宽九寸，高九寸，盒体通厚九分，盖深三寸，体深六寸，共用和合榫铆三十六个，内含家族和合通顺、团结友好之意。

二、谱盒的图案

1.盖顶，以万字经穿带五福捧寿，中心镶嵌“王氏族谱”四字。象征王氏族人子孙绵延，万福万寿。

2.盖体四周，布如意流云，呈华盖之状，寓苍天，寓宝盖。

3.盒体四周共24个图案。正前面设金线葫芦，寓意子孙万代；设福、禄、寿三多，寓意子孙后代多福、多禄、多寿；设核桃、荔枝、桂圆三元，寓意子孙连中三元，金榜题名；设官带流传，寓意后世官运亨通，代代流传，家声远播；左侧设琴、棋、书、画四艺，寓意子孙多才多艺，奋发向上；右侧设钟、磬、埙、鼓、琴、柷、笙、管八音，寓意国正天顺，官清民安，四海升平，家族和谐，睦邻融洽。后侧设金鼎一尊，象征江山永固，族望家盛，世泽绵长；设元宝一副，象征多元进宝，财源茂盛；设潮珠一副，象征四海宝珠灵光，闪烁家族文化繁盛之气；设如意图一副，寓意族人万事如意，幸福吉祥。

4.盒身通体外圆内方，内含金钱，内方外圆，外圆内通，寓意通明透彻之意。

三、盒座

盒座呈须弥座造型，流云座底，六层托台，十二栏杆护围，寓意家族宗高族旺，根深蒂固，十二生肖族人尽皆聪颖贤惠，品行端正。

靖远瓜园王氏族谱编委会　敬撰

### 1.3.2 实例赏析

《陇靖邑李氏家谱》为古制谱，一切都按照古代格式编修，属清末民初时期的民间家谱。而《陇靖邑王氏族谱》属于现代之作，打破了旧规，格式有了大的变化，比较通俗，易于众人观赏，也便于效仿。

盛世修志，承古拓今。家兴思源，继往开来。改革开放以来，国泰民安，万象更新，修谱之风悄然兴起。从各地所修之谱牒来看，无论文字水平，还是印制技巧，都有了划时代的提高。《陇靖邑李氏家谱》为手工抄写，《陇靖邑王氏族谱》为油墨印刷。

家谱是以记载父系家族世系、人物为中心的历史图籍。它产生于封建社会，其作用在于尊世系、辨昭穆、别贵贱、继世流。家之有谱，犹国之有史，欲兴国族，必自家族始，想知一国之兴衰，至少也必先知一家之兴衰。在封建社会，由于统治阶级的利用和提倡，谱学得到了发展乃至普及，成了一门专门学问，很多学者也从事于谱学的撰述。宋代欧阳修、苏洵等大文学家各创谱式，并在理论上多有建树，遂使谱例规范化，成为后世效仿的典范。谱系之学，之所以在封建社会久盛不衰，除了有利于维护封建制度，多为统治者所鼓励和倡导外，也还有和睦宗族，崇文修德，激励后人的积极作用，还能从某些方面反映当时当地的历史面貌、人文典籍、社会风尚，成为地方志的必要补充和佐证。因此，当代人修家谱，应有一个正确的认识，既要继承它积极有用的方面，发扬光大，赋予时代精神，也要剔除诸多消极腐朽的东西，诸如带有明显封建烙印的俯首忠君、男尊女卑、奴化教育等糟粕。

纵观过去规范化谱牒的谱式，体系庞大复杂，包括谱名、谱序、谱记、恩荣录、遗像、族规家法、五服图、世系表、谱系本记、仁宦记、传记、先世考、名绩录、祠堂说、族产说、丘垅图、艺文录、派语字辈律、余庆录、领谱记等内容，当代人实在难以效仿，也无从此必要。修谱，既要展示出谱牒所要求的基本内容，使它确能起到考世系、明伦次、增和睦的作用，同时也进行一些必要的改革，不拘泥于传统格式的束缚，做到简明扼要，别具一格。在历史事件和人物的叙述上，尽量做到客观公正，不牵强附会，言过其实；文字上做到通俗易懂，标点分明，便于后人阅读。只要把握好这些要求，也就足够了。

## 1.4 如何才能修好家谱

### 1.4.1 修谱过程

家谱是一个家族、宗族全面、详细的记录，它是一个家族、宗族的历史或家族、宗族的百科全书，起着敦宗睦族、凝聚血亲的功能和作用。纂修家谱是中国古今家族中的大事。古代对纂修家谱是谨慎而又庄重的，修谱被视为宗族中的头等大事。有些家族在纂修家谱时请本族或族外当时有名的文人学士撰写部分内容或题写序言，如欧阳修撰有《欧阳氏谱图》、苏洵撰有《苏氏族谱》、曾肇撰有《曾氏谱图》、王安石撰有《许氏宗谱序》、文天祥撰有《跋李氏谱》等。其主要目的是借以扬名和炫耀，但从另一侧面也保证了族谱的严肃性和权威性。

纂修家谱须得家族、宗族大部分成员同意后方可进行。重修、续修家谱的时间古无定制，一般是三十年一修，也有二十年一修甚至十几年一修的，还有由于兵荒、灾疫、迁徙等原因而数十年甚至上百年未修的。

纂修家谱前，家族、宗族一般都要成立修谱机构，即所谓的家谱编委会或谱局，由族长担任主修。编委会通常由主修、倡修、编修、监修、协修、校阅等组成。家谱编委会即谱局成立之后，即进入纂修族谱的实质准备阶段。主要工作有二：

一是收集资料。收集资料，应从以下几个方面着手：

(1)平时分项记录族人的情况。如家族成员凡生丁口、行冠礼、结婚时均须预先立册一本，以便以后陆续增入新添丁口。每年冬至祭礼祖先前，家族内各房须将男丁情况报至族里，同时将婚、嫁、卒、葬等一并报上，以作为日后修谱续修的依据。

(2)平时由各房单独记录，再按时汇总登录。平时家族成员的基本情况就由各房或各支单独记录和掌握，各家族成员也主动将变化情况报告房长，如生丁后须报以下内容:某房、祖某、父某、行某之第几子、生于某年某月某日某时。每年冬至,各房长将该年的全年变动情况造表登记后送入族内,再由专人登入总册送至族祠或派专人保存,到修谱续修之年时再拿出来使用。

(3)由各户按时报告变动情况。规定族内成员生子三天命名后即报告族长,登名于簿,记明出生时日;去世者,家属半年内将死者寿数、葬地报告登记;即使媳妇,也要求把女方生日、娘家情况记录在簿;迁居外地者,要一年汇报一次情况,注明居地等项,以便族长记录。

(4)修谱时普查填表而后汇总纂局。格式如下:第几某户、几十几代、名某、年几十几岁、现居某县某村、习何业何职、曾祖名某、号某、何指、在否、父字某、号某、何指、在否、有子几人、名某。

(5)派人外出实地调查。这是一般家族修谱、续谱时最常用的收集资料的方法之一。外出实地调查的主要对象是迁居外地的本族成员的基本情况。

(6)各支族提供。有些家族规定:修谱前两年,各支族要将各自的情况先行编好送来汇总。

(7)利用旧谱资料。这也是一般家族修谱、续谱时最重要的资料来源之一,几乎所有的重修谱、续修谱都是在旧谱基础上参核考证,拾遗补阙再填加新材料而修成的。

(8)利用御赐诗文及各种契约文书等文献资料。

(9)从正史、方志、文集及其他书籍、文献中抄录资料。一些大家族的家谱收录人物众多,这些人物或在正史中有传,或有文集行世,或在方志有载,另外他们与同时代的族外好友或有彼此酬唱、书函往来。这些酬唱、书函等也许收录于他人的文集之中。以上种种情况都会在修谱、续谱的过程中遇到,因而正史、方志、文集和其他书籍、资料也成为修谱时不可遗漏的重要宝库之一。

(10)辑录族人所撰诗文及其他存稿。

(11)辑录与族人有关的其他材料。

(12)辑录族人墓表、墓志、墓铭等材料。

二是筹集经费。经费来源一般是来自族产收入,如族田、祭田及其他田地的收入,族内公共财产出租给个人的收入等。除此而外,每个入谱的男丁都必须交纳一定数额的谱银(女子因不上谱,故不必交纳)。经费的第三个来源是族中一些有钱成员的捐助。较大的捐助来自族内有较高经济地位的成员,尤其是那些没有官职或没有通过科举考试的富裕商人,他们为了在家谱中多占些篇幅以光宗耀祖和显及后代,常常用较多经费资助修谱来达到目的。

一等经费筹集就绪，编委会就进入谱局动手编修。首先要拟定修谱凡例，一般是依据旧谱凡例根据时代需要而增加删减。凡例定下来后，要张榜通告族内成员，使他们明确此次修谱的编修宗旨及基本体例。书稿编好后，即请人认真刻写和印刷，临修、校阅负责审核和校对。但一些家族每次续修族谱筹集到的经费往往不够用，只好修完为止，不能刻版印刷。

一部家谱经过这些程序后才算修竣。装订完毕后，谱局再次张榜通知族内成员，然后择定吉日，锣鼓开道，鞭炮齐鸣，以大轿将修好的新谱迎回祠堂。再择定吉日，举族男丁不论老幼，均沐浴更衣，穿着一新，虔诚地对家谱予以礼拜。拜谱完毕后，族长拿出朱笔开始发谱，一般是每房一部，祠堂留一部。谱领完后，经济条件较好的一些家族、宗族，于当晚举行盛大宴会，所有参加礼拜的人，都可按着尊卑长幼的顺序入座就餐。

综上所述，家谱的纂修是一项庄重、严肃、认真、细致的工作，既要求有全面翔实的资料，又要求有足够充裕的经费，这样才能修出一部比较完备详实的家谱。

### 1.4.2 如何编纂当代的新家谱

当代，各姓氏有续谱的，也有新编的，那么如何编纂当代的新家谱呢？

首先，在指导思想上新编家谱应坚持以马列主义、毛泽东思想、邓小平理论为指导，坚持实事求是路线，运用辩证唯物主义和历史唯物主义立场、观点和方法，真实、全面地反映一地一族的历史与现状，力求思想性、科学性和资料性相统一。

其次，在内容上新编地方志已为我们提供了范例，虽其内容和体例不能照搬硬套，但有模仿的价值。新编方志广泛收集、研究历代的家谱，对家牒的整理注入新观点，用社会主义精神文明建设的论点和立场，正确处理继承与创新关系，改造旧家谱，编纂新家谱，使之更富于时代感和科学性，让新编家谱进入现代精神文明产品行列，因此新家谱的内容应是：

(1)客观反映家族的繁衍生息，迁徙分化、荣衰升沉的史实，不夸张、不溢美，注重史料稽考，力求资料丰富。

(2)对历史上涉及政治观点的问题，秉笔直书，需保持原记述的可列注辨证；涉及中共历史上政治问题的内容，遵循《中共中央关于若干政治历史问题的决议》记述；对历史上宗族因地域、房产等发生的仇斗应当回避，以免旧怨重生，事与愿违。

(3)对本族女子应予入谱,其后代不再记入,娶入女子参与该族繁衍,从简记入。

(4)对有功德、有影响的人物,不分男性、女性,列传表彰,并可载入照片,不够立传标准的人物可列表展示;劣迹昭彰者,应点明其过,以警后世。

再次,编纂新家谱,除了在内容上应健康和全面外,还应在体例上进行改革。体例的改革先要考虑摒弃旧家谱的条目体,改用章节体,按事物归类,设章立节,这样便于运用现代理论观点和现代科技手段,重新评估一个家族的上千年历史,参照有关新编家谱,拟提以下条目供编章设节立目时参考:

(1)序言(应在旧家谱上有所改进,着重表述修谱经过和内容,可请本族有名望的人写)。

(2)凡例(编写本家谱的规范)。

(3)概述(或叫综述,简述一族一地的自然环境、族源、迁徙、分支情况,以及社会经济、文化、人物的历史与现状等)。

(4)姓氏源流(记述姓氏源流,以及迁徙外地的情况,详记本支,略记他支)。

(5)行辈。

(6)文献、典章、文物(包括祖上文献资料、祖训、家训、家规、家法、堂号、姓氏联、祖坟等)。

(7)人物(已逝世的立传、健在的名人作录、有影响人物设表)。

(8)世系(引述旧谱时,女子无记的可待考,近现代本族所有女性均应入谱)。

(9)附录(凡不便归入以上各类的可记入附录)。

新编家谱文字采用语体文和规范的简化字。语言简练、朴实,保持谱牒乡土气息。引用旧谱序文须加标点,便于现代人阅读。采用公元纪年,历史纪年后加注公元纪年。

以上仅供参考,篇目的设置须视本族内容多寡而定。尽量规范化、化繁就简,千万不能不分精芜巨细把本族东西都塞进去,避免把族谱编成大杂烩。应该指出,当代修谱不宜普遍提倡,也不必由官定"统一规例",但已着手修谱的应解放思想,更新观念,努力提高文化品位,编纂出适应时代发展的社会主义新家谱。

### 1.4.3 家谱的收存

经过认真细致的收集资料和庄重缜密的纂修工作,作为家族、宗族生活中的一件大事,新修的家谱自然而然被族内成员视为贵重物品,加以精心妥善的保管和收存。

由于家谱功能重要、作用巨大且来之不易,所以各家族、宗族的家规、族约中几乎都列有"慎重家谱"、"妥密保谱"等条目,要求族内成员必须将家谱视为珍宝,妥善、安全地保护家谱,不得轻易示人,不得借与族外人,更不得丢失。

每年清明祭祖时,各自要带着所编发字号的家谱原本,到宗祠会看一遍。如有老鼠咬食、磨坏损迹者,族长与族众要在祖宗前进行惩戒,另选子孙收管。

### 1.4.4 修谱的意义

修族谱具有历史价值与现代意义,因为族谱就是保存各个姓氏家族历史的最好方法。

修谱可以发扬尊宗敬族的传统伦理美德,还可以给后代子孙提供血缘寻根的线索。中国人自古以来,不但有修谱的传统习俗,而且还保存了很多的族谱文献,这些都算是很珍贵的文化遗产。另一方面,现代人如果积极参与寻根活动,不但可以带动修谱的风气,还可创造出更多、更丰富的族谱文献。

续修族谱必须记录最真实的家族历史,最动人的人物故事。修谱态度必须严谨客观,还需要掌握正确的修谱方法。修谱内容要讲究信实可靠,不能随便和历史名人攀附关系;修谱人员要多参考各种记录资料与研究成果,不能闭门造车而造成内容偏差与史料失真。

族谱是以世系和家传作为核心内容,族谱只要具备这两项基本内容,就能算是一部记录家族历史的好书。各姓氏族谱内容,可以编得或详细或简略一点,它常随个人的需要而定。但是世系与家传内容必须兼而有之,而且最好能仿效前人的谱式与书法编辑世系图表资料,以公正客观的态度拟撰家传内容。只有这样才能为后代子孙树立良好的修谱典范,其资料内容也才能具有提供给他人研究参考的价值。

一部看来非常丰富的族谱,如果内容错误百出,文句又不通顺,那它只能算是一堆资料的累积,而其利用价值就显得微不足道了。因此当我们收集与著录家族史料时,必守宁缺勿滥原则,资料必须有凭有据才能用,这样族谱才具有长久保存与利用的价值。每一个人物的基本资料,最好都能详尽叙述,例如出生地、教育、婚姻、职业、健康特征等项资料,代表着每个人物的个性、背景与特色,是子孙认识祖先的主要来源,所以要尽其所能地详细叙述。另外,记录人物不分男性与女性,每一个家族成员的资料皆要编入族谱。事实上,传统族谱对于上代祖先的资料,不分祖、妣都早有记录,只是在学术研究利用上,有些学者仍嫌资料不够充足而已。

### 1.4.5 修谱的未来

参考与利用相关族谱的编修体例及资料内容,当然会对寻根与修谱带来很大的益处。但是现有的传统中国族谱文献,使用上却存在很多不方便,例如数量庞大、卷帙浩繁、繁体中文、典藏散布各地、文句又不加新式标点等等。因此针对这些族谱文献资源,必须先进行有系统的组织整理,并通过最新的网络科技传输资讯,这样才能满足人们的需要。毫无疑问,利用网络资源进行寻根与修谱,将是未来的发展趋势。

寻根是为了修谱,而修谱是为了流传,因此除了印制传统纸本族谱外,也应该考虑建立电子家谱。因为电子家谱具有很多优点,包括:节省纸本印制成本,方便资料传输与分享,资料内容增修方便易行,可复制备份增加资料保存安全性等。

## 1.5 家谱研究的动态

家谱是记载本宗族和事迹的历史图籍,它与正史、方志一起,构成中华民族历史学大厦三大支柱,是中华民族悠久历史文化的重要组成部分。但至今对存世的中国家谱数量仍缺乏完整的统计,家谱目录远非历代遗存的中国家谱的全部,由于种种客观条件的制约,尚有不少藏书单位和个人收藏的大量家谱未能收入。

据统计,上海图书馆现存1949年前的家谱计11 700种,近10万册。上图家谱具有以下特点:

一是覆盖面较广。上图收藏的家谱覆盖全国20个省,以浙江、安徽为最多,其次为江苏、湖南、四川、福建、山东、河北、湖北、江西等省,甘肃、贵州、广东较少。浙江的家谱,集中于金华、余姚、上虞、慈溪一带,安徽的家谱,则以徽州地区最为集中。

二是姓氏较多。上图家谱共分328个姓氏。其中以张姓最多,计638种,其次为陈姓622种，王姓524种，吴姓424种，刘姓420种，李姓418种，周姓366种，其他徐、黄、朱、胡、杨姓等均在200种以上。冷僻姓氏有80余姓，如吾、承、寻、帅、危、谌、港、後、平、阳、璩、青、斜、揭等。

三是质量较高。上图收藏的家谱多为清代、民国期间刊本和木活字本，还有200余种明刊本，不少明刊本家谱中保存着彩绘书像。家谱中还有不少稿本人纂修底本和名人家谱，均有较高的资料价值。

四是具有上海地方特色。上图收藏的家谱，相当一部分是上海开埠后外地来沪发展人士的家谱，如《镇海东管乡沈郎桥叶氏家谱》，对于研究上海近代史有重要的史料价值。至于《合肥李氏宗谱》(1928年修)、《龙溪盛氏宗谱》(1943年修)、《无锡荣氏宗谱》(1935年修) 等家谱则以独特的视角揭示了十九世纪后期、二十世纪初期上海近代工业发展的轨迹。

由上可知，上海图书馆收藏的家谱无论数量还是质量，在存世家谱中都有举足轻重的重要地位。

中国国家图书馆，即北京图书馆，收藏中国家谱数量仅次于上海图书馆，但质量颇高。北京图书馆成立于1909年，共有藏书2 200万册，是中国国家总书库，馆舍共计17万平方米。北图在创立之初，受梁启超馆长的影响，十分重视家谱资料收藏工作。1928年北图曾致函社会各界，广为征求家谱。到1950年，馆藏家谱已达348种。在以后土改等历次运动中，北图有识之士按照“人充我取”的原则，广为搜集家谱，数量不断增加。为加大整理地方志与家谱的力度，北图于1990年专门成立“地方志与家谱文献中心”，时家谱数量已达3 006种。北图收藏的家谱，不仅数量较多，而且质量很高，颇具特色：

一是收藏家谱覆盖面较广。家谱最多的是苏、浙、皖三省，其次为华中、华南各省，河北、山东、东北地区也有一些，西北地区最少。

二是家谱姓氏较多，共计268姓。超过50种以上姓氏的有12种，王姓最多，有142种，陈姓134种，张姓101种。

三是版本质量较高。宋代有2种，最早的为史浩纂的《仙源谱》，为内府钞本。元明代有322种。据《中国古籍善本书目》统计，列为史部传记类宗谱中的善本，北图几乎占一半。

四是少数民族家谱有特色。其一用汉文撰写的少数民族谱，计有八旗谱19种，蒙谱2种，皇室谱多种；其二用少数民族文字撰写的家谱，计满文谱21种，蒙、彝、藏文谱11种，均十分珍贵。

（来源：世界华人宗亲网）

### 1.5.1 家谱研究的历史与现状

经考证,谱学的研究发轫于周代。古代家谱的研究主要针对谱学的本身,包括谱例的撰写以及家谱发展历史等方面。近代的谱学研究在不同的历史时期,有不同的情况。现转录上海图书馆历史文献中心谱牒研究部陈宁宁的文章《家谱研究的历史和现状》,对这一问题加以阐述。

一、家谱是以记载一个血缘家族的世系与事迹为主要内容的史类文献。关于家谱的起源,目前学术界众说纷纭,从出土的甲骨文、金文、碑文等中国早期文字及史类文献对家谱起源的考证,家谱的起源至少可以追溯到先秦时代。周代已有史官修谱制度并撰有《世本·帝系篇》。尽管先秦《世本》早已亡佚,今本《世本》是清人所辑,但从辑有的篇目可见,《世本》汇集了中国自黄帝到春秋各代天子、诸侯、卿大夫的世族谱系,是一部对前代和当代各血缘集团系谱进行综合、总结的全国性的总谱,《世本》的意义还在于证实谱学研究发轫于周代,是家谱研究的源头。

就家谱的形式而言,唐代以前的古谱和现存的以欧阳修、苏洵创制编撰体例为特征的明清家谱有所不同,但家谱作为绵延不绝的人类历史象征受到历代学者的重视,究其原因除了追本溯源寻根问祖的目的以外,还在于对家谱重要价值的认识。清代史学家章学诚有过“夫家有谱、州有志、国有史,其义一也”之说,把家谱与国史、方志相提并论可见其重要。古代家谱研究的内容主要在于对谱学的本身,包括谱例的撰写以及家谱发展历史的研究等方面。

家谱的应用研究始于汉代,《史记》中有关帝王谱牒的记载,说明汉代司马迁已经把家谱资料应用到史学领域——纪传体史书的撰写中去。后代史学家继承了这一传统,后代编撰的纪传体断代史如班固撰《汉书》、陈寿撰《三国》……都不同程度地运用了谱牒资料。中国古代对家谱资料的应用主要在史书、方志和人物评传的撰写过程,体现了谱牒的史料价值。

二、到了本世纪20年代,随着社会科学新领域的开拓,有学者从人口学、优生学、遗传学等新学科的角度肯定家谱的重要价值,并倡导对家谱资料进行深入研究。著名史学家梁启超在1923年出版的《中国近三百年学术史》中说:“欲考族制组织法,欲考各时代各地方婚姻平均年龄,平均寿数,欲考父母两系遗传,欲考男女产生两性比例,欲考出生率与死亡率比较等等无数问题,恐除了族谱家谱外,更无他途可以得资料。”为此他提出广收家谱并对家谱进行研究,“我国乡乡家家皆有家谱,实可谓史界瑰,如将来有国立大图书馆能尽集天下之谱，学者分科研究，实不朽之盛业。”古史辨派的创始人、著名学者顾颉刚也说：“我国历史资料浩如渊海，但尚有两个金矿未曾开发，一为方志，一为族谱。”肯定了家谱在新的历史时期所具有的重要的史料价值。

在梁启超等人的倡导下，学术界出现了研究谱牒的热潮，北京图书馆致函社会各界广征家谱。(1945 年杨殿珣撰《中国家谱学通论》就是利用馆藏家谱撰写的研究论文。)1931 年南京国学图书馆馆长柳诒徵撰《族谱研究举例》一文可视为对梁文的呼应，该文中有将太仓王氏与武进庄氏比较，分析人口的数量与增殖的例子，开了利用家谱资料进行人口问题研究的先例。利用谱牒资料对人口问题进行研究的学者还有谭其骧，其著《湖南人由来考》系根据氏族谱系资料对湖南 7 个县的人口来源作了考证。建国以前在谱学研究领域颇有建树的学者有潘光旦、罗香林等人。潘光旦从 1929 年发表第一篇论文《中国家谱学略史》以后，数年间陆续发表了《家谱与宗法》、《家谱还有些什么意义》、《说家谱作法》等论文，还就遗传与人才的问题进行研究，发表了《明清两代嘉兴的望族》、《中国伶人血缘之研究》、《人文选择与中华民族》、《近代苏州的人才》等；罗香林 30 年代起就重视家谱研究，1971 年在香港出版的《中国族谱研究》论文集，大多为早年的研究成果。他们的研究对谱学理论的普及与发展具有不可磨灭的贡献。

二三十年代中国学术界对家谱研究的热情是由史学领域的变革引起的。近代史学的显著特征是打破了以往以政治史为中心的史学研究传统，将史学研究转为对人类社会生活的关注。新史家们认为，“欲知历史真相，决不能单看台面上几个大人物几桩大事件便算完结，重要的是看见整个社会的活动变化。”(梁启超语)史学研究的发展，必然要求突破仅从正史中寻找史料的传统局限，拓展史料收集的范围。因此这一时期的史学家们特别重视新史料的发现，包括地下发掘的考古资料和异域发现的史料记载都是他们关注和搜集的目标。家谱作为在家族内部编撰的、不公开发行的史籍，又具有不可替代的社会史研究的史料价值，理所当然地引起了学者们的兴趣。史学观念的更新与史料范围的扩展是引发谱学研究的直接原因。

由于战乱等原因，建国前的谱学研究展开得并不充分。其中谱牒资料的缺乏也是一个重要因素，在不得轻易示人的祖规家训的警戒下，家谱资料的搜集比较困难，以北京图书馆为例，从 1928 年到 1945 年总共收集到家谱 247 种，仅占馆藏的十分之一。大图书馆尚且如此，一般研究机构要获得研究资料的难度更是可想而知了。

三、解放以后，家谱作为封建残余受到人们的唾弃，对家谱的研究也理所当然地停顿下来。60年代出于对封建族权的批判，有人写了《封建家谱谈》，这是至今所见祖国大陆解放到十一届三中全会之间唯一的一篇关于家谱的论文，家谱研究基本处于空白状态。但作为家谱的搜集却是一个千载难逢的好机会，土地改革、批判封建宗族，一系列的政治运动使藏于深阁的家谱被作为封建残余扫地出门，从上海图书馆成为全国收藏家谱原件最多的图书馆来看，其家谱有许多来自造纸厂回收的废纸堆。这种情况也见于其他图书馆，比如北京图书馆，解放初统计为353种，到1985年清点馆藏已有2 228种，大多为土改时期和“文革”时期所得。正是有识之士对这批历史遗产的保存，才为日后的学术研究奠定了资料基础。

中共十一届三中全会以后，人们的思想得到解放，认识到中国的传统文化是个宝藏，值得好好发掘。海外华人的寻根意识及对家谱文化的重视则对祖国大陆家谱研究的开展起了推波助澜的作用。在中国与世界的沟通日益加强的文化背景下，中国家谱研究蓬蓬勃勃地开展起来了。

当前，家谱研究呈现一派方兴未艾之势。经过十来年的研究，其学术成果主要表现在以下方面：

1.家谱资料的整理开发。80年代家谱研究的兴起首先是文献资料的成功开发，北京图书馆在1985年开始馆藏家谱的开发整理，经过数年时间，在完成编撰馆藏家谱目录和家谱提要2 228种的基础上，成立地方志和家谱文献中心，编辑出版家谱的二次文献、资料丛编。上海图书馆收藏有家谱原件11 200种、83 000余册，为世界收藏家谱原件最多的图书馆，目前已成立专门机构，加强馆藏家谱的开发、利用及其研究。除了图书馆加快馆藏家谱的开发整理，社会各界也从各个方面促进家谱资料的开发整理。南开大学历史系、中国档案局二处、中国社科院历史所图书馆联合编纂《中国族谱联合目录》共收家谱目录12 000多种。

2.关于家谱的研究。在家谱资料整理开发的基础上，学术界出现了不少家谱研究的论文。许多论文对家谱的源流、沿革及编撰体例、记事内容等问题进行了探讨，对一些重要姓氏宗族的家谱作了研究。比如家谱研究中有专文对古代人物白居易、曹雪芹、郑和，近现代人物洪秀全、傅斯年、鲁迅等人的家谱进行研究。在谱学史研究方面，不少学者对前人提出的并为学术界所接受的观点进行了挑战，比如对中国家谱起源的年代研究，前人一般都认为中国家谱起源于周代，而现在有学者根据周代以前的文字记录即甲骨文、金文等资料，以及大量的民族学、民俗学的资料得出中国家谱的起源远远早于周代的结论。关于家谱的形式,有的学者提出在文字家谱出现之前就有口授家谱和结绳家谱,将家谱的形式扩展到书写范围之外。还有对汉代谱学的理解,过去一般都认为"汉朝帝王将相出身草野,不知家世,故不需谱牒学,此为不兴时期"。现在有学者从司马迁、扬雄、班固等人的自叙家谱及现存的汉代石刻为依据,提出汉代并不是谱学的消沉时期和静止时期,而是谱学的活跃时期和发展时期。尽管他们的研究结论还有待检验,但其勇于探讨的精神和扎实的研究方法却值得提倡。他们的研究对家谱研究朝纵深方向的发展开辟了道路。

3.关于家谱应用的研究。从这段时期发表的论文和出版的书籍来看,家谱资料在社会科学各学科的研究中得到了广泛的应用。无论是在人口学、民族学、人才学、社会学、经济史、华侨史、法制史、伦理学史等方面都有应用家谱资料进行研究的上乘之作。其中利用家谱资料最多,研究成果最大的是社会史的研究。社会史是历史研究的一个部分,属于微观史学研究范畴。过去史学界重视宏观研究,偏重于讨论社会、朝代发展更替的原因。现在随着家谱资料的重见天日,以家谱作为重要史料基础的社会史研究得到发展。以 1996 年社会史研究为例,有不少论著是以家谱作为史料基础的,如《中国古代的家》、《中国古代的宗族和祠堂》、《中国的宗族社会》等;还有是姓氏学方面,利用家谱资料梳理血缘亲族的源流的著作有《中国姓氏通书》,详细介绍每一个血缘亲族的起源、演变、分支、迁徙、繁衍的历史,以及家族独特的风俗礼仪、家族文化等。

(作者:陈宁宁,上海图书馆历史文献中心谱牒研究部,馆员。)

### 1.5.2 中国内地家谱收藏与研究概况

(1)收藏概况

中国家谱源远流长,现存家谱主要是明清时期及其以后编修的,很多散藏于民间。失传、毁弃数量亦当不少。1984 年,国家档案局、文化部、教育部、中国社会科学院曾多次发出通知,要求各省、市、县档案馆、博物馆、文管会、文化馆、图书馆以及各高等院校、科研单位的图书馆,填表上报所藏家谱目录。根据上报材料,国家档案局郝存厚、中国社会科学院武新立、南开大学冯尔康联合编纂了一部《中国家谱综合目录》。著录该目录的中国家谱收藏情况如下表:

**各省、市收藏家谱调查统计表**

| 地区 | 藏数(部) | 地区 | 藏数(部) |
|---|---|---|---|
| 北京 | 4 769 | 宁夏 | 8 |
| 河北 | 892 | 浙江 | 2 903 |
| 吉林 | 600 | 福建 | 482 |
| 甘肃 | 32 | 湖南 | 1 354 |
| 江苏 | 1 682 | 四川 | 743 |
| 江西 | 100 | 天津 | 409 |
| 湖北 | 611 | 辽宁 | 605 |
| 广西 | 170 | 陕西 | 33 |
| 贵州 | 6 | 山东 | 270 |
| 上海 | 562 | 安徽 | 1 005 |
| 山西 | 117 | 河南 | 225 |
| 黑龙江 | 139 | 广东 | 433 |
| 云南 | 74 | | |
| 合计 | 18 224 | | |

以上调查统计表所提供的18 244部这个数据,当然有很大的局限性。仅就收藏家谱的单位而言,有的虽有收藏,但并未填表上报。例如:山西闻喜县档案馆收藏46部,太谷县图书馆收藏30多部,阳城县方志办收藏44部等,均未上报。有的虽然上报了,但与实际收藏出入很大。例如:上海图书馆上报数字是562种,但据本馆人员说,实际收藏达万种之多,只是尚未整理编目而已。特别值得注意的是18 244种这个统计数据,并未包括散于民间一家一户收藏的家谱,特别是手抄本家谱。据行家调查推测,散藏于民间的家谱当在10 000种以上,再加上调查统计的18 244种和上海图书馆的实际收藏,大陆家谱收藏总数至少在38 000种以上。

"家谱资料研究中心"从1985年起,就在山西省社会科学院原来收藏家谱的基础上,进行征集和复制。经过多年努力,现已将整理编目的家谱,编纂成书,由山西人民出版社出版发行。著录这部目录的家谱有251姓,2 565部,总计24 562册。其中超过50部的姓氏,依次为:王氏,255部;陈氏,126部;张氏,114部;李氏,85部;吴氏,77部;刘氏,75部;黄氏,69部;徐氏,63部;朱氏,60部;周氏,59部。超过200部的省(市)依次为:江苏,605部;浙江,488部;福建,295部;湖南,279部;安徽,200部。

此外,近年来许多报刊不断有新发现的名人家谱的报道。例如《光明日报》1982年6月17日,刊登了江西吉安县发现文天祥家族的《富田文氏族谱》的消息;1983年5月13日,刊登了江苏发现岳飞家谱的消息;1985年9月8日,报到了抚顺发现了王安石族谱的消息;《中国历史年鉴》1983年刊登了发现南宋理学家朱熹家谱——《紫阳朱氏建安谱》的消息;1992年又在山东阳谷发现了战国时期军事家孙膑的家谱,等等。这些新发现的藏于民间的家谱,自然都没有包括在调查统计数之内。山西省社会科学院"家谱研究中心"由民间征集的许多家谱,也未包括在调查统计数之内。

(2)研究概况

从上个世纪20年代起,以潘光旦、杨殿珣为代表的学者,采用现代方法对我国的家谱进行研究,发表了一批具有很大影响的论著。此后,国内学者除了对少数名人家谱进行微观研究外,主要是利用家谱资料来进行关于政治史、经济史、文化史、民族学、遗传学、人口学等方面的专题研究的。专门研究家谱的论著,寥寥无几。80年代以来,逐步改变了这种局面,其主要表现是:

①成立了"中国谱牒学研究会"

这是中华人民共和国民政部正式批准并颁发有证书的全国性学术团体。这个学会成立于1988年7月,是在山西五台山举行的"首届中国谱牒学研讨会"上,由到会代表民主选举产生的。这个学会的成立,把国内的谱牒研究者和爱好者组织了起来,有力地推动了家谱整理和研究工作的开展。1991年8月,又在山西太原召开了"中国谱牒学研究会第二届学术讨论会"。到会代表80多人,收到论文40多篇。研究的深度和广度,同第一届相比,有了很大的提高。其突出的特点,就是把谱牒学作为一门独立的学科进行了研究。主要论文有:王衍村,《浅谈中国姓氏堂号》;沙其敏[美国],《春秋时代楚国宗族制度》;李裕民,《北魏家谱研究》;王大良,《琅琊王氏与六朝谱学》;周征松,《河北裴氏谱牒知见录》;常建华,《元代族谱研究》;张海瀛,《明代谱学概说》;冯尔康,《清代谱牒学家朱次琦》;戎济方,《海外华人与中国谱牒》;片弘其[韩国],《从族谱学看韩中交流史》;萧国健[香港],《广东中山小榄家族之入迁》、《广东东莞地区家族之入迁》;李德超[台湾],《粤东族谱所载南雄珠玑卷故事与宋季岭南移民》;王剑霓,《关于太原王氏考查情况的报告》;沈明光,《东阳家谱资料琐论》;张耀宗,《东林党人高攀龙的家谱》;魏连科,《从方志族谱看永乐初年小兴周移民》;易邵白,《谱牒编修之奇葩和谱系寻根之硕果》;吴砾星,《湖南〈韶山毛氏族谱〉述略》;胡心鼎,《湖北孝感胡氏族谱探微》;李豫,《孟县〈张氏族谱〉一世祖张士贵扭曲形象之驳正》;张正明,《从族谱看山西商人家世》;刘志盛,《中华〈刘氏族谱〉概述》;张仲荧,《四川腹地族谱及其迁徙史料史发掘举隅》;吴壮程,《曾国藩与族谱》;邹文程,《湖南双峰县姓氏概说》;田武雄[美国],《中国人口增长的因素——中国氏族集团人口的统计》;姚恩荣,《关于大丰县已发现的34种民间家谱和76处宗祠遗址的情况介绍》;殷光中,《镇江望族宗谱的若干特色》;欧阳宗书,《祠联——祠堂文化的多面镜》;常士晔,《山西榆次车辋常氏家乘介绍》;李荣海,《浅谈山西临县崔家坪嘉靖石塔家谱》;刘伯伦,《家谱的现状与出路》;陈蕾,《安徽省族谱概况及使用价值》;邢永川,《试论谱牒序跋的文献价值》;张绪伯,《紫岩字辈谱及其爱国之思》;黎小龙,《从民族学资料看家谱的起源》;苏子仪,《介绍谱书〈王氏立姓开族百世谱〉》;王泉根,《木本水源 心系华夏》;岳德庄,《岳飞家谱叙略》;汪根年、毛策,《郑氏家谱及其教育制度》;张志清,《北京图书馆藏中国家谱述略》;雷忠勤、尹协理,《关于番禺霍氏源流的初步考察》;王国坚,《人口质量与血缘婚姻行为的思考》;王树人,《开展谱牍研究与弘扬民族文化》。

②创办了《谱牒学研究》辑刊

该刊于1989年12月正式创刊,武新立教授任主编,由北京书目文献出版社出版发行。创刊号刊登文章19篇,主要论文有:刘贯文,《谱版学研究的任务》;常建华,《试论中国族谱的社会史料价值》;冯尔康,《宗族制度对中国历史的影响——兼论宗族制度与谱牒学之关系》;欧阳宗书,《从字辈谱透视中国传统文化的内涵》;杨冬荃,《中国谱牒起源研究》;李文治,《西周宗法制释义——论西周典型宗法制从属于封建领主制》;许水涛,《从桐城望族的兴盛看明清时期的宗族制度》;张显清,《封建家法是封建国法的补充——读〈孔氏族规〉》;林金枝,《闽粤侨乡族谱研究》;萧国健[香港],《广东深圳陈氏源流及其发展》;郭松义,《孔氏宗谱和孔氏家族组织——介绍曲阜孔府所藏家谱资料》;武新立,《福建莆田〈九牧林氏家乘〉介绍》;张正明,《襄汾县丁村〈丁氏家谱〉抄本研究》;马纪行[澳大利亚],《赵氏马氏嬴姓十四氏及族谱感言》、《应以"武服"释"马服"》;常建华,《中国族谱收藏与研究简说》;陈捷先[台湾],《台湾地区近年族谱的修纂与研究》;沙其敏[美国],《犹他家谱学会的中国收藏品》;杨宝华,《北京图书馆藏家谱简介》。

《谱牒学研究》的创刊,为海内外谱牒研究者提供了一个阵地,深受大家欢迎。第一辑出版后,《光明日报》(1991年1月2日)和上海《社会科学报》(1992年2月13日)先后发表了张锡禄和方冶的评介文章,引起了学术界的关注。

1991年7月,《谱牒研究》第二辑由北京文化艺术出版社出版发行,刊登了20篇,主要论文有:周绍泉,《明清徽州祁门善和程氏仁山门族产研究》;杨冬荃,《周代家谱研究》;马纪行[澳大利亚],《中国最早的姓氏记录——从谱牒学观点看龙虎古墓的发现》;张海瀛,《福建〈忠懿王氏族谱〉介绍》;欧阳宗书,《孔子与字辈》; 刘国伟,《试论古代家族人口过程及其观念——〈李氏族谱〉仲温支世系之研究》; 张锡禄,《南诏大厘城河蛮名家大姓世系考——大理喜洲白族十大姓家谱研究》;萧国健[香港],《香港及深圳地域之家族入迁研究》;毛策,《浙江浦江郑氏家族考述》;松浦章[日本],《山西商人范毓馪家族的谱系和事迹》;段国超,《鲁迅家世概探》;沙其敏[美国],《爱达华亚芳氏起源初探》;王剑霓,《"太原王"始祖考》;王希古,《略谈黔北、渝南的王阳明宗亲后裔》;何兆麟,《邓氏家族根在新野》、《从一则传说"莫李"家的来历》;殷光中,《〈涧州包氏宗谱〉考略》;杨志清,《〈旌德板桥汪三晖堂家乘〉介绍》;苏子仪,《〈王氏立姓开族百世谱〉简介》;刘伯伦,《山西阳城县家谱调查之收获》。第二辑出版后,很快被一抢而空。在国内图书疲软的情况下,这种情况是少有的。

值得注意的是,近几年来国内很多报纸刊物,不断发表研究谱牒的文章。例如,《光明日报》1985年5月27日,刊登了白钢《要重视谱牒学的研究》一文;《历史研究》1988年第6期,刊登了武新立《中国的家谱及其学术价值》一文,长达两万余字,《新华文摘》1989年第二期,摘登了万余字,引起了国内学者的关注,等等。

③开展了谱牒学研究的学术活动和对外交流

近年来,山西对家谱研究相当重视。早在1985年6月,缅甸太原王氏宗亲会就致函山西太原市市长王茂林,索要有关太原王氏开族始祖资料,并要求"寻根谒祖"。1986年5月,泰国中国旅行社有限公司,又致函国务院侨办、全国侨联,要求查证王氏祖祠在山西太原还是在江苏南京。此函亦转给太原市政府承办。山西省人民政府和太原市人民政府,对缅甸和泰国的来函十分重视,成立了"太原王氏研究会",由山西省政府拨款资助,组织人力,先后到江苏、福建、浙江、广东等地,以文献记载为线索,进行了广泛的社会调查,回答了来函提出的问题。1988年11月26日,泰国王氏宗亲会代表团,终于回到太原,实现了他们多年来梦寐以求的"寻根谒祖"的夙愿。发生在山西的这一连串的事件,有力地推动了太原王氏研究活动的开展。

另外,1991年12月在河南南阳召开了"中国谢氏源流首次学术讨论会"。这次会议是由河南省社会科学院主办的,到会学者就历史学、考古学、人口学等方面，探讨了谢氏的起源，并专程到南阳县金华乡东谢营村进行了实地考察。《光明日报》(1991年12月18日)对这次学术活动进行了报道。

“中国谱牒学研究会”成立后,1989年4月,会长刘贯文、副会长冯尔康、张海瀛(兼秘书长)、《谱牒学研究》主编武新立、副秘书长高可,应邀参加了在香港举行的“亚太区地方文献国际会议”,揭开了对外学术交流的新篇章。1991年4月,刘贯文、张海瀛、武新立又应邀参加了在美国新奥尔良举行的“新英格兰历史家谱学会”,该会创办于1845年,是美国成立的最早的家谱学会,主要是为由英格兰迁往美国的移民“寻根”服务的;后来他们又前往华盛顿访问了“美国国家家谱学会”,该会成立于1909年,会员达万人之多,该会负责人希望“中国谱牒学研究会”能为美国华侨“寻根”提供方便;他们还到犹他州盐城访问了“犹他家谱学会”,参加了该会收藏的中国家谱以及放胶卷的洞库。此外,他们还考察了“哈佛大学燕京图书馆”、“哥伦比亚大学东亚图书馆”、“美国国家档案馆”、“美国国会图书馆”所收藏的中国家谱。

“中国谱牒学研究会”成立后,我们同港澳台学者,同美国、日本、新加坡、泰国、马来西亚和澳大利亚等国的学者建立了广泛的联系。

(来源:世界华人宗亲网)

# 2 碑 文

## 2.1 碑文知识

### 2.1.1 碑文的概述

我国从春秋战国时期就开始立碑,但古代宫馆中的碑没有刻文章,只是用以取日影计时间的;而古代宗庙中的碑也不刻文字,是用来拴系祭祀用的牛羊的;墓上的碑也只是木头柱子,凿有窟窿,以便穿绳装辘轳,下棺时绞动辘轳使棺椁平稳地落入墓室。

有了文字的碑是后来才有的,秦代把刻了文字的碑叫"刻石"。碑,本是指竖石而言的,相传秦始皇就在泰山玉皇顶竖有无字碑。刻在碑上的文字,才叫碑文,这种文字是专为刻碑而作的。不是为立碑而作的文章,虽刻在碑上,不能叫碑文。秦汉以后,树碑是为了刻文,有碑必有文,就不重视无字碑了,久而久之,文与碑合二为一,说到碑就是指碑文。碑文原只专供剥削阶级而用,平民百姓没有资格立碑,也立不起碑。直到后来,刻碑风俗才走向了民间。

碑文的种类繁多、庞杂,有广义与狭义之分。狭义的碑文,仅指为制作碑刻而写的文字,广义的碑文指的是所有刻在碑上的文字。今天,有些过去的碑文已经消亡,有的得到了发展,也诞生了一些新的碑文。

### 2.1.2 碑文的种类

我国从汉朝以后,刻碑的风气逐渐普及,几乎处处可立碑,事事可刻碑。有山川之碑,城池之碑,宫室之碑,桥道之碑,坛井之碑,家庙之碑,风土之碑,灾祥之碑,功德之碑,墓道之碑,寺观之碑,托物之碑等。前人实行,后人效法,中国的名胜古迹,竟形成独特的"碑石林立"的民族特色。因此,碑文也成了使用范围极广的实用文体。碑的种类繁多，据《文体明辩序说》载，碑的种类有15种之多，而常见的有6种：功德碑、墓碑、庙碑、纪念碑、记事碑、诗碑。

(1)功德碑

功德碑主要是为褒扬当时仍活在世上的人的功德而立的，也就是说是给活人歌功颂德的。功德碑碑文的体裁可以是韵文，也可以是散韵结合的，还可以是活泼新颖的纯散文形式。

(2)墓碑

墓碑是最常见的碑文，这类碑文是赞颂死者的，赞其人，不涉及成神显灵的怪事。墓碑碑文主要分两种：一种仅仅标明墓中死者的身份，绝大部分由死者亲属所立；另一种墓碑除了表明死者的身份外，还简单介绍死者的生平成就，功劳过失，这类墓碑也叫墓志铭，如韩愈的《柳子厚墓志铭》。

(3)纪念碑

纪念碑主要是为了纪念为人类文明进步做出巨大贡献的伟大人物或重大的历史事件，这种碑一般为国家机关或社会团体所建，如《人民英雄纪念碑》。

(4)记事碑

记事碑主要是指用来记载当时较为重要或有意义的事情的碑文。记事碑文当以记叙为主，少发议论。另外，立记事碑需是重大的或有价值的事情，而不可随意立记事碑，立碑过滥，就失去了立碑的本意。

(5)庙碑

庙碑品种很多，有寺碑、庵碑、神庙碑、宗庙碑、家庙碑等，都是为神仙鬼灵而立的。中国古代各种庙宇众多，故庙碑也到处可见。庙碑的一般格式包括题目、碑文作者、书者、篆额者、勒石者和立碑年月等。

(6)诗碑

这种碑不是指用诗词体裁写的碑文，而是指为诗而立的碑。在名胜古迹，人文景观处刻上有关名人的诗词常常会增加游客的兴致，使湖光山色平添许多文化氛围，这样的诗碑在名川大山几乎到处可见。

## 2.2 几种碑文的赏析与写作

### 2.2.1 功德碑

功德碑，就是论文治武功，赞颂德政善行。这类碑文大都立于被褒扬者活着的时候，是给活人歌功颂德用的，如《泰山刻石》（又称《封泰山碑》，是最早的功德碑，刻于秦始皇东巡时）、《平淮西碑》（又称《韩碑》）、《敦煌太守裴岑纪功碑》；这三种古碑的形状无固定形制，文体也各有不同，泰山碑为诗体，裴岑碑为散文体，而韩碑为诗文合璧体，它们从内容到形式都能自成一体。还有一篇活泼新颖的功德碑文，是唐代诗人李白为韩愈的父亲韩仲卿作的《武昌宰韩君去思颂碑并序》。

其实，德高功大，不一定要刻石以传，人民心中的丰碑，才是永垂不朽的。

**实例 1《平淮西碑》(唐·韩愈)**

天以唐克肖其德，圣子神孙，继继承承，于千万年，敬戒不怠，全付所覆，四海九州岛，罔有内外，悉主悉臣。高祖太宗，既除既治。高宗中睿，休养生息。至于玄宗，受报收功，极炽而丰。物众地大，孽芽其间。肃宗代宗，德祖顺考，以勤以容。大慝适去，稂莠不薅，相臣将臣，文恬武嬉，习熟见闻，以为当然。睿圣文武皇帝既受群臣朝，乃考图数贡曰："呜呼！天既全付予有家，今传次在予。予不能事事，其何以见于郊庙？"群臣震慑，奔走率职。明年平夏，又明年平蜀，又明年平江东，又明年平泽潞，遂定易定，致魏、博、贝、卫、澶、相，无不从志。皇帝曰："不可究武，予其少息。"九年，蔡将死，蔡人立其子元济以请。不许，遂烧舞阳，犯叶、襄城，以动东都，放兵四劫。皇帝历问于朝，一二臣外皆曰："蔡帅之不庭授，于今五十年，传三姓四将，其树本坚，兵利卒顽，不与他等。因抚而有，顺且无事。"大官臆决唱声，万口和附，并为一谈，牢不可破。皇帝曰："惟天惟祖宗所以付任予者，庶其在此。予何敢不力？况一二臣同，不为无助。"曰："光颜！汝为陈许帅，维是河东、魏博、合阳三军之在行者，汝皆将之。"曰："重胤！汝故有河阳、怀，今益以汝。维是朔方、义成、陕、益、凤翔、鄜延、宁庆七军之在行者，汝皆将之。"曰："弘！汝以卒万二千，属而子公武往讨之。"曰："文通！汝守寿，维是宣武、淮南、宣歙、浙西四军之行于寿者，汝皆将之。"曰："道古！妆其观察鄂岳。"曰："愬！汝帅唐、邓、随，各以其兵进战。"曰："度！汝长御史，其往视师。"曰："广度！惟汝予同，汝遂相矛，以赏罚用命不用命！"曰："弘！汝其以节都统诸军。"曰："守谦！汝出入左右，妆惟近臣，其往抚师。"曰："度！汝其往，衣服饮食予士。无寒无饥，以既厥事。遂生蔡人，赐汝节斧，通天御带，卫卒三百。凡兹廷臣，汝择自从。惟其贤能，无惮大吏。庚申，予其临门送汝。"曰："御史！予悯士大夫战甚苦，自今以往，非郊庙祠祀，其无用乐。"

颜、胤、武合攻其北，大战十六，得栅城县二十三，降人卒四万。道古攻其东南，八战，降万三千。再入申，破其外城。文通战其东，十余遇，降万二千。愬入其西,得贼将,辄释不杀;用其策,战比有功。十二年八月,丞相度至师,都统弘责战益急,颜、胤、武合战亦用命。元济尽并其众洄曲以备。十月壬申,愬用所得贼将,自文城因天大雪疾驰百二十里,用夜半到蔡,破其门,取元济以献。尽得其属人卒。辛巳,丞相度入蔡,以皇帝命赦其人,淮西平,大飨赉功。师还之日,因以其食赐蔡人。凡蔡卒三万五千,其不乐为兵,愿归为农者十九,悉纵之。斩元济京师。

册功:弘加侍中;愬为左仆射,帅山南东道;颜、胤皆加司空;公武以散骑常侍帅鄜坊、丹、延;道古进大夫;文通加散骑常侍;丞相度朝京师,进封晋国公,进阶金紫光禄大夫,以旧官相,而以其副总为工部尚书,领蔡任。既还奏,群臣请纪圣功,被之金石。皇帝以命臣愈,臣愈再拜稽首而献文曰:

唐承天命,遂臣万邦;孰居近土,袭盗以狂。往在玄宗,崇极而圮,河北悍骄,河南附起。四圣不宥,屡兴师征,有不能克,益戍以兵。夫耕不食,妇织不裳,输之以车,为卒赐粮。外多失朝,旷不岳狩,百隶怠官,事忘其旧。帝时继位,顾瞻咨嗟;惟汝文武,孰恤予家。既斩吴蜀,旋取山东,魏将首义,六州降从。

淮蔡不顺,自以为强,提兵叫讙,欲事故常。始命讨之,遂连奸邻,阴遣刺客,来贼相臣。方战未利,内惊京师;群公上言,莫若惠来。帝为不闻,与神为谋,乃相同德,以讫天诛。

乃敕颜、胤、愬、武、古、通,咸统于弘,各奏汝功。三方分攻,五万其师,大军北乘,厥数倍之。常兵时曲,军士蠢蠢,既翦陵云,蔡卒大窘。胜之邵陵,郾城来降,自夏入秋,复屯相望。兵顿不励,告功不时,帝哀征夫,命相往厘。士饱而歌,马腾于槽,试之新城,贼遇败逃。尽抽其有,聚以防我,西师跃入,道无留者。额额蔡城,其疆千里,既入而有,莫不顺俟。

帝有恩言,相度来宣:"诛止其魁,释其下人。"蔡之卒夫,投甲呼舞,蔡之妇女,迎门笑语。蔡人告饥,船粟往哺;蔡人告寒,赐以缯布。始时蔡人,禁不往来;今相从戏,里门夜开。始时蔡人,进战退戮,今旰而起,左飧右粥。为之择人,以收余惫,选吏赐牛,教而不税。蔡人有言:"始迷不知;今乃大觉。羞前之为。"蔡人有言:"天子明圣,不顺族诛,顺保性命。汝不吾信,视此蔡方;孰为不顺,往斧其吭。凡叛有数,声势相倚,吾强不支,汝弱奚恃?其告而长,而父而兄,奔走偕来,同我太平。"淮蔡为乱,天子伐之,既伐而饥,天子活之。始议伐蔡,卿士莫随,既伐四年,小大并疑。不赦不疑,由天子明。凡此蔡功,惟断乃成。既定淮蔡,四夷毕来;遂开明堂,坐以治之。

**【赏析】**

平淮西碑,又名韩碑,是唐宋八大家之首的韩愈所书写的一块碑。写的是唐宪宗元和十二年(817)平定淮西(今河南省东南部)藩镇吴元济的战事。安史之乱以后,唐王朝陷入了中央与藩镇的长期苦斗之中,王朝已处在了风雨飘摇之中,当时边疆内地,藩镇四起。其中,从公元783年淮西节度使李希烈叛唐开始,“蔡州之不廷授,于今五十年,传三姓四将,其树本坚,兵利卒顽,不与他等”。也就是说,从李希烈到吴元济,这些叛唐之将占据蔡州已经50年了,事实上形成了国中之国。当时吴元济手握重兵,据地千里,对大唐威胁甚重。为了平定淮西,唐宪宗下令讨伐叛贼。由于用兵不利,平淮之战虽连打几年,却收获甚微。最后,才在朝中重臣裴度的统领下,由部将李愬在元和十二年(817)十月乘敌不备,采用掏心战术,以三千兵勇,借风雪夜,突袭吴元济老巢,在蔡州活捉敌魁吴元济。此一战不仅结束了长达5年之久的平叛,结束了蔡州长达52年的割据局面,稳定了大唐基业,也让裴度、李愬一战成名,为万民仰望。这就是史称“李愬雪夜入蔡州”的由来。而《平淮西碑》正是在这场战斗之后,为了表彰这些人的功绩,由皇帝授意撰文立碑,以示后人。

碑文一千八百字,如行云流水,如大江出峡,汪洋恣意,一挥而就。文章之华美,所谓“下笔烟飞云动,落纸鸾回凤惊”。勒碑之时,国人视为奇文争相诵之。清代桐城派大家张裕钊赞为:“此文自秦后,殆无能为之者,……殆欲度越盛汉,与周人并席矣。”

**附:《韩碑》(唐·李商隐)**

元和天子神武姿,彼何人哉轩与羲[1]。
誓将上雪列圣耻,坐法宫中朝四夷。
淮西有贼五十载,封狼生貙貙生罴。
不据山河据平地,长戈利矛日可麾。
帝得圣相相曰度,贼斫不死神扶持。
腰悬相印作都统,阴风惨澹天王旗。
愬武古通[2]作牙爪,仪曹外郎载笔随。
行军司马智且勇,十四万众犹虎貔。
入蔡缚贼献太庙,功无与让恩不訾。
帝曰汝度功第一,汝从事愈宜为辞。
愈拜稽首蹈且舞,金石刻画臣能为。

[1]轩,即轩辕氏,指黄帝;羲,即伏羲氏。皆为传说中的上古圣王。

古者世称大手笔，此事不系于职司。

当仁自古有不让，言讫屡颔天子颐。

公退斋戒坐小阁，濡染大笔何淋漓。

点窜尧典舜典[3]字，涂改清庙生民[4]诗。

文成破体书在纸，清晨再拜铺丹墀。

表曰臣愈昧死上，咏神圣功书之碑。

碑高三丈字如斗，负以灵鳌蟠以螭。

句奇语重喻者少，谗之天子言其私。

长绳百尺拽碑倒，粗砂大石相磨治。

公之斯文若元气，先时已入人肝脾。

汤盘孔鼎[5]有述作，今无其器存其辞。

呜呼圣王及圣相，相与烜赫流淳熙。

公之斯文不示后，曷与三五相攀追。

愿书万本诵万遍，口角流沫右手胝。

传之七十有二代，以为封禅玉检[6]明堂基。

**【简析】**

这首诗描述的是一则历史。唐宪宗元和十二年(817)，宰相裴度率兵平定淮西，但首先破蔡州生擒叛者吴元济的是大将李愬。宪宗命韩愈撰《平淮西碑》时，韩主要是突出了裴度在执行宪宗旨意后的运筹帷幄，引起李愬不满。愬妻(唐安公主之女)进宫诉说碑文不实，宪宗就命翰林学士段文昌重新撰文勒石，观点迥然不同。李商隐完全赞同韩愈的观点，所以在诗中强烈地表达了对《韩碑》被磨去的愤慨，更热情地歌颂了这篇碑文。本诗基本上是叙述性的，但笔力矫健，很有感情，诗中一些名句也一直为人传诵。

**实例 2《武昌宰韩君去思颂碑并序》(唐·李白)**

仲尼，大圣也，宰中都而四方取则；子贱，大贤也，宰单父人到于今而思之。

[2]愬武古通：指随裴度出征的大将军李愬、韩公武、李道古、李文通。

[3]尧典舜典：《尧典》和《舜典》皆系《尚书》篇名。

[4]清庙生民：《清庙》和《生民》皆系《诗经》篇名。

[5]汤盘：传为商汤沐浴之器；孔鼎，指孔子祖先正考父之鼎。二者上面的铭文分别在《礼记》和《左传》中有记载。

[6]玉检：古代宣扬帝王功业封禅祭祀仪式中《封禅书》的封套。

乃知德之休明，不在位之高下，其或继之者，得非韩君乎！君名仲卿，南阳人也。昔延陵知晋国之政，必分于韩。献子虽不能遏屠岸之诛，存孤嗣赵，太史公称天下阴德也。其贤才罗生，列侯十世，不亦宜哉！七代祖茂，后魏尚书令安定王。五代祖钧，金部尚书。曾祖晙，银青光大夫、雅州刺史。祖泰，曹州司马。考睿素，朝散大夫、桂州都督府长史。分茅纳言，剖符佐郡，奕叶明德，休有烈光。君乃长史之元子也。妣有钱氏，及长史即世，夫人早孀，弘圣善之规，成名四子，文伯、孟轲二母之俦欤？少卿当涂县丞，感慨重诺，死节于义。云卿文章冠世，拜监察御史，朝廷呼为子房。绅卿尉高邮，才名振耀，幼负美誉。君自潞州铜尉调补武昌令，未下车，人惧之；既下车，人悦之。惠如春风，三月大化，奸吏束手，豪宗倾目。有爨玉者，三江之巨横。白额且去，清琴高张。兼操刀永兴，二邑同化。时凿齿磨牙而两京，宋城易子而炊骨。吴、楚转输，苍生熬然。而此邦晏如，襁负云集。居未二载，户口三倍其初。铜铁曾青，未择地而出，大冶鼓铸，如天降神。既烹且烁，数盈万亿，公私其赖之。官绝请托之求，吏无丝毫之犯。本道采访大使皇甫公，闻而贤之，擢佐輶轩，多所弘益。尚书右丞崔公禹，称之于朝。相崔公涣，特奏授鄱阳令，兼摄数县。所谓投刃而皆虚，为其政而则理成，去若始至，人多怀恩。新宰王公名庭璘，岩然太华，浼然洪河。含章可贞，干蛊有立。接武比德，弦歌连声。服美前政，闻诸耆老。与邑中贤者胡思泰一十五人，及诸寮吏，式歌且舞，愿扬韩公之遗美。白采谣刻石，而作颂曰：

峨峨楚山，浩浩汉水。黄金之车，大吴天子。

武昌鼎据，实为帝里。时艰世讹，薄俗如毁。

韩君作宰，抚兹遗人。滂注王泽，犹鸿得春。

和风潜畅，惠化如神。刻石万古，永思清尘。

**实例 3《重建清沙大道碑记》(佚名)**

乡贤美的集团董事局主席何享健先生事业彪炳，毋忘家乡公益，历年善举达壹仟三佰万之巨。乡亲受惠，空前仅有。西雍古道乃吾村与外界联接之要津，昔为泥泞小道。一九八九年，先生出资肆拾万元，建成清沙大道。历经廿载春秋，难适日盛之需。二零零七年仲秋，先生再施善举，捐助三佰余万进行重建，扩道八米宽，建门楼于道首，筑石墙于河岸，广植绿树，点缀园庭。大道通衢，纵贯南北；华灯高照，瑞霭长凝。清沙碧水面貌，焕然为之一新。先生盛德，吾侪理应深怀，由衷感铭，更应以为楷模，富贵怀乡，造福闾里，共建和谐。碑文谨序，永志于斯。

【功德碑写作要求】

(1)内容要求

功德碑主要是为褒扬当时仍活在世上的人的功德而立的，也就是说是给活人歌功颂德的。

(2)文体要求

功德碑碑文的体裁可以是韵文,也可以是散韵结合的,还可以是活泼新颖的纯散文形式。

(3)注意事项

功德碑是为了宣传功德而作,如果文句过分深奥就失去了树碑的意义,所以语言通俗是碑文务必要恪守的原则。另外,古人把立德、立功、立言当成了努力方向,现在的人大体也是如此,所以立功德碑、记功颂德切记要恰如其分,不可夸大或缩小事实,贻笑大方。

### 2.2.2　墓碑

墓碑因型制、位置的不同,而名称各异。从所收志墓文体来看,大体还是可以分为两类:

一为碑类,有墓碑、墓碣、墓表、阡表、墓碣铭、神道碑等,是立石于墓上的,旨在让人进入墓区即知墓主事迹功业;

一为志类,有墓志、墓铭、圹志、圹铭、墓志铭等,是埋石于圹中的,以防陵谷变迁,墓前碑表毁失以后,仍有记其生平的刻石留在墓室中。墓碑碑头的题字称篆额（现代常人的墓碑实际上是省略了碑文而改以篆额的文字相代),背面的题词称碑阴。放在圹内的墓志是正方形的刻石,上有盖石,刻着某朝某官某人墓志,此谓书盖。对其中每一类文体,再要细说其差别,是不无困难的。例如,墓表是立于墓前的,阡表、神道碑是立于墓道前的。

墓志与墓志铭的区别,在于前者是有志无铭,后者则有志有铭,甚或有序。墓志铭、神道碑在南北朝已经出现,历经唐宋,沿袭至今。

**实例 1《郭泰碑》(东汉·蔡邕)**

先生讳泰,字林宗,太原界休人也。其先出自有周。王季之穆,有虢叔者,实有懿德,文王咨焉。建国命氏,或谓之郭,即其后也。

先生诞应天衷,聪睿明哲,孝友温恭,仁笃慈惠。夫其器量弘深,姿度广大,浩浩焉,汪汪焉,奥乎不可测已。若乃砥节历行,直道正辞,贞固足以干事,隐括足以矫时。遂考览六经,探综图纬,周流华夏,随集帝学,收文武之将坠,拯微言之未绝。于时缨绥之徒，绅佩之士，望形表而影附，聆嘉声而响和者，犹百川之归巨海，鳞介之宗龟龙也。

尔乃潜隐衡门，收朋勤诲，童蒙赖焉，用祛其蔽。州郡闻德，虚己备礼，莫之能致。群公休之，遂辟司徒掾，又举有道，皆以疾辞。将蹈洪涯之遐迹，绍巢许之绝轨，翔区外以舒翼，超天衢以高峙。禀命不融，享年四十有二，以建宁二年正月乙亥卒。

凡我四方同好之人，永怀哀悼，靡所置念，乃相与惟先生之德，以谋不朽之事。佥以为先民既没，而德音犹存者，亦赖之于见述也。今其如何，而阙斯礼？于是树碑表墓，昭铭景行，俾芳烈奋于百世，令问显于无穷。

其辞曰：于休先生，明德通玄；纯懿淑灵，受之自天；崇壮幽浚，如山如渊。礼乐是悦，诗书是敦；匪惟摭华，乃寻厥根；宫墙重仞，允得其门。懿乎其纯，确乎其操；洋洋缙绅，言观其高；栖迟泌丘，善诱能教；赫赫三事，几行其招。委辞召贡，保此清妙；降年不永，民斯背悼；爰勒兹铭，摛其光耀；嗟尔来世，是则是效。

【译文】

先生名泰，字林宗，太原界休人。其先世出自姬姓周朝。王季之子，有个叫虢叔的，非常有美德，周文王常向这位兄弟咨访政事。周初封邦建国，以虢命名其氏姓，有人呼之为郭，先生就是其后人。

先生的诞生，承应上天的福佑，聪敏睿智，深明事理，孝敬长辈，友善兄弟，温良谦恭，仁义诚笃，慈爱宽惠。其器量弘广深沉，气象开阔博大，像浩浩江河，汪汪海洋，深邃而不可测啊。至于砥砺节概，激励操行，遵行正道，端正言辞，正直坚定足以担当大事，律己恕人足以矫正流俗。于是研读儒家六经，探索河图纬书，周游华夏大地，摭集帝王之学，收拾即将坠失的文武之道，拯救还未中绝的仲尼微言。这时，在冠缨饰绥的士人和绅带玉佩的贤达中，望其形表就追随，听其嘉音就跟着唱和的人，就像江河奔归汪洋大海，水族朝宗元龟神龙。

先生却遁隐蓬门，接纳群朋，殷勤诲导；愚蒙有赖于你，尽祛知性之蔽。州郡闻此德行，虚心折节，备以大礼，却不能延致。群公交口推誉，于是召为司徒掾，又举其为“有道”，先生都以病推辞。准备沿着道家神仙洪涯先生遥远的足迹，继承上古高士巢父、许由超脱之行迹，以舒展的双翼腾翔于区宇之外，以高蹈的举动超越于天衢之上。可惜秉承于天的寿命不长，享年四十二岁，于建宁二年正月乙亥日去世。

凡是四方同好之人，都怀着深切哀悼之情。没有什么可以容得下这种思念，因而互相缅怀先生之德，追忆其不朽之事。都认为：先人已经逝世而德行依然存在的原因，也是有赖于被人追述。如今将怎样呢？难道反阙此礼！于是就树碑表墓，昭然铭刻光辉的德行，以使其美好的事迹流传百世，崇高的声名永远显扬。

铭辞说：呜呼先生明德，通达大道精玄。纯美善良聪明，禀赋受自上天。崇高伟大如山，幽远深邃如渊。礼乐令你愉悦，诗书令你勤奋。不仅摭拾精华，还为找寻本根。孔学宫墙高深，先生真得其门。美者是其纯正，坚者是其节操。多少士林君子，言行仰之弥高。游息丘泉之间，循循善诱能教。赫赫朝廷三公，几度折节相邀。婉言拒召辞举，保全自身清高。可惜享年不永，万民因而悲悼。于是刻此铭辞，刊布先生光耀。嗟叹悠悠来世，楷模足供仿效！

**【赏析】**

此碑墓主郭泰字林宗，曾被人举为"有道"，亦称《郭有道林宗碑》、《郭林宗碑》、《郭有道碑》。

作者蔡邕(132—192)，字伯喈，东汉后期著名的学者、文学家、书法家和音乐家。但他主要还是文学家，他的文句典雅，音节协谐，多用偶句。在东汉文学家中，他流传至今的作品最多，达百余篇，而碑文就有40余篇，约占其全部文章的三分之一。在这众多的碑文中，他把《郭泰碑》视为自己志墓文的压卷之作。在碑志文体的创作与演变史上，他是开一代风气的大家。

《郭泰碑》的章法，结构清晰。全碑分为两大部分：一是散文部分的序，用以传事迹；一是韵文部分的词，用以颂功德。后代碑志几乎都套用这一结构。《郭泰碑》序传的第一段记其先代世系，用虢叔来光大门楣，自然未必可靠，因《郭泰传》里曾直说其"家世贫贱"，但追述先世的荣耀却成为以后志墓文不可少的开场白。碑文以下两段叙述郭泰生平：第二段写其品性、学问和声望，以虚写为主；第三段写其收徒教学、拒绝征辟、享年不永等行事，稍涉实写，但实质性叙述也不多。第四段则交代了"树碑表墓"的由来。叙先世，述事迹，记追思，序文部分的三段式干净利落，毫不拖泥带水。这种三段式的写法，成为后来志墓文的一般程式。

《郭泰碑》的叙事，可谓是简洁概括。如碑文叙述郭泰因德才而为士人推崇追随，仅以"缨緌之徒，绅佩之士，望形表而影附，聆嘉声而响和"来简括；而《郭泰传》则历述李膺、黄琼、范滂等人与他的交往言行，来反复凸现这一侧面。又如《郭泰传》详记其在党锢之祸中遭遇："林宗虽善人伦，而不为危言核论，故宦官擅政而不能伤也。及党事起，知名之士多遇害，唯林宗及汝南袁闳得免焉。

遂闭门教授，弟子以千数。建宁元年，太傅陈蕃、大将军窦武为阉人所害，林宗哭之于野，恸。”而碑文则仅以“翔区外以舒翼，超天衢以高峙”加以隐括。如此简明扼要，这点与碑志要勒石上碑，篇幅不能漫无节制有关。

《郭泰碑》的行文风格，质朴典雅。碑志文体的独特要求：要表达哀悼之情，必须质朴，忌讳浮华靡丽的文风；要表彰猗犸之德，必须典雅，应重视华赡雅致的文采。《郭泰碑》对两者之间的度把握得恰到好处。整篇碑文朴实无华，基本上不加修饰直叙其事，遣词造句也以庄重厚实为基调。

**实例 2《柳子厚墓志铭》（唐·韩愈）**

子厚，讳宗元。七世祖庆，为拓跋魏侍中，封济阴公。曾伯祖奭，为唐宰相，与褚遂良、韩瑗俱得罪武后，死高宗朝。皇考讳镇，以事母弃太常博士，求为县令江南；其后以不能媚权贵，失御史；权贵人死，乃复拜侍御史；号为刚直，所与游皆当世名人。

子厚少精敏，无不通达。逮其父时，虽少年，已自成人，能取进士第，崭然见头角，众谓柳氏有子矣。其后以博学宏词授集贤殿正字。俊杰廉悍，议论证据今古，出入经史百子，踔厉风发，率常屈其座人，名声大振，一时皆慕与之交。诸公要人，争欲令出我门下，交口荐誉之。

贞元十九年，由蓝田尉拜监察御史。顺宗即位，拜礼部员外郎。遇用事者得罪，例出为刺史。未至，又例贬州司马。居闲益自刻苦，务记览，为词章，泛滥停蓄，为深博无涯涘，而自肆于山水间。元和中，尝例召至京师，又偕出为刺史，而子厚得柳州。既至，叹曰：“是岂不足为政邪？”因其土俗，为设教禁，州人顺赖。其俗以男女质钱，约不时赎，子本相侔，则没为奴婢。子厚与设方计，悉令赎归。其尤贫力不能者，令书其佣，足相当，则使归其质。观察使下其法于他州，比一岁，免而归者且千人。衡、湘以南为进士者，皆以子厚为师。其经承子厚口讲指画为文词者，悉有法度可观。

**【译文】**

子厚，名宗元。七世祖柳庆，北魏时官至侍中，封济阴公。曾伯祖柳奭，在唐朝曾出任宰相，与褚遂良、韩瑗一同得罪了武后，死于高宗朝。父柳镇，为就便侍奉母亲，放弃了太常博士的任命，请求到江南去做县令。后来又因为不能迎合权贵，失去了殿中侍御史的官职，直到那个权贵死了，才重新被用为侍御史。为人以刚直著称，所交往的朋友都是当时很有名望的人。

子厚小时候就精锐敏捷，通达事理。当他父亲还在世时，他虽然年轻，已经独立成人，能够考中进士，显露出超凡的才能，众人都说柳家有了个好儿子。以后又应博学宏词科考试合格,授集贤殿正字。他才能出众,端方坚毅,每有议论往往引据古今事典为证,贯通经史百家学说,识见高远,意气风发,经常使在座的人为之折服。他的名声因此大振,一时间人人都向往和他交游。那些公卿显要们,也争着要把他收到自己的门下,异口同声地赞誉举荐他。

贞元十九年,他由蓝田县尉晋升为监察御史。顺宗即位后,出任礼部员外郎。这时遇上当权的人获罪,他被视为一党,同被遣出京城做州刺史。还未到任,又一道被贬为州司马。居官清闲,愈加刻苦自励,专心读书记诵,写作诗文,如江河泛滥,湖海蓄积,其造诣可谓精深博大无有止境,但只能恣意寄情于山水之间罢了。元和年间,他和一道被贬的人曾被召回京城,后又再次一道出京为刺史,这次子厚分在柳州。到任之初,他感慨地说:"这里难道就不值得实施政教吗?"于是按照当地的风俗,制定了劝谕和禁止的政令,赢得了柳州民众的顺从和信赖。此地人借钱时习惯用子女作为人质相抵押,如不能按约期赎回,等到利息与本钱相等时,子女就要沦为债主的奴婢。子厚为借钱的人想尽办法,让他们全都能把子女赎回去。对其中特别贫穷实在无力赎取的,就让债主记下人质当佣工所应得到的酬劳,等到酬劳和所借钱数相当时,便要债主归还人质。观察使把这个办法下达到其他的州,刚到一年,免除了奴婢身份而回到自己家里的就有近千人。衡山、湘江以南考进士的人,都以子厚为老师。那些经过子厚亲自指点而撰写文词的人,从他们的文章中都可以看到很好的章法技巧。

**【赏析】**

墓志铭这种文体,是记载死者的世系、爵里、生平及卒葬年月与子孙状况,刻凿于石、埋入坟墓以示纪念的。墓志铭一般由两个部分组成:前面叙事的为"志";后面缀以韵语,称为"铭"。

韩愈和柳宗元,都是中唐时期著名的文学家、思想家和政治家。虽然两人在哲学观点和政治观点上稍有龃龉,但在文学主张上却遥相呼应,同为唐代古文运动的旗手。两人私交也颇深,友情笃厚。唐宪宗元和十四年(819)柳宗元死于柳州,韩愈撰《祭柳子厚文》,称赞其文才,悲悯其遭遇。元和十五年(820)七月韩愈在袁州刺史任上又写了这篇墓志铭。该文是韩愈晚年作品中脍炙人口的名作,这倒并非因为它是一位古文运动倡导者给另一位古文运动大名人写的墓志铭,以"名"来吸引人,而是在文章的字里行间流露出的真挚友情和公允评价,令人感动,让人牢记。正因如此,在韩愈平生为人写过的不少墓志铭中,唯《柳子厚墓志铭》这一篇不同于一般的应酬敷衍之作,而是一篇充满真情、发自肺腑、字斟句酌的力作。

**实例3《亡妻王氏墓志铭》(宋·苏轼)**

治平二年五月丁亥，赵郡苏轼之妻王氏卒于京师。六月甲午殡于京城之西。其明年六月壬，葬于眉之东北彭山县安镇乡可龙里先君先夫人墓之西北八步。轼铭其墓曰：

君讳弗，眉之青神人，乡贡进士方之女。生十有六年而归于轼。有子迈。君之未嫁，事父母，既嫁，事吾先君、先夫人，皆以谨肃闻。其始，未尝自言其知书也。见轼读书，则终日不去，亦不知其能通也。其后轼有所为于外，君未尝不问知其详。曰："子去亲远，不可以不慎。"日以先君之所以戒轼者相语也。轼与客言于外，君立屏间听之，退必反复其言曰："某人也，言辄持两端，惟子意之所向，子何用与是人言？"有来求与轼亲厚甚者，君曰："恐不能久。其与人锐，其去人必速。"已而果然。将死之岁，其言多可听，类有识者。其死也，盖年二十有七而已。始死，先君命轼曰："妇从汝于艰难，不可忘也。他日汝必葬诸其姑之侧。"

君得从先夫人于九原，余不能。呜呼哀哉！余永无所依怙。君虽没，其有与为妇何伤乎？呜呼哀哉！

**实例4《泷冈阡表》(宋·欧阳修)**

呜呼！惟我皇考崇公，卜吉于泷冈之六十年，其子修始克表于其阡。非敢缓也，盖有待也。

修不幸，生四岁而孤。太夫人守节自誓，居穷，自力于衣食，以长以教，俾至于成人。太夫人告之曰："汝父为吏，廉而好施与，喜宾客，其俸禄虽薄，常不使有余，曰：'毋以是为我累。'故其亡也，无一瓦之覆、一垅之植以庇而为生，吾何恃而能自守耶？吾于汝父，知其一二，以有待于汝也。自吾为汝家妇，不及事吾姑，然知汝父之能养也。汝孤而幼，吾不能知汝之必有立，然知汝父之必将有后也。吾之始归也，汝父免于母丧方逾年，岁时祭祀，则必涕泣，曰：'祭而丰，不如养之薄也。'间御酒食，则又涕泣，曰：'昔常不足，而今有余，其何及也！'吾始一二见之，以为新免于丧适然耳。既而其后常然，至其终身未尝不然。吾虽不及事姑，而以此知汝父之能养也。汝父为吏，尝夜烛治官书，屡废而叹。吾问之，则曰：'此死狱也，我求其生不得尔。'吾曰：'生可求乎？'曰：'求其生而不得，则死者与我皆无恨也。矧求而有得耶？以其有得，则知不求而死者有恨也。夫常求其生，犹失之死，而世常求其死也。'回顾乳者抱汝而立于旁，因指而叹，曰：'术者谓我岁行在戌将死，使其言然，吾不及见儿之立也，后当以我语告之。'其平居教他子弟,常用此语。吾耳熟焉,故能详也。其施于外事,吾不能知;其居于家,无所矜饰,而所为如此,是真发于中者耶!呜呼!其心厚于仁者耶!此吾知汝父之必将有后也。汝其勉之。夫养不必丰,要于孝;利虽不得博于物,要其心之厚于仁。吾不能教汝,此汝父之志也。"修泣而志之,不敢忘。

先公少孤力学,咸平三年进士及第,为道州判官,泗、绵二州推官,又为泰州判官。享年五十有九,葬沙溪之泷冈。太夫人姓郑氏,考讳德仪,世为江南名族。太夫人恭俭仁爱而有礼,初封福昌县太君,进封乐安、安康、彭城三郡太君。自其家少微时,治其家以俭约,其后常不使过之,曰:"吾儿不能苟合于世,俭薄所以居患难也。"其后修贬夷陵,太夫人言笑自若,曰:"汝家故贫贱也,吾处之有素矣。汝能安之,吾亦安矣。"

自先公之亡二十年,修始得禄而养。又十有二年,列官于朝,始得赠封其亲。又十年,修为龙图阁直学士、尚书吏部郎中,留守南京,太夫人以疾终于官舍,享年七十有二。又八年,修以非才入副枢密,遂参政事,又七年而罢。自登二府,天子推恩,褒其三世,盖自嘉祐以来,逢国大庆,必加宠锡。皇曾祖府君累赠金紫光禄大夫、太师、中书令;曾祖妣累封楚国太夫人。皇祖府君累赠金紫光禄大夫、太师、中书令兼尚书令;祖妣累封吴国太夫人。皇考崇公累赠金紫光禄大夫、太师、中书令兼尚书令;皇妣累封越国太夫人。今上初郊,皇考赐爵为崇国公,太夫人进号魏国。

于是小子修泣而言曰:"呜呼!为善无不报,而迟速有时,此理之常也。惟我祖考,积善成德,宜享其隆,虽不克有于其躬,而赐爵受封,显荣褒大,实有三朝之锡命,是足以表见于后世,而庇赖其子孙矣。"乃列其世谱,具刻于碑,既又载我皇考崇公之遗训,太夫人之所以教而有待于修者,并揭于阡。俾知夫小子修之德薄能鲜,遭时窃位,而幸全大节,不辱其先者,其来有自。

熙宁三年,岁次庚戌,四月辛酉朔,十有五日乙亥,男推诚、保德、崇仁、翊戴功臣,观文殿学士、特进,行兵部尚书、知青州军州事、兼管内劝农使、充京东路安抚使、上柱国、乐安郡开国公,食邑四千三百户,食实封一千二百户,修表。

【译文】

唉!想我先父崇国公,占卜选择吉地于泷冈以后的六十年,他的儿子欧阳修才能作了墓表,刻在碑上竖立于墓道。并不敢有意迟缓,而是因为有所等待。

我很不幸,生下来四岁,父亲去世了,太夫人(母亲)发了誓愿守节,家境贫寒,以自己的力量谋取衣食,抚养我,教育我,使我长大成人。太夫人谆谆告诫我说:"你的父亲做官清廉,喜欢布施别人,喜欢以礼待客。他的俸禄虽然微薄,常常没有剩余，却说：‘不要因为金钱连累了我的清白！’所以他去世后，没有留下一片瓦盖的房子和一亩可以耕种的土地，也没有留下让你赖以生活的家资，我依靠什么能自守呢？我对你的父亲，大概能知道一二，所以对你有所期待。自从我嫁到你家做媳妇，就没来得及侍奉婆婆，但知道你父亲是很孝顺地供养老人的。你幼年丧父，我不知道你一定会有所成就，但知道你父亲一定会后继有人。我刚到你家的时候，你父亲服满你祖母的丧，才过了一年，逢年过节祭祀祖先的时候，必然哭泣说：‘祭祀虽然很丰盛，也比不上活着时薄薄地奉养！’有时他自己吃着酒食，则又哭泣说：‘从前常嫌酒食不够，现在有余了，但来不及供养母亲了！’我开始见到一两次，以为他是才满了丧服，偶然有所感遇罢了。但以后他经常是这样，一直到终身，从来没有忘记过。我虽然来不及侍奉婆婆，从这些事知道你父亲是孝顺供养你祖母的。你父亲做官，经常在夜里点着蜡烛，审理刑事案卷，屡次发出长长地叹息。我问其原因，他说：‘这是要判死刑的案卷，我想放一条生路而办不到！’我说：‘生路可以求吗？’他说：‘放一条生路而办不到，那么死者和我都没有遗恨。也确实有求一条生路，就能救活一个人的，如果不去求，死者就会有遗恨。自己就这样经常求生路，一不小心，仍旧会处死刑，而世上人常常希望这些人死去。’说完回头看到乳娘正抱着你站在一旁，因而指着你叹息说：‘占卦的人说我在年岁有戌的一年，将会死去。如果占卦人的话是真的，我就见不到儿子长大成才了，以后应当把我的话告诉儿子！’他平时在家教育子弟，常常说起此话，我听熟了，所以能详细地说给你听。他在外面办事的情形，我不知道；在家中的时候，没有一点矜持文饰，不摆架子，而所以这样，是真正地发于内心的啊！唉！他的心地厚道而注重仁义！这就是我知道你父亲必定后继有人的原因，你应当自己勉励才对。供养长辈不在于丰厚，需要的在于孝顺；利益虽然不能普及万物，但重要的在于心地厚道内存仁义。我不用教导你，这是你父亲的志向。”我哭泣着，牢牢记住，永不敢忘。

先父崇国公从小没有父亲，努力好学。在真宗咸平三年考中进士，出任道州判官，泗、绵二州推官，又继任泰州判官。享年五十九岁，葬在沙溪的泷冈。太夫人恭顺节俭仁爱知礼，起初封福昌县太君，又进封乐安、安康、彭城三郡太君。当初家里贫贱时，她便以节俭持家，后来家里过日子也不超过一定的花费，她说：“我的儿子不能苟且迎合世俗人，要俭朴节约，以预备患难的时候能很快适应。”后来我被贬官到夷陵，太夫人谈笑自若地说：“咱们家原来是贫贱的，我已经过得习惯了。你安心，我也能安心！”

先崇公死后二十年，我才得到朝廷的俸禄来奉养太夫人。又过了十二年，才位列朝官,开始封赠亲属。又过十年,任职龙图阁直学士、尚书吏部郎中,留守南京,这时候太夫人因病逝世于官府中,享年七十二岁。八年后,我虽无才,却蒙皇恩厚爱,竟出任副枢密使,遂参与国家大政要事,又有七年才罢免职务。自从进入中书省、枢密院二府以来,天子推广恩德,褒扬我的三代,自仁宗嘉祐年间以来,逢到国家庆贺大典,必定予以恩宠,大加封赏。先曾祖父,累赠金紫光禄大夫、太师、中书令兼尚书令;先曾祖母,累封楚国太夫人。先祖父累赠金紫光禄大夫、太师、中书令兼尚书令;先祖母累封吴国夫人。先父崇公,累赠金紫光禄大夫、太师、中书令兼尚书令;先母累封越国太夫人。当今神宗皇帝,到郊外祭天,赐先父爵位为崇国公,太夫人进封号为魏国夫人。

于是小子修哭泣说:“唉!行善没有不报的,只是迟速不同罢了,天理经常是这样的!我的祖先,积行善事成就了德行,应该享受这隆重的待遇。虽然不能活在世上享受,但受封赐爵,显示荣耀,褒扬光大,实有三朝的宠幸诰封,足以扬名于后世,荫庇于子孙了!”所以序列世系家谱,刻在碑石上,后又记载先父崇国公的遗言训诫,以及太夫人所教导的话,一道写于墓表上;使大家知道小子修的德行浅薄,才能低下,逢到时运窃取了官位,幸而能保全大节,没有辱没先人,其实是有原因的。

宋神宗熙宁三年(1070),庚戌年,四月初一辛酉,四月十五乙亥,我的儿子被誉为推诚、保德、崇仁、翊戴之功臣,被授为观文殿学士、特进,行兵部尚书、知青州军州事兼管内劝农使、充京东路安抚使、上柱国,被封为乐安郡开国公,享用封地的租税四千三百户,实际封赏的可供享用的封地租税一千二百户,欧阳修立表。

【赏析】

《泷冈阡表》是欧阳修在他父亲死后六十年所写的一篇墓表,是他精心创制的一篇力作。全文平易质朴,情真意切,如话家常,历来被视为欧文的代表作品。与唐代韩愈的《祭十二郎文》、清代袁枚的《祭妹文》同被称为“千古至文”。由于欧阳修父亲亡故时,他才四岁,无法悉知亡父的生平行状,这就使他在撰述本文时遇到了困难。作者在文章中采取了避实就虚、以虚求实、以虚衬实的写作方法,巧妙地穿插了其母太夫人郑氏的言语,以她口代己口,从背面和侧面落笔。一方面以此为依据,追念和表彰其父的仁心惠政;另一方面,在表父功的同时,也顺水行舟,同时颂扬其母德妇节,使一位贤妻良母型的女性形象,栩栩如生地展现在读者眼前。父因母显,母受父成。文章构思高明的地方,即在于一碑双表,二水分流;明暗交叉,互衬互托。而其舒徐有致、简易平实的文风,其谦恭平和、实事求是的态度,更使一切浮华失实的谀墓文字黯然失色。

**实例 5《亡兄墓志铭》(宋·曾巩)**

君姓曾氏,讳晔,字茂叔,有智策,能辨说,其贯穿反复,人莫有能屈之者。身穷,为生事,或毛密,应之无留,而读书理笔墨,交宾客,又思事未至当如何,亦不废也。欢愉忧悲、疾病行役、寝食之间,书未尝去目。故自上古以来,至今圣贤百氏、骚人材士之作,训教警戒,辨议识述,下至浮夸诡异之文章,莫不皆熟,而于治乱兴亡、是非得失之际,莫不能议焉。其文章尤宏赡瑰丽可喜。三代远矣。汉以来,世有成事业、就功名之时,则贤臣、谋士、材技之人,同世并出,常若有余。至时或无所用之,则士虽往往有纪,而亦不俱见于世。盖堙穷顿委于岩墙闾巷之中者岂少哉?如君之材如辨博,又其学如此,使得用其意于事,其施设必有异焉,然卒不克见于世,盖亦岂非其命也夫?君年四十有五,皇祐五年以进士试于廷,不中,得疾归,卒江州。祖讳某,尚书户部郎中,赠右谏议大夫。考讳某,故太常博士,娶李氏。子曰觉,曰黉。女二人。卒之岁十二月某日,葬建昌军南丰县之某乡某原某里也。弟巩为其铭曰:

世或须人,中士为材。有非其应,圣不能谐。故君之学于己为足,而材与世为乖。刻铭幽石,维以告哀。

**实例 6《许衡神道碑》(元·欧阳玄)**

大元敕赐故中书左丞、集贤大学士、国子祭酒、赠正学垂宪、佐运功臣、太傅、开府仪同三司、追封魏国文正公许先生神道碑:

洪惟圣元,度越千古。世祖皇帝以天纵之资,得帝王不传之学,上接伏羲、神农、黄帝、尧、舜、禹、汤、文、武以来数圣人之道统,而为不世出之君,河内许先生以天挺之才,得圣贤不传之学,上接周公、孔子、曾思、孟轲以来数君子之道统,而为不世出之臣,君臣遇合之契,堂陛都俞之言,所以建皇极,立民命,继绝学,开太平者,万世犹一日也,猗欤盛哉?先生既没之三十三年,为皇庆二年,仁宗皇帝诏暨宋九儒从祀宣圣庙廷,明斯道之所自传矣。又二十二年,为元统三年,今上皇帝敕词臣玄,文其神道之碑,以赐其子师敬使刻之。于是臣玄再拜稽首,以复明诏曰:论世祖之为君,而称述许先生之为臣,则见我元朝廷之间,有唐虞明良之气象;论许先生之为臣,而推世祖之为君,则见我元国家之初,当贞元会合之气运。故善言先生,必以道统为先,而后及功业,则上可以称塞圣天子命臣作碑之初意,下可以压服天下后世学者景慕之盛心也。臣谨按先生家乘及尝私淑于父师者,序而铭之。

先生以金泰和九年己巳九月丙寅生于新郑邑中,幼有异质,八岁入学,从师，问："读书欲何为？"师曰："应举取第耳。"曰："如是而已乎？"师大奇之，谓"其识趣非常，他日必有大过人者，自顾章句儒，非其师"，遂辞去。年十余，有道士过门见之，惊曰："骨清神完，目光射人，苟非命世大贤，即当神超八表，人间富贵，不足道也。"稍长，嗜学如饥渴，而精强绝人。世乱家贫，无从得书，闻有善本，冒险数百里，就而抄之，读之有疑，即能有所折中。岁壬辰，天兵渡河，为游骑所得，其万夫长酗酒杀人为嬉，先生从容曲譬，卒革其暴，久乃信其言如蓍龟，人赖全活者无算。万夫长南往，乃东去隐徂徕山，迁泰安之东馆镇。寻居大名，扁其斋曰"鲁"，世因号曰"鲁斋先生"。

国家既有河朔，谴官分道以试选士，中者得占籍为儒，魏人力劝应试，既中选，留魏三年。自挽鹿车载书，还河内，魏人致仆马不听。入洛求弟衎，得之，自洛适魏，闻河内政虐，还止苏门。十余年间，虽颠沛流离，行不愧影。其与人交，中刚外和，一芥取予，必揆于义。人与之居，虽有忮求，驯致俱化。所至学者翕然归之，察其诚至，始留馆下，既留，诱掖忘倦，身教属属，言教循循，于是师道日立，友道日亲。在魏友窦默、苏门友姚枢，相与论辨，探幽析微，谐者慑伏。既得伊洛性理之书，及程子《易传》，朱子《论孟集注》、《中庸》、《大学》、《章句》、《或问》、《小学》等书。言与心会，召向所从游，教以进德之基，慨然思复三代庠序之法。甲寅，世祖受地秦中，闻先生名，谴使者徵赴京兆教授，先生避之魏，使者物色偕行，廉希宪宣抚陕右，传教令，授以京兆提学。卜居雁塔之东，与同志讲井田之制，买园为义桑会，得请还。

世祖即祚，建元中统，召先生于家，既至谒归，既归复召，至上京入见，上问："所学？"以"学孔子"对。留上所无几，以疾还燕。明年自上京召，数有敷对。时相王文统用事，而先生及姚枢、窦默日被顾问。默在上前屡斥其学术不正，枢尤以才见嫉。盖窦言本出于先生，文统亦颇疑之，乃奏姚为太子太师、窦为太子太傅、先生为太子太保，外示尊礼，内欲摈使疏远。姚、窦拜命，将入谢，先生独毅然辞。谓二公曰："礼，师傅见太子，位东西向，师傅坐，太子乃坐，今能遽复此礼乎？否则，师道自我废也。"乃与二公坏制阕下辞。文统闻斯言，遂寝其命。改授先生为国子祭酒，窦为翰林侍读学士，姚为大司农，先生亟辞以疾，久乃予告。还河内，既而上京使狎至，应命至燕，病弗能往，至元元年自燕复还。先是有诏，即家为校，以业来学，乃躬耕里中，未尝以诏示人，至是召入省议事，旋踵求去。丞相安童来谒，欲勉留之，退谓人曰："时流皆欲辈行许先生，吾见相去千百，寻有诏趣赴省。"遂北行，见上檀州。谕之曰："安童少不更事，卿无负所学，悉以传之，有嘉谋嘉猷，语使入告。"对曰："圣人道极高远，学者所得有浅深，然当罄所知如圣诏，其所不知不敢强也。安童明敏，有操守，告以古人格言，往往领悟，第恐有间之者，则难行耳。”自是预国大议，时至都堂。扈行上京，咨访日广，宿卫之士，见先生入对，举手加额，相庆曰：“是欲泽被生民者。”上疏陈五事，曰立国规模，曰中书大要，曰为君难，曰农桑学校，曰慎微，累数千百言。读奏未撤，上久听微有倦色，先生即敛卷求退，上肃然，正襟危坐，先生乃再读，读讫，上嘉纳之。其余论谏，多削其稿，世罕得闻。有顷辞疾，听五日一诣省，赐西域名药善酒，俄许其还。继诏与太保刘秉忠、左丞张文谦议朝仪官制，多所祥定。阿合马请建尚书省总六部，与中书角立，上特用先生为中书左丞，先生求面辞，不得见者再，越数日，奏所议事毕，自陈曰：“臣有三宜辞，一非勋旧，二蔑才德，三所学迂。恐于圣谟神算，未能尽合。”上曰：“用卿出朕意，无事多让。”先生辞不已，上命从官掖之起，有旨曰“出”，既出及阕，还奏曰：“陛下令臣出省耶？”上改容曰：“出殿门耳。”明日又辞。谴近臣合剌合孙先谕止之，强出视事。至上京，奏论阿合马罔上不道事，不报。因移疾谢机务，丞相难之，御史中丞孛罗为之请，上恻然，诏子师可谕使举代，对曰：“用人宜出上意，臣下举代，恐开市恩觊觎之渐。”寻有旨，以国人世胄子弟就学，遂笃意教事。奏门生王梓、刘季伟、韩思永、耶律有尚、吕端善、姚燧、高凝、白栋、苏郁、姚燉、孙安、刘安中十二人为伴读，被旨咸驿致之，以先生为集贤大学士兼国子祭酒。先生之为教，精粗有序，张弛有宜，而必本诸圣贤启迪后学之方。踰年，诸生涵养熏陶，周旋中礼，讲贯适用。上喜其业成，时自程之。越三岁，以改葬亲丧谒归，属召赴行在，遂请朝辞以行。上命诸老议其去留，窦默谓“先生出处有关世运，宜成其志”，更命张文谦问所以告归之意，其对如初，始允。

十三年，诏议改历法，仍拜集贤大学士兼国子祭酒，教领太史院事，十七年，《授时历》成，以疾屡告，上礼貌隆至，路朝赐杖，内殿赐坐。疾少剧，裕皇在东宫闻之，为言于上，以驿送还。师可以河东按察副使，改怀孟路总管以便养，皆东宫请也，且使宫臣谕曰：“先生近医药自辅，无以道不行为忧。”十八年三月戊戌，薨于私第之正寝，易箦不变，年七十三。是日大雷电，风拔木，城中无贵贱少长哭于门，商啱于涂，农吊于野，天下识与不识，闻讣慨叹。四月乙酉葬李封村先茔之南，既葬，四方学者来会，为位哭墓次而去。

先生真知力行，实见允蹈，斋居终日，肃如神明，尝遇迅霆起前，泰宇凝定，不丧执守。其为学也，以明体达用为主；其修己也，以存心养性为要；其事君也，以责难陈善为务；其教人也，以洒扫应对进退为始，精义入神为终。虽时尚柄凿，不少变其规矩也，故君召辄往，进辄思退，方世祖急于亲贤，而先生笃于信已，以是终无枉尺直寻之意，及夫仕不受禄，人以为高，则喟然叹曰："甚矣，予之不幸而有是名也，仕岂有不食君禄者哉？食求无添而已。"伐宋之举，一时名公卿人售攻取之略，先生言："惟当修德以至宾服，若以力取，必戕两国之生灵，以决万一之胜负。"及宋既平，未尝以失计为慊，世祖亦未尝亦是少之。臣常观三代而下，汉唐君臣，未闻以道统系之者，当世儒宗，或智足与知，仁未足与居也；宋濂洛数公，克绪斯道，然未闻有得君者。世祖龙潜，诸儒请上其号曰"儒教大宗师"，呜呼！汉唐宋创业之主，乌得而有是号哉，此天以道统属之世祖也。先生出际斯运，一时君臣，心以尧舜为心，学以孔孟为学，中外如出一辙。号公鲁斋先生，呜呼！鲁者，曾子传道之器，历代佐命之臣，虽欲为此号，岂可得也？非天以道统属之先生乎？先生之谋国，譬之工师，受命作室，既得大木，不肯斩而小之，是以宁不受官师之命，而必使学焉后臣之道，无愧于伊尹。宁不预平宋之功，而必使以德行仁之言，无负于孟轲。故中统至元之治，上有不世出之君，能表彰其臣继述往圣之志，下有不世出之臣，能赞襄其君宪章往圣之心，于是我元之宏规，有非三代以下有国家者可以及矣。及夫元贞、大德，高第弟子，彬彬辈出，致位卿相，为代名臣，皇庆延祐之设科，子师敬参预大政，以通经学古之制，一洗隋唐以来声律之陋，致海内之士，非程朱子之书不读，又岂非其家学之效，见诸已试者欤？先生平时，颇病文籍之繁，尝曰"圣人复出，必大芟而治之"。斯则周衰以来文胜之弊，犹将有以正救于间，是岂浅之为志者乎？

先生讳衡，字仲平，其先河内人。父通，避地河南，隐德弗耀，今赠银青荣禄大夫，大司徒，追封魏国公，谥惠和，妣李氏，追封魏国公夫人。子四：师可、师逊、师孚追封魏国公夫人敬氏子，师敬封魏国公夫人贺氏子。先生闺门有礼，中馈皆贤，事公甚敬。师可由河东按察副使，历卫辉、襄阳路总管、终通议大夫、广平路总管，赠礼部尚书，谥文简，志趣端正，惜未究用，有文集遗后。师逊、师孚未仕卒。师敬由监察御史践扬中外，历治书侍御史，吏部尚书，中书参知政事，国子祭酒，太子詹事，中书左、右丞，两为翰林学士承旨，知经筵事，今由西台中丞拜御史中丞，阶光禄大夫，明经务诚，学尚节概，肖父风。女三，长适于章儒者，余早逝。孙男六：长从宪，以荫累迁湖广行省理问，以归德知府致仕；次东孙，夭；次从宸，积官山南宪检，监察御史，终河东宪副，乃先生之嫡宗孙也；次从宜，太史院经历，中书省照磨，今翰林国史院经历；次从宣，太保府长史，中书左三部照磨官；次从宗，章佩监异珍库提点。孙女五：长适广东宣尉使都元帅宁居仁，封覃怀郡夫人；次适太禧院管勾覃质；次适翰林应奉萧璘；次适宁陵簿张构；次适阜城尉张恕。曾孙六：长崇祖；次绍祖，秘书著作，从宸之嫡子也；次书童、文童、礼童、武童。曾孙女四，皆幼。先生有《鲁斋集》及《中庸语意》，门人记载《语录》行于世。昔王文忠公磐论先生曰："吾年八十，阅人多矣，平生力学，不知圣道之所在，非天与幸，几失此人。"大德元年，赠大司徒，谥文正，制词有曰："圣学方湮，惟洙泗之源是溯，嘉谋入告，非尧舜之道不陈。"至大二年加赠太傅，追封魏国公，制词有曰："天非继圣学之坠绪，则不生命世之大才，国欲与王道以比隆，肆用为烝民之先觉。"姚文公燧作祠堂记则谓："五百年必有王者兴，其间必有名世者出，惟公足以当之。"盖太祖皇帝，建国丙寅，而先生生于己巳，上距宋庆元庚申朱子之卒才十年，当与王之会，续传道之业必有数存焉。世祖常称其论事多与太祖之言合，至取祖训示之。

玄生晚学陋，何以知先生？然常诵诸儒之说，而想望其余光焉。先生之于道统，非徒托诸言语文字之间而已也，盖自慎独之功，充而至于天德王道之蕴，故告世祖治天下之要，唯曰"王道"，及问其功，则曰"三十年有成，是以启沃之际，务以尧舜其君、尧舜其民为己任，由其真积力久，至诚交孚"。言虽剀切，终以无忤。至于其身之进退，则凛然万夫之勇，何可以利禄诱而威武屈也？晚年义精仁熟，躬备四时之和，道出万物之表，无事而静，则太空晴云，卷舒自如，应物而动，则雷雨满盈，草木甲拆，事至而不疑，事过而无迹。四方之人，闻之而知敬，望之而知亲，近之而知爱，远之而知慕，求其所以然，则惟见其胸中磅礴浩大。人欲净尽，天理流行，动静语默，无往而非斯道之著形也。又尝窃论之，先生天资之高，固得不传之妙于圣贤之遗经，然纯笃似司马君实，刚果似张子厚，光霁似周茂叔，英迈似邵尧夫，穷理致知择善固执似程叔子、朱元晦，至于体用一原，显微无间，超然自得于不动而敬、不言而信之域者，又有濂洛数君子所未发者焉。宜夫抗万钧之势而道不危，擅四海之名而行无毁，近代元丰之异论，淳熙之纷争，先生处之，宁有是哉？

臣玄再拜稽首，铭曰："世降邃古，大朴日雕，天吏不作，治教寂廖，帝恫我民，眷求有德，世祖齐圣，作其建极，臣有许公，身任斯道，为仁肫肫，制行慥慥，昔公在野，世难荐臻，精义致用，曲蠖之伸，心乐则颜，志任则伊，朝夕思惟，天将启之，朋来远方，以辨以问，会融一贯，冰释理顺，世祖居潜，时号儒宗，多士既归，功德日崇，召公起家，斯世将泰，灼知俊心，天地正大，既握乾符，尊履五位，利见大人，乃在九二，覃怀之居，轺车十来，屡进亟退，求福不回，论议上所，德容休休，献可替否，言直以道，上曰仲平，汝佐朕丞，其悉尔学，资朕股肱，惟诚惟一，以结主知，惟明惟哲，其止也时，初问伐国，对不以兵，上远公猷，不在宋平，官盛既廪，公耻素餐，敬事后食，匪为苟难，近臣贵胄，世荷国宠，我淑以道,国收其用,小学功垂,大学陵节,我教多术,循循无越,惟圣有谟,载范其驱,以步以趋,畴敢侮予,自古在昔,气化惟移,仁人之兴,为世胜衰,凡今有生,孰司荣悴,惟道为大,与天罔坠,世祖继天,惟天生贤,道统有在,民群赖焉,有德有言,有子有孙,皇命作诔,赠厥永存。

至元元年,岁次乙亥,冬十一月己卯朔,二十六日甲辰,第四子光禄大夫、御史中丞师敬立于石。

翰林直学士、中大夫、知制诰、同修国史、国子祭酒、臣欧阳玄奉敕撰

翰林侍讲学士、通奉大夫、知制诰、同修国史、知经宴事、臣张起岩奉敕书

奎章阁学士、院承制学士、中大夫兼经宴官、臣尚师简奉敕篆额

**实例 7《故马公墓志铭》(明·李至刚)**

公字哈只,姓马氏,世为云南昆阳州人。祖拜颜,妣马氏。父哈只,母温氏。公生而魁岸奇伟,风裁凛凛可畏,不肯枉己附人。人有过,辄面斥无隐。性尤好善,遇贫困及鳏寡无依者,恒保护赒给,未尝有倦容。以故,乡党靡不称公为长者。娶温氏,有妇德。子男二人,长文铭,次和;女四人。和自幼有材志,事今天子,赐姓郑,为内官监太监。公勤明敏,谦恭谨密,不避劳勋,缙绅咸称誉焉。

呜呼!观其子而公之积累于平日,与义方之训可见矣。公生于甲申年十二月初九日,卒于洪武壬戌七月初三日,享年三十九岁。长子文铭,奉柩安厝于宝山乡和代村之原,礼也。铭曰:身处乎边陲而服礼义之习,分安乎民庶而存惠泽之施,宜其余庆深长而有子光显于当时也。

时永乐三年端阳日

资善大夫礼部尚书兼左春坊大学士李至刚撰

**【赏析】**

郑和的祖父和父亲均名“哈只”。按伊斯兰教的习俗,“哈只”是人们对朝觐过伊斯兰教圣地麦加的人的尊称。中文“哈只”一词,本由阿拉伯语音译过来,意为“巡礼人”,即朝圣者。由于郑和幼年离家,对父亲的真实姓名可能已淡忘,所以依习俗称父亲为“马哈只”。马哈只去世时,郑和年仅十岁左右。父亲丧葬之事,皆由长兄马文铭经办料理。永乐三年,郑和已升为内官监太监,请大学士礼部尚书李至刚撰写了父亲的墓志铭,但时逢第一次下西洋的前夕,郑和只得将碑文寄回云南昆阳镌凿于石,立在父亲墓前。

《故马公墓志铭》于明初永乐三年镌石以后,一直立于马哈只墓前。清朝后期,世居昆阳的郑和后裔参加云南回民起义,失败后逃匿到玉溪县石狗头村,恐《墓志铭》遭损,遂将其埋于马哈只墓前。此后,《故马公墓志铭》荒诸乱丘,无

人问津。清朝末年，回民在月山西坡筑坟时，发现此碑，并立之于原地墓前。清朝光绪二十年(1894)，云南石屏袁嘉谷得知昆阳县和代村有郑和父墓碑，遂于1911年亲往查访，得拓片并作题跋(见《卧雪堂文集》)，此碑遂为世人所重视。1935年，昆阳县知事杨立声饬工设立碑亭，并在此碑两侧镌立了两块石碑，一为《明史·郑和传》，一为夏光南《郑和太公墓志铭跋》。但由于碑亭过于简陋，不出十年便垣基尽圮。1944年，云南人彭嘉霖、昆阳县县长李群杰又于原址重建碑亭，并在此碑左侧新立袁嘉谷《昆阳马哈只碑跋》，右侧抄镌郑和撰福建《天妃灵应之记碑》。此二碑后皆佚失。

关于郑和的家世出身，以往的文献史料盖不详实。由于《故马公墓志铭》的发现，世人方知郑和是云南昆阳人以及郑和的家世出身等情况，补充了文献史料记载的诸多不足。此碑是郑和研究中不容忽视的、价值极高的实物资料。

**实例8《五人墓碑记》(明·张溥)**

五人者，盖当蓼洲周公之被逮，激于义而死焉者也。至于今，郡之贤士大夫请于当道，即除魏阉废祠之址以葬之；且立石于其墓之门，以旌其所为。呜呼，亦盛矣哉！

夫五人之死，去今之墓而葬焉，其为时止十有一月耳。夫十有一月之中，凡富贵之子，慷慨得志之徒，其疾病而死，死而湮没不足道者，亦已众矣；况草野之无闻者欤？五人之皦皦，何也？

予犹记周公之被逮，在丁卯三月之望。吾社之行为士先者，为之声义，敛赀财以送其行，哭声震动天地。缇骑按剑而前，问“谁为哀者？”众不能堪，抶而仆之。是时以大中丞抚吴者为魏之私人，周公之逮所由使也；之民方痛心焉，于是乘其厉声以呵，则噪而相逐。中丞匿于溷藩以免。既而以吴民之乱请于朝，按诛五人，曰颜佩韦、杨念如、马杰、沈杨、周文元，即今之傫然在墓者也。

然五人之当刑也，意气扬扬，呼中丞之名而詈之，谈笑而死。断头置城上，颜色不少变。有贤士大夫发五十金，买五人之脰而函之，卒与尸合。故今之墓中全乎为五人也。

嗟夫！大阉之乱，缙绅而能不易其志者，四海之大，有几人欤？而五人生于编伍之间，素不闻诗书之训，激昂大义，蹈死不顾，亦曷故哉？且矫诏纷出，钩党之捕遍于天下，卒以吾郡之发愤一击，不敢复有株治；大阉亦逡巡畏义，非常之谋难于猝发，待圣人之出而投缳道路，不可谓非五人之力也。

由是观之，则今之高爵显位，一旦抵罪，或脱身以逃，不能容于远近，而又有剪发杜门，佯狂不知所之者，其辱人贱行，视五人之死，轻重固何如哉？是以蓼洲周公,忠义暴于朝廷,赠谥美显,荣于身后;而五人亦得以加其土封,列其姓名于大堤之上,凡四方之士无有不过而拜且泣者,斯固百世之遇也。不然,令五人者保其首领以老于户牖之下,则尽其天年,人皆得以隶使之,安能屈豪杰之流,扼腕墓道,发其志士之悲哉!

故予与同社诸君子,哀斯墓之徒有其石也,而为之记,亦以明死生之大,匹夫之有重于社稷也。

贤士大夫者,冏卿因之吴公,太史文起文公,孟长姚公也。

【译文】

(墓中的)五个人,就是当周蓼洲先生被捕的时候,激于义愤而死于这件事的。现在,本郡有声望的士大夫们向当权的人请求,清理已被废除的魏忠贤生祠旧址来安葬他们;并且在他们的墓门之前竖立碑石,来表彰他们的事迹。啊,也真是盛大隆重的事情呀!

这五人的死,距离现在建墓安葬,时间不过十一个月罢了。在这十一个月当中,大凡富贵人家的子弟,志得意满之人,其中因患病而死,死后埋没不值得称道的,也太多了;何况乡间没有声名的人呢?唯独这五个人声名光荣显耀,为什么呢?

我还记得周公被捕,是在丁卯年三月十五日。我们复社里那些道德品行可以作为读书人的表率的人,替他伸张正义,募集钱财送他起程,哭声震天动地。差役们按着剑柄上前,问:“在为谁悲痛?”大家不能再忍受了,把他们打倒在地。当时以大中丞职衔做应天府巡抚的是魏忠贤的党羽,周公被捕就是由他主使的;苏州的老百姓正在痛恨他,趁着他厉声呵骂的时候,就一齐呼叫着追赶他,这位大中丞藏在厕所里才得以逃脱。不久,他以苏州人民发动暴乱的罪名向朝廷请示,追究这件事,杀了五个人,他们是颜佩韦、杨念如、马杰、沈杨、周文元,就是现在一起埋葬在墓中的这五个人。

然而,当五个人临刑的时候,神情慷慨自若,喊着中丞的名字骂他,谈笑着死去了。被砍下的头放在城头上示众,脸色一点也没改变。有几位贤士大夫拿出五十两银子,买下五个人的头并用木匣装起来,最终与尸身合到了一起。所以现在墓中是完完整整的五个人。

唉!当魏忠贤作乱的时候,做官的人能够不改变自己志节的,中国之大,能有几个人呢?但这五个人生于民间,从来没受过诗书的教诲,却能被大义所激励,踏上死地也不回头,又是什么缘故呢?况且当时假传的圣旨纷纷传出,追捕同党的人遍于天下,终于因为我们苏州人民的发愤抗击,使阉党不敢再株连治罪;魏忠贤也迟疑不决,畏惧正义,篡夺帝位的阴谋难于立刻发动,直到当今的皇上即位,(魏忠贤畏罪)吊死在路上,不能不说是这五个人的功劳呀!

由此看来,如今一些高官显贵们,一旦犯罪受罚,有的脱身逃走,不能被远近各地所容纳;也有的剪发毁容、闭门不出,或假装疯癫不知逃到何处的,他们那可耻的人格,卑贱的行为,比起这五个人的死来,轻重的差别到底怎样一目了然。因此周蓼洲先生的忠义显扬在朝廷,赠给他的谥号美好而光荣,在死后享受到荣耀;而这五个人也得以安葬在一座大坟墓中,在大堤之上立碑刻名,所有四方的有志之士经过这里没有不跪拜流泪的,这实在是百代难得的际遇啊。否则,假使让这五个人保全性命在家中一直生活到老,尽享天年,人人都能够像奴仆一样使唤他们,又怎么能让豪杰们屈身下拜,在他们的墓道上扼腕叹惜,抒发悲愤和感慨呢?所以我和我们同社的诸位先生,惋惜这座坟墓空有一块石碑,就为它作了这篇碑记,也用以说明死生意义的重大,(即使)一个普通老百姓对于国家也有重要的作用啊。

几位有声望的士大夫是:太仆卿吴公因之,太史文起文公,孟长姚公。

**【赏析】**

张溥(1602—1641),字天如,号西铭,明末太仓(今江苏太仓)人。幼年勤奋好学,所读之书都要亲手抄写,抄好朗读之后烧掉,再抄,一直要抄六七遍,因此他的书斋起名为“七录斋”。有《七录斋集》行世。

张溥生活的明朝末年,正是东林党人与以魏忠贤为首的阉党斗争激烈的时代,张溥同情东林党,富于正义感。崇祯二年(1629),他继承东林党反对黑暗政治的优良传统,结交社会上有气节、有操守、有学识的士大夫,联合起来组成爱国社团“复社”,成为复社的领袖。他们激烈批评时政,与阉党的残余势力进行斗争,得到各界的广泛支持,在群众中享有很高的声誉。在文学上,他主张“兴复古学”,强调“居今之世”,要“为今之言”,“务为有用”。他写过不少抨击时政的文章,内容充实,风格质朴,《五人墓碑记》是其中的代表。

为“五人墓”作“碑记”,当然要写出“五人”是怎样的人。但这也可以有各种写法。按照“墓志”文的格局,一上来就得叙述他们的姓名、籍贯、世系、行事等等,但张溥却另辟蹊径。

这篇文章题为“五人墓碑记”,歌颂“五人”当然是它的主要内容。但社会是复杂的,事物是互相联系的,要孤立地歌颂“五人”,就很难着笔。张溥在这篇文章中,与“五人”相对比,不仅指斥了阉党,还批判了“富贵之子,慷慨得志之徒”和“缙绅”“高爵显位”之人等等;与“五人”相映衬,不仅赞美了周顺昌,还肯定了“郡之贤士大夫”。正是由于有了这一系列的对比和映衬,才充实了歌颂“五人”的思想内容,加强了歌颂“五人”的艺术力量。

这篇文章在写作方法上的特点是,夹叙夹议,层层对比,步步深入,前后呼应,反复唱叹,融叙事、议论、描写、抒情于一炉。而这一切,又都服务于主题思想的表达。这个主题思想,作者直到文章的结尾才明确地说出来,那就是:“明死生之大,匹夫之有重于社稷也。”

**实例9《袁随园君墓志铭》(清·姚鼐)**

君钱塘袁氏,讳枚,字子才。其仕在官,有名绩矣。解官后,作园江宁西城居之,曰随园。世称随园先生,乃尤著云。祖讳锜,考讳滨,叔父鸿,皆以贫游幕四方。君之少也,为学自成。年二十一,自钱塘至广西,省叔父于巡抚幕中。巡抚金公鉷一见异之,试以铜鼓赋,立就,甚瑰丽。会开博学鸿词科,即举君。时举二百余人,惟君最少。及试报罢,中乾隆戊午科顺天乡试,次年成进士,改庶吉士。散馆,又改发江南为知县,最后调江宁知县。江宁故巨邑,难治。时尹文端公为总督,最知君才。君亦遇事尽其能,无所回避,事无不举矣。既而去职家居。再起,发陕西,甫及陕,遭父丧归,终居江宁。

君本以文章入翰林有声,而忽摈外;及为知县,著才矣,而仕卒不进。自陕归,年甫四十,遂绝意仕宦,尽其才以为文辞歌诗。足迹造东南山水佳处皆遍。其瑰奇幽邈,一发于文章,以自喜其意。四方士至江南,必造随园投诗文,几无虚日。君园馆花竹水石,幽深静丽,至棂槛器具,皆精好,所以待宾客者甚盛。与人留连不倦,见人善,称之不容口。后进少年诗文一言之美,君必能举其词,为人诵焉。

君古文、四六体,皆能自发其思,通乎古法。于为诗,尤纵才力所至,世人心所欲出不能达者,悉为达之,士多仿其体。故《随园诗文集》,上自朝廷公卿,下至市井负贩,皆知贵重之。海外琉球,有来求其书者。君仕虽不显,而世谓百余年来,极山林之乐,获文章之名,盖未有及君也。

君始出,试为溧水令。其考自远来县治,疑子年少,无吏能,试匿名访诸野。皆曰:“吾邑有少年袁知县,乃大好官也。”考乃喜,入官舍。在江宁尝朝治事,夜召士饮酒赋诗,而尤多名迹。江宁市中以所判事,作歌曲,刻行四方。君以为不足道,后绝不欲人述其吏治云。

君卒于嘉庆二年十一月十七日,年八十二。夫人王氏无子,抚从父弟树子通为子。既而侧室钟氏又生子迟。孙二:曰初,曰禧。始君葬父母于所居小仓山北,遗命以己祔。嘉庆三年十二月乙卯,祔葬小仓山墓左。桐城姚鼐以君与先世有交，而鼒居江宁，从君游最久。君殁，遂为之铭曰："粤有耆庞，才博以丰。出不可穷，匪雕而工。文士是宗，名越海邦。蔼如其冲，其产越中。载官倚江，以老以终。两世阡同，铭是幽宫。"

【译文】

袁君是钱塘人，名枚，字子才。他任职期间，在官场中有名望政绩。辞官之后，在江宁西城修建了一个园林居住，称随园。当时人叫他随园先生，这是他最著名的一个字号。祖父名锜，父亲名滨，叔父名鸿，都因为贫困而到各地去当幕僚。袁君年少时，读书自学，有所成就。二十一岁，从钱塘抵达广西，到巡抚衙门中探望担任幕僚的叔父。巡抚金鉷大人一见面就觉得他与众不同，叫他写一篇《铜鼓赋》试试才学，袁君很快就完成了，文词瑰丽。恰逢博学鸿词科开考，金鉷就举荐了袁君。当时共举荐了二百多人，袁君年龄最小，结果应试落榜。乾隆三年顺天府乡试，考中了举人。第二年成为进士，改翰林院庶吉士。学习期满，改派到江南做县官，最后调任江宁知县。江宁本是大都市，不易治理。当时尹文端任总督，最了解袁君的才能。袁君也尽自己的能力办事，没有什么避忌，因此办事没有不成功的。不久辞官回家，后再次起用，被派往陕西。刚到陕西，因父亲去世而返回，此后一直居住在江宁。

袁君本来因文章出色入选翰林院，也有声望，但出乎意料地被排挤外放；等到做知县，显示了才能，却又始终得不到升迁。他从陕西回来的时候，刚四十岁，就断绝了做官的念头，把全部才华都用到了文辞诗歌上。东南地区的山水胜迹，都有他的游踪，那瑰丽奇异之景、幽邃旷远之境，全都表现在他的诗文之中，自我怡悦，随兴抒意。各地的读书人来到江南，都要前往随园投赠诗文，几乎每天都有人去。袁君的园林馆舍，有花、竹、水、石，幽深宁静，景色秀丽。至于建筑、器具，也都很精美，用来款待客人的东西很丰盛。袁君殷勤好客，乐意和人交往，看到别人好的地方，总要把它说出来。后辈人的诗文，即使只有片言只语的好句子，袁君也定能列举出这些字句，诵读给他人听。

袁君的古文、骈文，都能抒发自己的思想感情，通晓古人的作文之法，至于写作诗歌，更能充分发挥他的才气工力。一般人心里想说而又难以表述的意思，袁君都能表述清楚，因此许多读书人仿效他的诗体。所以《随园诗文集》，从朝廷达官到市井小民，都知道它很贵重。海外琉球国，也有人来求取这部书。袁君仕宦虽不显赫，然而时论认为，一百多年来，能充分享受山林的乐趣，又获得文章的盛名，恐怕没有及得上袁君的。

袁君刚入仕途的时候，曾任溧水县令。他的父亲从远方来到溧水县衙所在地，怀疑儿子年轻，缺乏吏治的能力，曾隐瞒自己的姓名到民间察访，大家都说："我们县年轻的袁知县，真正是个好官啊！"袁君的父亲这才高兴地进了县衙。在担任江宁知县的时候，曾早晨治理政务，晚上邀集读书人一起饮酒赋诗，著名的轶事很多。江宁的贸易场所中，有人把袁君所审理的案件，编为歌曲，刊刻流播四方。袁君认为这些不值得一谈，后来决意不要别人记述他做官治事的成绩。

袁君于嘉庆二年十一月十七日谢世，享年八十二岁。夫人姓王，没有生子，抚养堂弟袁树的儿子袁通作为自己的儿子。不久，偏房钟氏又生了儿子名叫袁迟。有两个孙子，一个叫袁初，一个叫袁禧。原先，袁君把他的父母安葬在住地小仓山的北面，留下遗嘱将自己与父母合葬。嘉庆三年十二月乙卯这一天，袁君被安葬在小仓山父母墓地的左侧。因为袁君与桐城人姚鼐的先辈有交谊，而姚鼐又住在江宁，与袁君来往时间最长。袁君去世，于是为他写了一篇铭文："年高德劭，学识广博。著作丰硕，才思无穷。不事雕琢，自然而工。文士宗法，名播海外。和蔼可亲，清虚淡泊。生于越地，为官滨江。优游终老，两代同墓。是为铭文，刻此幽宫。"

**实例 10《左权将军墓志》(彭德怀)**

左权同志湖南醴陵人，幼聪敏，性沉静。稍长，读书既务实用，向往真理尤切。一九二四年参加中国共产党，献身革命，生死以之。始学于黄埔军校，继攻于苏联陆大。业成归国，戮力军事，埋头苦干，虚怀若谷，虽临百险乐然不疲，以孱弱领军长征，倍见积极果决之精神。中国红军之艰难缔造，实与有力焉。迨乎七七事变后，倭寇侵凌，我军奋起抗敌作战，几过中原，同志膺我军副参谋长之重任，五年一日建树实多，不幸一九四二年五月二十五日清漳河战役，率偏师与十倍之倭贼斗，以英勇殉国，闻得年仅三十有六。壮志未成，遗恨太行，露冷风凄，恸失全民优秀之指挥；隆冢丰碑，永昭坚忍不拔之毅魄。德怀相与也深，相知更切。用书梗概，勒石以铭是为志。

彭德怀 撰并书

中华民国三十一双十节

**实例 11《王洛宾墓碑碑文》(王超海)**

公元一九九六年三月十四日凌晨洛宾仙逝，二十日向遗体告别，二十二日送骨灰进京，边城乌鲁木齐三降大雪。天公为其志哀，世人无不称奇。

王洛宾原名荣庭，一九一三年十二月二十八日生于北京，三四年肄业于北京师范大学音乐系，三七年投身抗日救亡宣传。辗转千里，驻足青海。四九年参加解放军进入新疆。乐坛耕耘六十余载，创作歌剧六部，搜集、整理、创作歌曲千余首，出版歌集八部。情音怡神，中外沸扬，殊才饰疆，懿范流光。洛宾名重。其歌获国家金唱片奖，《在那遥远的地方》和《半个月亮爬上来》，为二十世纪世界华人音乐经典，《达坂城的姑娘》和《阿拉木罕》等歌久唱不衰，他多次赴国外办音乐会与讲学，联合国总部展示其民歌成就，巴黎音乐学院音乐教材和世界歌星罗伯逊保留曲目均有其歌。王洛宾重谊。为学生幼儿谱曲，为边关将士挥笔，为工农大众抒情，为海外华人合唱团赠歌，情深意切，众口皆碑。洛宾谦逊。对民谣之父、音乐大师、西部歌王等称谓淡然处之，却将新加坡友人赠其"传歌者"三字视为珍宝。洛宾爱国。两次铁窗之苦，未断其云游乐海、振兴民乐之梦，终生致力于让中国民歌流行世界五百年之宏愿。洛宾大志。先生舍爱妻黄玉兰及三幼子在京只身西进。五一年妻病故后独身苦将三子养育成人，耄耋之年坚持自理，拈米舔骨节俭之至，乐骑单车至八十有二。其作品通俗朴实大气，盖源其品性也。

千里驹兮杂于马群，需伯乐兮相而拔晋。西部曲兮流于民唇，承洛宾兮识而传真。驹无伯乐兮无以千里，曲无洛宾兮中外寡闻。民间瑰宝兮撷之于民，人间绝唱兮得之于心。传歌之志兮可喜可钦，洛宾之功兮青史永存。

1996年5月31日

**【赏析】**

该墓志铭写得文采飞扬，旷达大气，盖洛宾先生之品性滋染所致。全文介绍了洛宾先生并不复杂的经历后，重墨浓笔写其一生的艺术成就。对于洛宾先生的艺术成果，作者洋洋洒洒写了很多，这些均是久盛不衰的艺术珍品。其间所提到的洛宾先生的音乐活动又无不展现了其不求名利但求艺术，无私奉献不问回报的可贵精神。

文中提及先生妻故后独身将三子养育成人的事情，更是体现了王洛宾旷达洒脱的人生追求。最后一段用"楚辞"诗体对先生的一生给予了极高的评价。"驹无伯乐兮无以千里，曲无洛宾兮中外寡闻。民间瑰宝兮撷之于民，人间绝唱兮得之于心。传歌之志兮可喜可钦，洛宾之功兮青史永存。"这些评价是对洛宾先生最真诚最恰切的评价。

**实例12《大教铎刘协校长功德碑》(高财庭)**

夫教育者，人类进化之津梁也。创千秋之伟业，启万世之文明，莫不由此也。靖远文脉素胜，历代有识之士，兴学而重教，靖远中学第二任校长刘协先生，即其一也。以是薪尽火传，英才辈出，非偶然也。

先生讳协，字润和，号伯丞，生于一九一三年，系县邑平堡乡刘公子元之长子。幼承庭训，长怀大愿，自私塾而兰州师范，四三年毕业于甘肃学院，蒙靖远中学创始人，首任校长苏振甲君之聘，供职训育主任，学以致用，精勤不倦。四七年九月甘肃省政府委任为校长，临艰受命，知难而进，心雄志壮，图成事业。扩校园，任贤能，教学井然有序，善激励，勤督导，校风蔚然形成。翌年，首届高中毕业生皆考入高等学府。乌兰馥郁，桃李芬芳，先生之力大矣。

中华人民共和国成立后，先生赞襄新政，先后执教于靖远中学，榆中夏官营中学，定西干校，传道授业，劳心劳力。五七被划为右派，含冤莫白，遣送夹边沟劳教，忍辱负重，坚信沉冤必将大白于天下，教育子女"存心须正大，做事要光明"，含和守素，笃行如初。六零年冬，饥寒交迫，不幸葬身于高台明水农场，年仅四旬有八。家人闻之，痛彻肺腑。子家骏、家骐，千里寻亲，费尽周折，将其骨殖迁安故里，悲夫！生则竭诚奉献，死则抱屈遗志。七九年蒙冤方以昭雪，已历尽二十有二年矣。逝者如斯，何其痛哉。

先生乃澹泊刚强奋发有为之士，读书乐道耽于教育，其有教无类，兼容并包，即知即行，循循然诲人不倦之教德；其鼎力治学，敦品砺行，铸魂启智，孜孜然止于至善之师范。名著桑梓，苍天可鉴。

记云：善歌者，使人继其声；善教者，使人继其志。今者先生与德配王孺人讳永珍，生子六、女五，长家骅，其下蕙、骏、骐、驹、蓉、萍、骥、芹、騄、蓓皆事业有成，家声响振，一门三代弟侄孙二十余人舌耕杏坛，教育世家，一树百获，功莫大焉。师道尊严，门人敬仰，同心立表，以彰潜德，亦报师恩云尔。铭曰：

卓哉先生，滋兰育英；铸魂启智，桃红李菁。

弘文砺教，功在陇中；厚德载福，千秋昌隆。

中国楹联学会会员<br>甘肃省作家协会会员<br>甘肃省诗词学会会员<br>甘肃省楹联学会理事<br>白银市作家协会副主席<br>靖远县副县长高财庭　敬撰

**实例 13《吴之瑛先生碑文》(吴贵栋)**

生而有建树者，终必有传于世。即或无文字付梓，而民间自有口碑。所谓"桃李不言，下自成蹊"者是也。吴公之瑛，以其四十年躬耕教坛之赫赫功业，深得学子感戴，邑人景仰，其业在地方教育志，其名在靖远群众心。

先生讳之瑛，字钧，靖远县平堡乡人。生于1925年8月30日，国立西北师范学院毕业，中共党员，中国民主同盟会会员，中学高级教师。历任靖远县中学副教导主任、副校长，靖远县中学(靖远一中前身)校长，靖远师范学校校长兼党支部书记。为靖远县第二、三、五、七、八、九、十届人民代表大会代表，县第八、九、十届人大常委会委员，白银市第三届人大代表、人大常委会委员。

先生出生于靖远县有名的文化之乡，地虽偏僻，而历史沿革绵远，人文传统源远流长，儒学风气浓厚。先生家族大户，屡代学人，堪称书香门第。先生自幼聪慧敏达，兼受环境熏染，素有大志，致力于学。童蒙即能口诵《三字经》、《千字文》等训蒙文字，深得赞赏，其家对先生寄望深重。继而入平堡学堂，转敷文小学、北湾小学；1939年赴兰州一中学习，毕业后，时局紧张兼家庭条件限制，遂投考国立西北师范学院，潜心学习中关心国事，积极投身进步学生运动。1949年8月毕业，获化学学士学位。新中国建国伊始，百废待兴，专业人才，尤为匮乏，高就之地，比比皆是。而先生桑梓情深，立志为家乡教育事业尽心力，受靖远县中学时任校长刘协之聘，毅然返回故乡，立三尺讲台，展平生抱负。初为人师，满腔热情，备课也细，授课也趣，诲生也勤，待生也和，孜孜以求者，唯学生学业之精进。先生所授者，化学知识，语言幽默，重点突出，难点精讲，实验辅之，讲练结合，随堂消化。授者含英咀华，聆者如沐春风，一时名传教坛，而“吴化学”之名遂得远播。崭露头角之先生，被委重任，由教员而副教导主任，而副校长，1958年省委任命其为靖远县中学校长。先生致力学校管理，承先启后，端正校风，严明纪律，严谨教风，整顿学风，教育教学质量稳步提高。1961年学校被确立为省属重点中学。其后，教书育人之路，虽风雨坎坷，然终不改培桃育李之夙愿。1971年奉调靖远师范学校，任革委会主任兼党支部书记，为培养小学教师不遗余力。科学的春天之1978年，定西地委、行署，任命先生再任靖远一中校长。举国大势，拨乱反正。先生图谋学校发展，呕心沥血，殚精竭虑。尊重知识，尊重人才，强素质，树形象，重质量，严要求，一批年富力强的教学精英，由县外调入一中，劫后教育，呈勃勃生机。靖远一中复声震陇上，学校质量，闻名遐迩。而今靖远一中重振省属重点中学雄风，先生功不可没。1984年，先生退居二线，任学校调研员，主持编写《甘肃省靖远县第一中学简史》、《靖远一中图书馆史》。1988年光荣退休，历届学生代表自愿组织召开“吴之瑛先生从事人民教育事业40周年座谈会”，赠“桃李满园”旌旗，以示庆祝。1991年1月2日，先生与世长辞。

先生为人忠厚善良，谦逊礼让，诚信待人，有长者风。其为学，则学而不厌；

其为师，则诲人不倦；学者楷模，教师典范。爱生如子，一视同仁，呼名唤姓，如数家珍。先生一生严于律己，克勤克俭，任校长近30年，居斗室一方，一桌一椅一书架，别无长物；与师生同灶，排队打饭；而学校离家70余里之路，记录着先生徒步行走之身影，其清廉如是！先生不慕名，不逐利，政府奖励之荣誉，悉荐之骨干教师，由此而得政府简拔重用者不乏其人，赤子之情，可见一斑。谓先生品在芝兰，节同梅竹，不为溢美之辞。人格魅力，影响尤深。德隆望重之先生重病期间，领导、同事、学生探视者络绎不绝，而皆惊异于先生土房之简陋。生无华屋，殁传清名，先生长逝之日，闻者千里奔丧，扼腕于道，"一身正气，两袖清风"旌幡，长砺后人。俯仰无愧天地，于人生足矣。

先生出身师范，献身教育，其志虑之纯正，虽数罹劫难而初衷不改，诚为智者、仁者、长者。斯人已殁，而生英死灵之气，长存乎寰宇之间，垂范后世。铭曰：

吴公之瑛，贤能并重；正直善良，诚实守信。

春风化雨，百年树人；桃李芬芳，一代教星。

宵衣旰食，堪称典型；廉洁奉公，杏坛闻名。

数罹劫难，忠心耿耿；鞠躬尽瘁，虽终犹生。

甘肃省示范性高中靖远一中校长吴贵栋　敬撰

**实例14《王公登福先生之墓碑》（高财庭）**

王公讳登福，生于丁巳年二月十一日，卒于辛巳年十月二十五日，享年八旬有五。公祖籍榆中县王家湾，系九世祖向林公之长子。公幼时，适逢国运维艰，民不聊生之时，公生五岁，严父见背，失怙无依，赖慈母抚育，终得成人。

年十六，即助母亲做工挣钱，养家糊口，扛长工、打短工、备受艰辛，其劳动，不惜力，肯实干，憨直果敢，常有妙思。同邑张巨源公喜其能，乃将大女许与为妻，遂家焉。夫妻同心，生儿育女，协力农桑。幸一九四九年全国解放，田地到户，干劲愈涨，精耕细作，领先一方，公正直公道，好周人急，乐张正气，一九五七年选为金园村水利主任，公乃亲查地利、巧布规划，带领群众筑堤，围河堰，疏浚渠道，兴修水利，发展生产。其耕种也，因地制宜，注重科学，带头种植，间作套种，颇为得法。尤可褒者公教子有方，慈爱同劳，温良谦让，俭朴向上，躬行重教，激恶扬善，谆谆教诲，劝勉为良，今则子孙振振，骨干一方。长子裕温，农业为行。三子裕俭，高中毕业，报国从戎，曾任金园村文书。二子裕良，自学成才，骄骄一方。现任靖远县四建五处七队总经理，妙构巧设，主持靖远各项大型建筑，带领乡亲同奔实路，捐资助学，捐款公益，名播四里。女一，适蒋滩杨氏。公得男孙七，女孙七。长世安，定西卫校毕业，三世国西北师范大学深造，四世勇兰州铁道学院深造，五孙女世霞临洮农校毕业，余者或工或农，或学或长，皆有所成，更喜曾孙载弄载璋，茁壮成长。此固新社会有以致之，实亦赖公之大德、垂范劝学之功也。

稽公一生敦厚善良，为人正派，耿直豁达，济贫尚义，俭朴刚强。德高望重，邻里敬仰。今公仙逝，亲友缅怀，勒石刊碑，以资纪念，以垂永久。并为之铭曰：

唯德者达兮，知后嗣将昌。至教者荣兮，臻百福而强。

乐善者惠兮，佑千秋其康。育才者恒兮，富贵兮无疆。

甘肃省诗词学会会员

甘肃省作家协会会员

靖远县副县长高财庭　敬撰

**实例15《苏公讳志存之碑文》(陈建平)**

公讳志存，生于民国廿三年三月廿三，卒于丁亥年十月廿六，享年七十四岁。中共党员，历任靖远县委干事、靖远县百货公司股长、白银市食品公司股长党支部代书记、市百货公司副经理、工农渠指挥部政工组负责人、春光厂办公室副主任机关党支部书记、风雷厂供销科长、白银市乡镇供销公司副经理、白银市地方志办公室副主任、主任。

公世居靖远县城隍庙巷，系乡达苏老太公讳明宪之子。自幼颖敏，质朴敦笃，志存高远。一九五一年参加工作，一九九五年退休。履事行政四十五载，曾于百货、食品、供销、乡企等行业，督办政务，兢兢业业，协和党务，以至上下融洽，部门和谐，同志奋力，群众称心。后致力于文史研编，搜求考证，调查研究，修编《白银市志》，且编著《白银史地沿革考述》。退休后，仍不忘关心地方经济、社会之发展进步，昂扬向上，笑对生活，应靖远县政府之聘，执笔纂修县志，考古论今，查阅典籍，质疑问难，亲自调查。公勤于调研、乐于思考、求真务实的精神深受同仁赞佩。

公德配牛氏花兰，生育二男二女：长子宏林，县水务局干部；次子宏文，白银市动力公司高级工程师；女宏霞、宏珍，皆适和善人家，家庭幸福。喜得男孙一女孙三：长孙苏瑞，就学于北京科技大；长孙女苏娟，农大毕业，供职县城建局；次孙苏峰，商学院毕业，宏图待展；三孙女苏婧，茁壮成长，振振向上。

公磊落敦厚，志虑纯正，长者风范。方谓康健，期娱永年，奈天不佑，致染沉疴，医救无效，溘然长逝。斯人已去，但英灵之气，仍存寰宇。为赞其德，铭曰：

苏公立世，宣德宣文；敦厚勤慎，允能允公。

慧心营谋，敬业爱岗；兰台耕耘，传统常讲。

邑人嘉誉，卓立凌霜；清风明月，千古流芳。

白银市作家协会会员中学高级教师　陈建平　敬撰

**实例16《宋得顺先生墓志铭》(李光俊)**

呜呼，胡天不祐，遽尔云亡，宋公长辞，四方震惊，乡里亲友，哀痛万分。善哉，公心公德之斯人也。

宋公讳德顺，生于一九三五年农历五月十二日，卒于二零零五年农历二月二十日，享年七十岁。祖籍靖远县西大街。兄弟三人，排行为小，伯埙伯篪，棠棣竞秀。公自幼聪慧，秉性和善，幼年曾就读西关小学，靖远中学，五五年考入西安体院，毕业后任教甘肃省交通学校，后调入省公路总段，职宣传工作。九零年调至兰州市公路总段机械化工程队任党支部书记，高级经济师，直至退休。

公一生活泼好动，性格开朗，勤奋敬业，满腔热情，团结同志，善于助人，任劳任怨，乐于公益，平易近人，广交朋友，因此同学称誉，同行称道。身居省城，心系桑梓，在靖远寓兰乡亲联谊会任副会长兼总联络。退休之年，不辞勤苦，四方奔走，多次往返家乡，为靖远一中、二中、师范树立教泽碑、鹿鸣园恩泽碑及靖远县在兰书画展，多方策划，付出心血，功不可没。在兰州，乡亲有事找得顺，非公莫属，传为佳话，功德殊多，笔墨难尽，诚可赞也。

公一生与夫人孟兰女士风雨同舟，相濡以沫，抚育子女，含辛茹苦。所生一男两女，皆已卓然自立，事业有成。子宋远辉，省石化设计院工作；长女宋靖辉，公路总段工作；次女宋艺多，北京审计事务所工作。孙一人，茁壮成长，兰桂腾芳，门楣生荣，雏凤清声，不乏英才之辈。继往开来，夙愿足矣。铭曰：

负笈长安上体院，爱岗敬业金城赞。教坛烛燃韶华年，国道汗洒陇上田。

为人清正树楷模，热心公益称典范。夕照情钟乌兰山，乡里亲友永怀念。

同窗学友李光俊　敬撰

×年×月×日

**实例17《田公讳种玉先生之墓志》(高振茂)**

田公讳种玉，字琢如，自号乌兰琢如、祖厉润伯、泮池庸石、泮石园丁等，靖远县乌兰镇人，生于一九二五年农历九月十八，卒于二零零八年农历四月初十，享年八十有四。

公乃正清之孙、世诚之子，祖籍甘肃岷县，其父随祖经商至靖，适其母城南沟宋氏，父母商农各兼。公一父两母，其为长子，乃先母所生，其母英年早逝，姨母续适其父，又生两男一女，兄妹四人。

公自幼聪慧，敏而好学，早年曾在靖远敷文小学、兰州简易师范和靖远乡村简易师范学习，解放前先后在靖远西关小学、乌兰小学和女子小学任教，解放后又在女子小学、东关小学、乌兰小学、北山小学、靖师附小和靖远师范工作，献身教育四十余年，1986年荣获省园丁称号。1988年退休，曾担任靖远师范学校美术学科讲师兼总务主任，系民盟盟员，时任靖远美协主席、书协理事等。退休后受聘中国书画函授大学靖远分校校长，函大停办后又自费组织使其得以延续，培养了大批书画人才，荣获白银市教育局“老有所为”奖励。公书法教学注重传统、崇尚古朴、要求规范，个人对真草隶篆皆有研究，尤精于行草及篆书，其作品在省市县相关活动中屡屡获奖或参展。

公一生淡泊名利，生活俭朴。虽历经两制，但个性直爽、遇事豁达；虽受过磨难，但磊落敦厚、矢志不移。对工作尽职尽责、任劳任怨。终身从教不言惑，一世育人诚可表。担任师范总务主任时，为兴建学校教学楼和大门曾四处奔走，找专家、请设计、求经费、要材料，克服重重困难，实现了建设目标；所管食堂饭菜品种多样、质优价廉，在全省同比中获得嘉奖。教学中更是呕心沥血、诲人不倦，种竹交加翠，栽桃烂漫红，真可谓：桃李不言，下自成蹊。

公年至弱冠，与糜滩贾氏世英成婚。生三男三女，长子养民先事邮电，为孩子弃邮从商，于2006年病故；次子济民，系国营风雷厂退休工人；三子祥民，工商银行平川支行供职；女贵民、惠民、瑞民皆嫁于好人家，或农或医，各自殷实。孙春雷学有所成，现任西关小学校长；春生精于技工，为国营风雷厂职工；春平早涉实践，现在兰州工作；春荣励志学堂，在北京黄埔大学攻读；健甲年少好学，正在城关中学奠基；孙女春兰、春莲、春梅、春玲、灵梅、乐乐各有所专，均在兰州、靖远、北京等地工作、就读，皆有所成。曾孙康永、康禾、康印健康向上、后生可畏，均在中小学发奋。

公之一家，兰桂腾芳；门楣生辉，四世同堂；子孙绕膝，天伦待享；然则田公，晚景不长；今则仙游，其行共仰；为昭先德，以褒以彰；葬于斯地，百世其昌。铭曰：

乌兰耸翠情千千，黄河涵英意绵绵；
种竹栽桃育栋梁，勤耕苦耘称典范。
毕生从教意志坚，栉风沐雨任劳怨；
滋兰润蕙施恩泽，他年陇上花满园。

靖远师范高级讲师　高振茂　敬撰

×年×月×日

实例18《路公讳有墓志铭》(石生库)

岁维辛巳,八月初七。草枯露冷,秋以中分。已故路公,仙逝百日。孤子正军,乡党宗亲。集公墓前,拜祭尊灵。刊石树碑,永扬公名。路公讳有,行四,以一九四六年生于故里小口,岁次丙戌。公之初生,家道寒贫。追至九龄,入学求知;既而人祸天灾踵至,先祖妣以病饿辞世,未竟学业,被迫中辍,时年十六。六五孟春,公方弱冠。赴定西,走榆中;搞社教,博见闻。明年,闾里公推,执教村学。六九年初,擢公大队主任。后二年,入甘肃师大政教系学习。毕业后,先授业定西地委党校,继为政石门公社,再执教地区行政干校。公恬淡其性,练达其情。教则深入浅出,尽其所能;政则喜实恶虚,泽及寒贫。八四年,调任寺儿坪劳改农场教导员。后,之省劳教所,如北湾农场,往铜城监狱,凡十七年,均行副政委职。教人弃恶从善,促人改过自新。暇时,颇勤于刑名典狱律法之学,每有所得,辄行于文。因兹,选为省法学会会员、理事,并评为高级政工师。方谓公健,期娱永年;奈天不佑,致染沉疴,医救无果,以辛巳年闰四月壬子日戌时终于原籍旧宅,享年五十有六。卜五月初三卯时葬于皂矾山新茔,立丁山癸向,庚午、庚子分金。公生子一女三,皆有所专;各敬其业,咸争人先。其一生也,奔波无定;职任屡徙,居地频更。终以寒家子而职至教授,位居七品,实不易也!其所为也,学家教政;垂范为主,教化为重;立德立言,正己正人。德莫大焉!噫!公之宏肆,小子何知?不过略述颠末,以达崇敬之意,而彰之于世也。今当百日,悲怀涕零;钦述景行,勒石为铭,铭云:

猗欤路公,秉性真纯;诚信溢外,秀慧积中。

和谦共仰,敦厚可风;刻之于石,乃昭久恒。

白银市靖远师范高级讲师　石生库　敬撰

二零零一年八月

实例19《罗老先生讳怀清墓志并铭》(石生库)

罗老先生讳怀清,行二,祖居榆中。以一九三零年古七月二十六日生于靖远西关,岁次庚午。幼即颖悟,六龄入学;诗书一览,宛如宿习。年十五,赴兰州师范求学,以品学特出而频获奖励;年十八,毕业即执教靖远西关小学。后,之附小、如北湾、往平堡、走西滩、赴烟洞沟,咸司小教,举凡四十二载。其间虽颇多坎坷,然先生旷达高怀、宠辱不惊,未尝假以辞色。日日年年,笑貌依然;于教于学,唯谨唯勤;各科教学,无所不能;循循导诱,晓理动情。以教法灵活、教绩优异而得评市优秀教师,并获评小学高级教师职称。暇时则博闻多识。雅好诗文歌赋,精于吹拉弹唱;更兼擅演皮影、深通医理。自娱娱人,救死扶伤。每至一地，老少妇孺无不陶陶然、怡怡然，口碑载道焉。退休后，即斥断世务，不问户外事，家政悉委诸子，一志课孙。但得片时，或管弦繁奏，或搦管涂雅；或负手田畔，或混迹市廛，直如萧萧疏疏林中一高士。先生画宗徐王，笔意洒脱，人物花鸟，尤是所长。娶妻小芦焦氏，性颇柔婉顺善。生子女各三，皆农商兼顾，自给有余。孙凡八人，入大学者四，余皆就读于中小学，且学业优异，所谓"积善之家，必有余庆"是也。先生一生，奔波无定；业教童蒙，德化为重；齿德兼隆，无憾无恨；钦述景行，而为是铭。铭云：

猗欤先生，性秉颖敏；澹泊处世，才具超群。

诗文陶情，翰墨通神；琴棋养性，汤药治人。

执教杏坛，四十二年；传薪播火，桃李绵绵。

造福靖邑，誉著乌兰；事功有继，子孝孙贤。

白银市教师教育中心高级讲师　石生库　敬撰

二零零五年古六月十六日

**实例20《曾公讳正重之墓志》（高振茂）**

曾公讳正重，生于1928年农历正月初一，卒于2008年农历正月十九，享年八十一岁。

公乃景泰县中泉乡三合村曾家湾人，毕生艰辛，以农耕为主。早年吃苦，家境贫寒。一父两母，先母生三女不久病故，其中小女不满周岁时早夭。其母续适其父，生五男两女，长子、次子先后早年英逝，姐弟共十人，公在姐弟中排行第九。三岁丧母，十三岁丧父，家庭口多粮少，衣难御寒，姐弟相依为命。其父过世后寄居三合其姐张氏门下，做勤工或放羊等长达八年之久，二十一岁时与中泉寇氏成婚，勉强独立。辛勤劳作，默默无言，吃苦耐劳，远近知详。

公有嗣五人，两男三女，育女抚儿，日夜奔忙。餐风饮露，饱历风霜；辛酸苦辣，样样尽尝！是以家业渐增，家境稍宽，又为之添置物件，为之建造屋堂，历尽坎坷，赤手成家。然而天有不测风云，人有旦夕祸福，长子英年早逝，公悲痛欲绝，却强忍剧痛，以宽大的胸怀给儿女鼓劲，言之以礼，宽大为怀，言传身教，望铁成钢。

公日夜奔忙，勤耕苦种；艰苦创业，俭朴忠信；和睦邻里，敬重乡亲。曾担任生产队长十余载，开沟挖渠，组织社员平田整地；被推举族亲家长多年间，盖庙祭祖，凝聚宗族团结意识。西蕃窑、八道岭目睹了他烧灰的历史；脑泉川、荒草梁述说着他淘金的故事；郑家湾、大窝窝生长着他经营的庄稼。

公如今苦尽甘来，儿海涛学有所成，与媳周建芝同在靖远师范从事教育工作,成绩突出;孙朝琛年小懂事,学堂励志;三个姑娘皆嫁于好人家,通过自身努力经营各自家庭。

然则曾公,晚景不长,劳累一生,却未沐福光。斯人去矣,其行永效;为昭先德,以裕后昆;葬于斯地,百世其昌。铭曰:

曾公一生多坎坷,虽逢盛世感若何;

栉风沐雨农家事,克己为人后世歌;

养育儿孙勤费力,传家瑰宝是中和;

品高行正崇盛德,世态炎凉识易讹。

靖远师范高级讲师　高振茂　撰

×年×月×日

**实例 21《侯翁焦妪合葬墓碑记》(邵福亮)**

人生在世,亲莫三人。父母养大,配偶伴老,子嗣送终。或无爱人,或无后人,然水源木本,皆有大人。戊子下元后一日,侯峻山谓予:"家母沉疴久矣,似不久人世,欲与家翁合葬,子宜作碑记。"予与世寡谐,独与峻山交深,故怆然诺焉。

翁,讳永志,锡章独子,西目寨人,民国十五年丙寅生,中共党员。为人诚实,处事敦厚,勤劳善良,侠义心肠,抓过治保,当过村干。戊申二月十八辰时病逝,享年四十又五。天减阳寿,地增阴福。

配,讳兰梅,同村焦公女,民国十四年乙丑生。适翁家后,孝公如父,事婆若母。翁归道山,拉扯子女,含辛茹苦。弱身命苦,寿逾稀数。戊子□月□日□时驾鹤西去,享年八十有□。今卜于戊子□月□日,与翁合葬于村西北去□里祖茔。

子四,长俊岐,次俊忠,次未名夭折,乳子同邑林子村高广华,次峻山;女二,长俊玲,适临西县姚尔庄曲付敬,次俊兰,适临西县摇鞍镇村杨子芳。俱成家立业,婚姻美满,儿女双全,家道殷实,上尽孝,下施教,内和谐,外恕道。

评曰:寿长寿短在天,命甜命苦在数。德高德低在教,才高才低在学。美名恶名在行,家兴家衰在人。寿短翁身,必赐福子孙;命苦妪人,必泽披四邻。合葬墓,坐南朝北,春嗅梨花飘香,夏感故土滚烫,秋揣金风送爽,冬披原驰蜡象,此实乃冀南难寻之佳壤也。今采姑射山之石,铭德于碑。

乡后学邵福亮　抆泪拜撰

于戊子深秋

实例22《大硕德十一世祖苏公振甲暨孺人碑志》(苏宰西)

易曰:天行健,君子以自强不息,固德之于人明智开慧之本也。苏公讳振甲,字鼎三,隶籍于糜滩,始祖公讳琳之第九世祖,慧林之孙模之子也。公幼年在接引寺读私塾,为董老先生所器重。读县立高等小学堂,是屈晓斋先生之高足。以榜首考入甘肃公立法政专门学校法律系。在校四年,接连担任兰州中等以上七校联合会会长,推动爱国民主运动。毕业后,考取出国留学生,只因公费未及而终止,遂考入中国大学西洋文学系肄业,继考入黄埔军校武汉分校,投身革命事业。一生追随孙中山先生,为开创大同世界,矢志不渝。从政皆在民意机关,由县参议长、省参议长、检察委员、第三次第五次国大代表,直到中央国民参政员、立法委员等。毕生精力尤在教育,曾担任甘肃学院政治经济学教授兼总务长、省教育厅秘书、西北技艺专科学校秘书、兰州中学训育主任、靖远县教育局长、靖远师范靖远中学校长等。为家乡创办苏家庙小学、糜滩小学、靖远师范、靖远中学等十一所中小学及职校,造福桑梓,为推动社会进步,开展地方公益事业竭尽全力,积劳成疾。解放后任靖远县第一届人大代表、常务委员、兰州市第二届人大代表、甘肃省第一届人大特邀代表、甘肃省民主筹备委员兼宣传组长、甘肃省民革委员兼兰州市民革主任委员。公正直无私,廉洁奉公,鞠躬尽瘁,死而后已,高风亮节世人称赞,为陇右著名教育家、爱国民主人士。李孺人讳金莲,赋性仁慈,德容贞淑,佛门弟子,种植善根,敬翁姑以孝道,亲妯娌以礼让,处乡邻以和睦,抚子孙以博爱,生子宰东、宰瀛、宰南、宰西、宰北,养女郭鸿仪,操持家务,纺织耕作,勤劳俭朴,深受人们尊敬,迁葬时,身如白玉雕塑浑然天爵,甚奇之。公与孺人与世纪同龄,公享寿七旬有一,孺人春秋六旬有七,纯嘏天赐,厥后克昌。公之贤母杨恭人,对苏门功德无量,遐迩闻名。公之兄嫂,老实厚道,为人敬重。今祖父母合葬茔居上,立祖起格,合五世一宗祧法,兄嫂茔居右下,鼎三公与孺人茔居左下,生者尽孝,死亦尽孝,公与孺人之德行有口皆碑,无须铭之,爰笔其实迹云尔。

十二世孙宰西　拜撰

×年×月×日

实例23《乔老太公暨孺人师氏之墓碑》(马文治)

望乔氏宗族渊源,以吾历三世屡迁转达陇,迨至四世乔公讳成信,睿择黄河之滨,落福万灵宝地承脉而居,终有靖远三合乔氏望族名门。

三合一脉,始祖乔公讳成信,生于公元一八二零年古历二月,卒于公元一八八四年古历四月,享寿耆年。公传乔门之德,遵道从孝,扬乔门之风,勤劳敦厚。一生务农为本，辅以商贾，待人宽厚，逐显乔氏德功。公懿德配师氏，共育四子：自明、自照、自显、自彰。奉儒训教，往开乔氏宗流，遂有后世开明，世世高照显赫，辈辈方彰。

二世自彰御赐匾堂司职监元，名振八乡。三世永谋，绅士毅刚，扶困济贫，创建学堂。三世永泰，向善大量，捐资办学，造福桑梓。念古人音容，口出作蓬莱客，耀后辈德范犹董故乡人。四世映淮溢彰，名垂青史，雨花国殇。四世映澍，戎马疆场，四野授勋，东海拜将。四世映洛，信定气刚，效忠国家，代代传扬，怀英烈赫赫千秋颂，振家声昭昭万代传。五世以后，乔氏家族，以势愈道，英才众涌，海内外中专大学研究生，工农商学兵政教文体卫，百业兴处皆有乔门之后，不胜枚举，非凡展现。

乔氏家族，源流奔涌，人丁兴旺，传至四世映字辈，已达二十九人，五世木辈更达八十一人，六世以后至八世，跃达百人。祭祖怀先同一人，乔字同宗同源，报本启后，同一座乔门，同心同德。

原甘肃省文化厅副厅长甘肃文物局局长　马文治　敬撰

二零零七年一月三十日

**实例 24《太公张君景相孺人李君逢吉之碑文》(魏其江)**

考太公张君讳景相，其祖根本南京凤阳府清河县。明洪武二十八年，有始祖讳整公偕弟讳保公者，随肃王朱英就藩甘州，任中护仪卫所军籍。建文元年，肃王移驻兰州，保公留原地，整公随肃王移封兰州，先戍买子堡，次守盐场堡，后改守条城堡而定居，置田建宅，子孙繁衍，时遭不测，清同治六年，十六世祖讳锡琪公者，徙居靖远三合村上堡子，与滕孺人结秦晋之好，生子六女一，曰景相、景榕、景檀、景梧、景樾、景惠。父慈子孝，兄友弟恭，妯娌互敬，侄孙相亲，和气生财，富裕宽厚，乃一向阳门第矣，于民国二十年，诸兄弟分居另爨，相公诞于清光绪十三年古历正月十八日，年方三五，于是邑郭家车李氏讳逢吉者，缔结良缘，伉俪性笃，相敬如宾，夙兴夜寐，创家立业，育子五女一，曰映福、映禄、映祯、映第、映兰、映安。相公者，勤劳朴实之仁人也。筚路褴褛，操车谋贾，铺压沙田，保墒增产，生活渐次富裕。公秉承祖训，惟公德是尚，行善政于梓里，谋幸福于乡亲，舍建堂屋之木料而造挑车，引水灌田，其利无穷。民国十七年，旱魃为虐，颗粒无收。翌年，地震致灾，生灵涂炭，饿殍遍野，公忧心如焚，芒刺在背，迅放舍饭而赈灾民，且动员其他富户一并为之。民国三十三年，公率众为民抗苛捐杂役税，身陷囹圄，依智斗争而获胜。次年，邑之共产党员五人为国罹难，公见义勇为，极力营救出狱。公高瞻远瞩，特重教育，不遗余力，供四子映第读书，凡乡之有子弟亦劝其家人，务必供之念书，不断深造，以成栋梁之材，而报效国家。诸端事迹，斑斑可考，多种德行，历历在目，其高风亮节，阖家称颂，至今津津乐道。公于一九六六年古历二月初十日仙逝，享八秩之寿，与妻同葬三合任家大山之山麓。夫左妻右，永为伴侣，孺人生于清光绪二十一年古历四月十五日。温文敦厚，贤惠人也。自归后，相夫理家，侍奉公婆，育子抚孙，艰辛创业。夫妻相濡以沫，同甘共苦者五十春秋，于一九六一年古历十一月二十日逝世，寿六旬有七，子禄祯安三君躬身陇亩，勤劳为本：福君一生心系水利，教民垦荒造田，竭力致富百姓，功著桑梓，七旬有五，而含笑瞑目；禄君早年染疾而殁；祯君古稀谢世，第君于一九五零年毕业于西北师范学院，滋兰树蕙，堪称金城教坛耆宿；兰君适段。教子育孙，有功家国，孙曾玄五十有八，不乏人杰。今者元晋新纪，第、兰、安三君念先父母一生大德大功大恩，倡议树碑以纪之，缅怀考妣，昭示后昆铭刻，恩泽以重家风，孙曾玄诸后裔，莫不响应。幸哉善哉！

中共靖远县委党史办主任魏其江　撰

甘肃省中医学院教授吴正中　敬修

甘肃省水利水电学校原校长、特级教师昝钦明　恭书

陕西富平雍乐平　奉刻

公元二零零四年四月四日　岁次甲申闰二月十五日清明

**实例 25《张老太公墓志铭》(张永廉)**

张老太公讳守念生于公元一九三零年，卒于二零零三年六月一日，享年七十四岁。

太公祖籍刘家寺，幼年家贫，全力读完小学，不久母丧，兄弟随父迁徙东西，后定居兴隆张沟，弱冠时朝鲜战争爆发，太公应征参加志愿军，赴朝作战，多次负伤，定为三等甲级残费，至今体内仍留有弹片多枚，战争中当过班长，参加过奇袭白虎团的著名战斗，英勇无畏，视死如归，荣获军功章二枚。一九五七年复员回乡，历任川口区新民公社管委会副社长，生产队长等职。太公以军人作风气质率先垂范，数十年如一日，带领乡亲治山治水，中年后子女多，用度拮据，为生计不幸左腿残缺，现再度残疾，然竟意志弥坚不辍劳作，无处不显其铮铮铁骨。太公自学医术，尤精于骨折、鼻窦炎等症，且热心于民，淡泊财利。太公性极耿直，素有坚忍不拔之志，其善报不平助人为乐，深孚众望，其艰苦朴素，教育子女挑战人生，大凡做人做事靡不有初鲜克有终，能如太公始终如一者，诚凤毛麟角矣，太公生四男四女，长子永教，国企工人，次子永选，靖远二中高级教师，四子永文，国企法律顾问。其余均安居乐业，后继兴旺。赞曰：

南山苍苍，黄河泱泱，太公一生，其性刚强。为军人也，征战沙场，为干部也，献身家乡，为人父也，教子有方。太公风范，后辈景仰，今虽归真，其情绵长。

族侄永廉　撰并书

**实例 26《宋老太公之碑》(周玉林)**

宋老太公讳文海，靖远五合人，生于公元 1930 年古 9 月 29 日，卒于农历闰四月初六，享年七旬有二。

太公幼贫，九岁失怙。孤苦伶仃，生计维艰，佣而耕牧。呜呼，人间辛酸已备尝矣！稍长入赘，弱冠而婚。四九年，天地覆，公若渴骥奔泉，枯木逢春，遂生机勃发；五八年入党，有斯旋步旋升，终为一方贤达耆俊；三十余载为造福桑梓，忘身忘家，殚精竭虑，鞠躬尽瘁，而在所不计。

太公身勤于政，而终其一生，曰公曰正曰明曰廉曰威。公者，居心公正，心系百姓，唯公唯务；正者，无媚曲佞巧之心，一身正气，两袖清风；明者，肝胆相照，若日月朗朗；廉者，苟谋私利，自尊自爱，如白璧无瑕；威者，松柏凌霜，劲而自拔；天长地久，居心自鉴。父老引为知己，乡亲信为同怀；念之切，忆之深，有口皆碑，尽吐慧而生香。

太公秉时代之风云，如蛟腾于深渊，抗鼎负轭，建树良多；造福于四野，植林带于通衢，赈贫乏而济困，建学堂以启蒙，凡此种种，莫不为众人谋福利也。

太公善教子孙，若春风化雨，良御之驭车，由斯之故，后辈皆成良材矣。长子玉福现任白银铁路四线路主任；次子玉禄为兴家室而竭尽心力；三子玉奎大学文凭，从政平川区宝积路街道办事处，任党委书记；四子玉椽大学文凭，执教于靖远一中，而后来者亦皆诚实灵秀，成龙成凤，又望代不乏人。

太公于桑榆之晚，子孝孙贤，承欢膝下，当尽享天伦之乐，归园之趣，孰料匆匆西归，百唤不回，以致儿女殷勤之意未尽，垂教之训莫能闻矣！颂曰：

天地之苍茫兮，星运斗转，长河之归溟兮，推波助澜。

松柏之蔚起兮，人才倍现，香泥之护花兮，春枝烂漫。

甘肃省示范高中靖远一中教师　周玉林　敬撰

×年×月×日

**实例 27《王公讳述祖碑文》(王天志)**

公讳述祖，生于民国二十年农历十一月二十八日，于公元二零零六年二月十日寿终正寝，享年七旬有六。南极星殒，光璀璨而夺目；泰山岩颓，音金声而玉振。太公一生，高铸丰碑。

太公祖籍靖远高湾马寨村，生于乱世，长于荒年，幼岁饱经磨难，勤奋坚毅，聪颖好学。年十三，始就读于马寨村学，十七岁卒业于靖远师范附属小学。1952年参加工作，1956年加入中国共产党。28年间，历任会宁县郭城粮管所会计、所长，会宁县粮食局副局长、局长，会宁县财贸领导小组组长，会宁县生产指挥部副主任，会宁县商业局局长等职。1980年6月调至靖远，任靖远县商业局局长。1984年2月起，连续当选靖远县第九届、第十届和第十一届人大常委会委员。1992年12月退休。

太公勤政为民。在苦甲天下，贫甲天下的会宁呕心沥血廿八春秋，为生灵之温饱，百姓之安康，行千山万壑，涉绵延祖历，饱尝苦涩，备受艰辛。奇缺之物资得以流通，颓废之集市因而繁荣。太公把宝贵的青春壮岁献给了他深爱的会宁这块热土，年届半百，方惜别他为之操劳、为之效力的会宁父老乡亲。在靖远工作一十三载，当商业局长，统筹兼顾，殚精竭虑；做人大常委，为民请命，鞠躬尽瘁。太公从政四十余载，以国为家，以民为本，兢兢业业，勤勤恳恳，始终不渝地践行他之工作宗旨："为官一任，造福一方，视百姓为父母，视民众利益高于一切。"

太公廉洁奉公。为官四十余载，从不利用民众赋予之权力谋取私利。二十世纪六十年代初，国难深重，粒米如金，家人食不果腹，饔飧不继，太公身为粮食局长，不从国库取其一粒。子女读书就业，亦无一人以其父权力照顾安排，而使其自寻职业，各谋发展。虽官至七品，而谦虚谨慎，艰苦朴素，食粗茶淡饭，着百姓布衣。其志之洁，其行之廉，虽古之圣贤，未有过之者。

太公品节，刚柔相济；太公为人，德才兼备。他继祖脉遗风，刚直不阿，不卑不亢；襟怀坦荡，光明磊落；正道直行，横眉冷对恶行(一身正气干革命)；怀瑾握瑜，俯首甘为公仆(两袖清风做公仆)。

太公秉性仁厚。尊老爱幼，扶弱济贫。修身齐家，堪称楷模。与妻张氏相敬如宾，相濡以沫；度金婚而情益笃，近八旬而爱弥深。孟子曰："刑于寡妻，至于兄弟，以及于家邦"，太公之谓也。太公严于律己，尤严于教子。时刻教导子女正直做人，刻苦读书。每休假回家，必详询子女学业，奖励督促，且常以家书督导。他节衣缩食，上敬父母生活，下供子女读书。高堂双亲，均享高寿荣归，子女七人，俱为家兴业盛。长子志东，大专学历，经济师职称，曾为国从戎，后任靖远县乌兰乡乡长，现任靖远县民政局书记。次子志曙，中学毕业，致力农本，任本村委会委员，本村村长，勤劳致富，耕读传家。三子志雷，本科学历，戎装报国，历任中国人民解放军总后勤部宣传部副部长、油料研究所政委，现任304医院政委、党委书记，师级干部，大校军衔。四子志万，高中毕业，靖远县粮食局工作。

长女志芳，次女志芬，三女志华，知书达礼，聪慧娴淑，均为国家干部，各适名望之家，夫显子贵，家道殷实。有孙九人，四男五女。长孙庆，中专毕业，中国人民解放军天津市医学研究院工作；次孙瑞，本科在读；三孙乐，中国人民解放军总后勤部油料研究所工作，本科学历，少尉军衔；四孙钥，大学在读；孙女昕宇、彩宇、晓宇、艳宇，皆大专毕业，供职国家。幼孙女美宇，高中读书，勤奋刻苦，前途无量。子孝孙贤，尽享天伦。

太公志趣广泛，多才多艺。琴棋书画，均有涉猎；尤喜书法国画，亦乐体育文艺；酷爱史书，精研《周易》；经史子集，颇有研究；天文地理，靡不谙熟；通史励志，明经修行。退休生活丰富，晚年精神充实。铭曰：

屈吴苍茫，高湾绵长；高山厚壤，滋育贤良；

祖历河畔，勋业辉煌；黄河岸边，英名远扬；

太公之功，高山仰止；太公之德，景行行止。

甘肃省示范高中靖远一中高级教师　王天志　敬撰

×年×月×日

**实例 28《魏公讳至仁墓碑文》(师克强)**

魏公讳至仁，皋兰什川人氏，戊子年九月十九日殁于金城。其时也，皓月穿云，清风微拂，着意送公。

天怜人惜，公竟遽逝！公何忍卧榻沉疴之老妻？公安离身侧笃诚侍奉之孝子？公胡弃绕膝莺语欢歌之娇孙？哀莫大于生离，痛莫甚于死别。人皆有声，尔独无语。子孙亲友执绋送窆，泪飞倾盆，咸怀公之高风。

公从政卅年有余，先皋兰、再永登、后引大入秦，谋桑梓父老福祉，求陇原百姓安康，鞠躬尽瘁，感天动地。

公为人狷介，坦诚待人，缜密处事，有落落君子之风，存眷眷仁人之心，怀孜孜志士之情。

公爱亲敬友，扶危济困，滋海普渡，全力佑助友邻，悉心眷顾病妻，百般呵护子孙。

余深钦公之德行，憾无片言略表，今适其子孙树碑泐石，遂为拙文，慰先人之魂于九泉，托后辈追思于长空。铭曰：

斯人溘逝，精神长存；高风美德，昭示后人；

皇天厚土，明鉴其行；碑石卓立，千古永铭！

金城　师克强　敬撰

×年×月×日

**实例 29《先父徐公墓志铭》(徐俊)**

先父徐公,名讳昌先,别号水清。祖居赤壁大梅畈徐庄。民国十八年生,新华五十二年卒,享年七十有三。葬于居宅后山阴坡向阳处。

先父夙遭闵凶,幼年失怙,头染恶癣,生母嫌弃。自是飘零无日,孤苦无依。齿龀之年,受雇于土财,牧牛以自活。衣不蔽体,食不果腹。冬宿牛栏,贴畜体以抵寒;夏蜷檐角,任群蚊而嗜血。常潜菜圃,窃果充饥,形容枯槁,为乡人所笑。

吾先伯祖膝下无子,悯其早孤,招之祧房,以续家声。年且而立,承亲族眷顾,娶吾母张氏,三年未育。幸庇祖荫,得祚子息,子二女三,绵诞膝下。先父教子严苛,动辄棒打,手不择物。承责受罚厉者,惟其长子余也。目不识丁,止书己名,然督子求学甚厉,读之不声张,书之不洁范,散学之还迟,家务之不作,悉例责罚。

先父本一介农夫,而诸务不稔。稔者,惟耙田耳。故揽农工,止脏重为之。农忙之际,吾母引我如田,操习农事,以免父蹈。除力不胜耕,余者皆悉。会年凶,糠粥度日,子女食毕,乃啜残饮剩,或空腹劳作。累极咬牙,强忍呻吟。未过半百,身形伛偻,斑发尽霜。平生性直且鲁,乏圆少曲,常招屈辱。所幸国顺政通,分田到户,自给丰裕。欣喜二子学成,皆食国禄;男婚女适,各支门庭;年且花甲,门添长孙,了遂生愿。

先父晚景渐佳,衣食无忧,然勤俭之习一也。尽日劳碌,东方既晓,尽呼家人早起,数十年已成定规。佳节合聚,童孙稚女,嫌味弃炙,即自捡吹灰而食,竟阻不止。弥留之际,所念所憾,惟子惟孙。是时,吾远职南粤,不得速归。与之电话,已不能言,微闻游息,吾心愀然,潸然泪下。少顷,先父含笑而去。兄弟之中,止吾弟伴其床榻,送终西归。先父丧日,众邻皆吊,挽幛满堂。亲朋戚友,欷嘘不已。吾跪拜先父慈容,悲绪填胸,乃不能泣。时火葬制盛,乡人念其艰辛,感其忠厚,默认土安;公府不究,以慰亡灵。

先父魂归天国五载矣!吾常梦睹其容:或枯坐灶旁,或悄立庭中;或荷锄田埂,或扛竹山径;或笑而凝,或悲而寂。梦境形详,真真切切。吾每还乡祭祖,长循先父遗迹,神情恍惚,顿觉音容宛在,而茫茫不可捕捉。

呜呼!人皆有父,我父有异。以其驽钝,拉儿扯女,心竭力限。先父壮时,吾幼,力不能报;先父衰时,吾壮,能而不致。比及业显荣达,欲报慈恩,竟阴阳两隔,吾悔之晚矣。每想念是,椎心泣血,怅问天国,情何以堪?为是铭,告慰先灵,昭后世子孙以思先辈之艰也。

铭曰：生也枯乎，死也荣乎！是惟先父之室，既固既安，以利其嗣人。

不肖子徐俊丙戌年八月撰于浙江慈溪

**【简析】**

这篇碑文的作者系逝者后嗣，格式采取的是古碑格式，语言虽文白夹杂，但平实意厚，感情真挚，令人感动。后嗣为亲人作墓志铭也是很普遍的。

**实例30《刘老太君碑文》(王天志)**

故耋寿孺人刘门李氏讳生桂，生于民国八年古六月八日，于公元2004年4月27日寿终内寝，享年八旬有六。雁过苍穹，声清越而长鸣，人经尘世，名令美而恒留。太君一生，年高德劭，福寿荣归。

太君原籍榆中青城，出身农耕，殷实人家，大家闺秀，贤淑达理，农桑女红，靡不谙熟。民国二十五年适于刘门，夫君执事杏坛，教书育人，家务重任，落于太君一身。1953年，随夫举家迁居靖远，家大人多，经济拮据，太君含辛茹苦，任劳任怨。半世纪奉翁姑，毕敬毕恭；七十载振家声，克勤克俭。尽心相夫，举案齐眉，哺养兄弟，抚育子女；劬劳务农，勤事纺绩。南学东厨留身影，西屋北堂映懿行。艰辛之家得以兴旺，寒陋之舍因而殷实。

太君有嗣五人，三男两女。育嗷嗷以待哺，抚立业而成家，言传耕读祖训，身教处世为人，子女成才，更育孙辈；桑榆之年，幸抱曾孙，四世同堂，儿孙绕膝，天伦之乐，几人能比？长子自力，大学毕业，曾任省商校校长，高级讲师；次子自行，致力农本，勤劳致富；三子自翔，久任省经贸学校校长，高级讲师，两女自清、自玲，大学毕业，国家干部，家庭幸福，事业有成。五孙七人，五男两女，或重点大学毕业，或名牌大学读书，或大专文凭，或高中学历，或为记者，或为教师，或为干部，各施其力，各有所成，光宗耀祖，显亲扬名。曾孙三人，两男一女，启蒙开智，健康成长。子孝孙贤，福如东海。

太君淑性，仁厚并著；太君为人，平和共昭。老吾老，以及人之老，幼吾幼，以及人之幼。礼让四邻，和睦乡里，历两朝而性益善，逾八旬而心弥慈。古云：仁者寿，太君之谓也。树欲静而风不止，子欲养而亲不在，斯人去矣，其德永著。女宗共仰，阃范足式，功荫宗族，泽被桑梓。月沉辉留，坤安德怀，惠映千古，芳流百世。铭曰：

南山苍苍，黄河洋洋。太君恩德，山高水长。

温良贤淑，雅范霁光。绵绵坤仪，千载流芳

靖远一中高级教师　王天志　敬撰

2004年5月1日

**实例31《大阊范师母康孺人懿德碑》(张尚瀛)**

孺人康氏,出枝阳望族。幼而聪慧,淑娴内则,醇静诚朴,秉承祖训。艰苦磨炼,自强陶薰。于归师公,鹿车共挽。孝敬勤谨,四德俱存。和睦邻里,排忧解纷。某岁盗匪横行,夜侵入宅,殃及太翁,吊拷勒索,状极惨痛。夫人内潜出宅院,翻山越涧,寻得师公,迅速同归,虚张声势,匪惧窜奔,太翁获救,复远道延医,煎药护理,终得再生。其纯孝感天,胆识超人,堪与古之卢氏并称。夫人虽不学,而深明不学之苦,力主全家节衣缩食,不使儿孙辍读。尤对孙辈之课读,关怀备至,严慈并重,使令嗣昕终成大器,诸孙辈皆学有所成,夫人之卓识远见,较昔之孟母三迁,欧母画荻堪以相提并论也。夫人生于一九一七年农历七月初一日,方享彩衣满堂之娱,盛世杖国之荣,不幸于一九九零年农历八月初二仙逝,享寿七旬有三。夫人一生,誉满合乡,咸赞贤良。后昆铭心,慈恩难忘。今逢夫人荣归九年,树碑永记,谨献俚语铭之曰:

贤哉师母,秉性淑娴。幼承庭训,艰苦为荣。

孝事双亲,解纷诸困。智退盗匪,不惧兵刃。

堪比卢氏,巾帼之雄。相夫教子,终成大名。

铁木高峻,祖厉涛声。夫人懿行,彤史永存。

甘肃省文史研究馆馆员　张尚瀛　撰

一九九九年×月×日

**实例32《包孺人讳守翠墓碑文》(师克强)**

包孺人讳守翠,己巳年二月初三生于靖远营防村,己丑年二月初八病逝,享年八十一岁。孺人幼即聪慧,孝亲敬老,修身立德。年十六,嫁于魏公兴德,相夫教子;举案齐眉,母仪万方。孜孜矻矻,未尝懈怠。魏氏家贫,孺人鼎力辅助,内外操劳,持家有方。烈日炎炎,孺人躬身田畴,挥汗如雨,任劳任怨;朔风怒号,孺人奔走阡陌,手足皲裂,忍痛负重。鸡鸣三更,孺人即起,洒扫庭除,窗明几净;夜半月晦,孺人秉烛,织布磨面,通宵达旦。孺人惟孝惟先:侍奉父母,挚心拳拳;呵护兄弟,爱意眷眷。每至年关,孺人置办年货,亲奉家父;家中土炕无席,孺人舍己仅存之席奉于家父,而孺人夜卧无席之炕;家中多兄弟,孺人勤为兄弟制履,终年不辍。孺人和睦四邻,温良谦让,乡里闻名。左邻右舍,本家外姓,孺人皆视为家人。他人每遇困窘,孺人诚心帮扶,不取报酬,不计名利。桑梓父老,莫不盛赞孺人懿德。魏公兴德花甲辞世别孺人,孺人含悲拭泪,扶家园危楼于即倾,助儿孙悲苦于将崩。孺人铁肩,勇掮重任。春种秋收,孺人辛劳耕作;晨钟暮鼓,孺人勤俭治家;恪守家训,孺人诲人不倦;督导子孙,孺人言传身教。子孙广受孺人恩泽教诲，子女十一携孙十人，或务农，或从军，或从政，或从教，皆人之佼佼者也。尤四子立堂出类拔萃，从军报国，勋绩卓著。孺人尚有曾孙四人，刻苦求学，成绩优良，前程锦绣。孺人德昭乡里、四世同堂、子贤孙惠，方享天伦康泰之乐，才品含饴弄孙之趣。堪叹天不假年，孺人竟遽然辞世，儿孙泪飞倾盆，执绋送窆，长怀孺人大恩，永铭孺人音容。铭曰：

孺人溘逝，懿行长存；清风皓月，咏颂美名；

草木悲恸，尔独无声；树碑褒扬，千秋永铭！

金城　师克强　敬撰

×年×月×日

**实例 33《宋国兴母亲的碑文》(张永选)**

宋老太母顾孺人讳尚华，靖远东湾三合村人氏。生于1931年农历5月13日，卒于2008年农历11月14日，享年七十有八。

太母出生名门，天资聪颖，性格乐观，幼年艰苦的生活，让她饱经人间沧桑，养成了勤劳俭朴的好习惯，她心地善良，待人真诚，操持家务，有条不紊。和睦四邻，礼仪谦让，尊老爱幼，言香口惠。虽然不会识文断字，但教子有方，凭自己坚韧的毅力和顽强的意志，言传身教，终于让儿子崭露头角，在高考恢复初期一举夺得全县状元，两个女儿也各得其所，家兴业旺，她朴素的教育方法博得了人们的赞美和认同。

太母一生共有五个孩子，因生活医疗条件太差，两个孩子夭折，太母心灵受到了极大的摧残，但刚强不屈的秉性没有让太母倒下，她把悲痛让一个人来承受。国兴1987年留学美国，取得统计学博士学位，现在美国食品药物管理局工作，儿媳卢红，北京市人，清华大学毕业，现亦同在美国食品药物管理局工作。有孙三人，长曰凯，次曰伟，孙女恩妮，均在髫龄，学业优良，前途无限。长女学翠，适瓜园杨万海，二女玉翠适本村庞生太，外孙凡六人，有的已步入高校，有的尚在中学奋斗，其锦绣前程指日可待。俗语母以子贵，太母有此一子，有何憾焉！

靖远二中高级教师　张永选　敬撰

××年××月××日

**实例 34《张老太君讳景兰之墓志铭》(陈建平)**

故耄寿张门张孺人讳景兰，生于民国七年古五月初一，于乙酉年十一月廿三吉时逝世，享寿八十八岁。

太君北湾天字人，是乡里名达张公德昌之女，殷实人家，大家闺秀，虽容貌瘦小，脚著金莲，但贤淑达理，农桑女工，无不谙熟。年长适于本村张太公讳俭。夫妻恩爱，辘车共挽，抚子育女。家务重任，落于一身：奉翁姑，毕敬毕恭；振家声，克勤克俭；经济拮据，含辛茹苦，任劳任怨；劬劳务农，勤事纺绩；艰辛之家得以兴旺，寒陋之舍因而殷实。太君宽容乐观，终其一生耳聪目明。花甲之年，夫仙逝归山，太君强忍剧痛，遮荫子孙，巍巍然，如擎天之柱。

太君有嗣七人，三男四女。育嗷嗷以待哺，抚立业而成家，言传耕读祖训，身教处世为人，子女成才，更育孙辈；桑榆之年，幸抱曾孙，四世同堂，儿孙绕膝，天伦之乐，几人能比？长子国楠，学有所成，技术工人；次子国梓，致力农本，勤劳致富；三子国梁，国家干部，廉洁奉公；女四皆能干之人，嫁于和善人家，家庭幸福。孙十二人，或重点大学毕业，或名牌大学读书，或工程师，或为商人，或为教师，或为军医，或为干部，各施其力，各有所成，光宗耀祖，显亲扬名。曾孙六人，启蒙开智，健康成长。子孝孙贤，福如东海。

太君淑性，仁厚并著；太君为人，平和共昭。礼让四邻，和睦乡里，历两朝而性益善，逾八旬而心弥慈。古云：仁者寿，太君之谓也。树欲静而风不止，子欲养而亲不在，斯人去矣，其德永著。女宗共仰，阃范足式，功荫宗族，泽被桑梓。月沉辉留，坤安德怀，惠映千古，芳流百世。为赞太君，铭曰：

太君懿德，行善济贫；太君高风，谊厚相邻；

太君杰品，勤俭慎臻；太君兰心，擘理清芬；

红梅绿树，隆德垂馨；葬于斯地，百世其昌。

白银市作家协会会员中学高级教师　陈建平　敬撰

×年×月×日

**实例 35《张门祖妣刘氏太母之碑》(张国琦)**

张门十三世刘氏太母系马尾名门之女，我祖仲俚之贤妻也。世居刘家寺下堡社，太母一生勤俭朴实，习文练武，智勇双全，身强体健，尊老爱幼，深明大义。同治乱贼直逼下堡，时值青壮者外出，太母临危不惧，巧施空城之计，只身迎敌，妇幼得以脱险。其后贼兵回攻墩顶，太母以古稀之身护众突围，孤身拼搏，终因寡不敌众，壮烈殉难。太母生于乾隆五十三年，卒于同治二年十月二十八日未时，享年七十有六。生子四，曰省、敏、勉、瑚，七女俱皆成人，今者枝繁叶茂，合族三千余口，家声响振，门楣生光，福田以报，方兴未艾。铭曰：

伟哉太母，功绩浩荡。性存高节，勉力向上。

为族殉身，气壮心朗。勒石彰德，千载是仰！

十九世孙张国琦　敬撰

2006年3月6日

**实例36《潘母墓志铭》(马荫芳)**

贤母马孺人,滋泥水人氏,生于丙子,卒岁己未。天命无常,惜人生之苦短。功业显昭,泽世代之绵长。一路风尘,耕于亩,勤于织,辛劳终身,抚儿育女,怀抱之,供读之,耗力碎心。忆往昔,音容宛在,恩德常驻千古垂。看今朝,家大业成,子长孙荣累代兴。铭曰:

情未了,魂萦牵,哺育殷殷泪潸潸,雨露恩比天。

思悠悠,梦难圆,青史历历话永年,馨香留人间。

马荫芳 撰

2004年

**【墓碑的分类及写作】**

(1)标名碑。墓碑的正面标名墓中人的姓名、立碑人及立碑时间。这种碑多是死者子孙所立。也有学生给老师、女婿给岳父岳母、夫给妻、妻给夫、朋友之间立墓碑的。现将墓碑文中对亡灵的称谓简介如下:

显祖考某某太府君之灵(对祖父)

显祖妣某某太夫人之灵(对祖母)

显考某某府君之灵(对父亲)

显考讳某某大人之灵(对父亲)

显妣某氏老孺人之灵(对母亲)

显妣某某太夫人之灵(对母亲)

岳父大人之灵(对岳父)

故岳考某公讳某某老大人之灵(对岳父)

岳母某太夫人之灵(对岳母)

故岳妣某门某氏老孺人之灵(对岳母)

夫子某某大人之灵(对老师)

先夫某某君之灵(对丈夫)

先室某某夫人之灵(对妻子)

某君某某仁兄之灵(对朋友)

某君某某贤弟之灵(对朋友或弟子)

示例1

讳先显祖考某公某某太府君之墓

孝孙男昌成

××年×月立

示例2

讳先显考某公某某府君之墓

大文孝男士中暨孙宏武全

××年×月立

示例3

先妣张李氏太夫人之墓

孝男张军孙张勇成立

××年×月立

示例4

××省××地区专员

讳先考某公某某府君之墓

孝男某某

××年×月立

示例5

××省××县副县长先父×××之墓

孝女某某

××年×月立

示例6

××先生之墓——×××

(2)简介死者生平的墓碑。这种碑文一般包括姓名、籍贯、家世、经历、著作、逝世年月、葬时葬地,最后是铭文,多为韵文。大多数是死者后代请托别人撰写的,也有的是逝者的子嗣自撰的。墓碑通常有抬头、正文、落款三部分组成。

①抬头。抬头主要写死者的生前职务、职业等,有的也可以省去不写。

②正文。正文主要写明立碑者对死者的称谓及死者的姓名。如"先考王君××大人之墓"。

③落款。落款写明立碑人的身份、姓名。立碑时间可写可不写。

碑文格式并无太多死框框。特别是碑文内容,因撰者而异,其内容包括姓名、籍贯、家世、经历、生卒年月、葬于某地、子孙大略,最后是铭文,主要是总括性的赞语,用诗体或赋体均可。碑文是赞颂逝者的文字,以不失实为贵,以公允持平为美。今天书写碑文要力求出新,以时代需要为念,不可死拘旧制,作茧自缚。

### 2.2.3 纪念碑

这类碑文主要是为了纪念著名人物和重要历史事件而作的。如明朝航海家郑和,人民为纪念他七出西洋的壮举,在他的家乡云南省晋宁县昆阳镇建亭立碑;清朝著名将领林则徐禁烟,表现了中国人民的凛然正气,人们在虎门炮台旁边修建了《林公则徐纪念碑》,表彰他反抗外国侵略者的爱国主义精神。我国的纪念碑多为碑刻,纪念人的详于写人,纪念事的详于写事,长汀罗汉岭瞿秋白就义处建有《瞿秋白烈士纪念碑》,较详细地记述了瞿秋白的生平事迹和他就义时的悲壮情景。在这类碑中最有名的是矗立在天安门广场的《人民英雄纪念碑》,碑文由毛泽东同志起草,周恩来同志书写,文字简练,气势磅礴,碑座四周镶嵌十幅大型浮雕,文图并茂,产生了一般碑文难以达到的感染力。

**实例 1《黄花岗七十二烈士之碑》(邹鲁)**

广州辛亥三月二十九日之役,党人死事者,其数不可稽。事后潘君达微收党人尸得七十二,合葬之于黄花岗。由是有黄花岗七十二烈士之称。潘君亦党人,自以未名捕;乃于危疑震憾之际,毅然出收死友之骨,可谓难矣。其明年,为中华民国元年,胡君汉民,陈君炯明相继任广东都督,议就当日合葬处修葺而整饰之。省议会通过经费十万圆。二年乱作,遂不果。七年秋,滇君师长君声涛始募修故墓,规模粗具。参议员议长林君森复募建碑亭及记功坊,俾不致湮没于后世。然欲奉当日死事者姓名籍贯一一勒之于碑,事乃至难。盖举事之际务慎密,凡姓名籍贯,同事者非素识不能知,具亦不愿知之。故今日同事未死者,其所能举,亦惟素识者而已。夫死事者既不止七十二人,即此七十二人亦不能尽举其姓名籍贯,可不痛欤!鲁与朱君大符,皆同事之未死者也。相与征集事实,胪所得死事者之姓名籍贯。林君森更约当日未死同事之在粤者胡君毅、何君克夫、吴君永珊、徐君维扬等,以确为之证,计得五十有六人。其中有姓名而无籍贯者,尚有三人。先行勒之于碑,而留空白,以俟续有所知,得以补勒焉。颜曰"黄花岗七十二烈士之碑"。盖埋骨者固七十二人,今日虽有所阙,固望他日能补而足之也。夫马革裹尸,党人之志。埋骨已非所期,遑论留名。今之为此,徒以为后人流连凭吊之资,于死事者固无与也。

呜呼!此役所丧失者,不特吾党之精锐而已,盖合国中之俊良以为一炬。其物质之牺牲不可为不大,然精神所激发,使天下皆了然于党人之志节操行,与革命之不可以已。故不逾年而中华民国遂以告成,则其关系宁不重欤!然念国难之无穷，贤才之易尽，执笔作记，又不胜后死之感也。

中华民国八年十二月十八日

【赏析】

此篇碑文行文独特，不写烈士生平事迹，也未叙其牺牲经过。碑文先写了葬黄花岗、修故墓、建碑亭的经过，继而写审查烈士姓名、籍贯情况，最后以一段抒情议论作结，平实质朴中见深情。

实例2《人民英雄纪念碑》(毛泽东)

【正面】人民英雄永垂不朽

【背面】(正文)：

三年以来，在人民解放战争和人民革命中牺牲的人民英雄们永垂不朽！

三十年以来，在人民解放战争和人民革命中牺牲的人民英雄们永垂不朽！

由此上溯到一千八百四十年，从那时起，为了反抗内外敌人，争取民族独立和人民自由幸福，在历次斗争中牺牲的人民英雄们永垂不朽！

【赏析】

这座纪念碑是根据1949年9月30日中国人民政治协商会议第一届全体会议的决议兴建的。当天傍晚，毛主席率领全体政协委员为纪念碑举行了庄严隆重的奠基礼，毛主席亲自执锹铲土，为纪念碑奠定基石。从1952年8月1日动工兴建以来，得到了全国人民的热情支援和关怀。这是中国自古以来最大的一座纪念碑，从地面到碑顶高达37.94米，有10层楼那么高，比纪念碑对面的天安门还高4.24米。纪念碑是用17 000块坚硬的花岗石和洁白的汉白玉砌成的。它象征着先烈们的丰功伟绩，标志着全国人民对先烈的怀念。

人民英雄纪念碑位于首都天安门广场的南端，碑文的正面内容是毛泽东主席亲自题写的，碑文的背面内容是毛泽东主席撰文，由周恩来总理亲自题写的。它是为成千上万的英雄立的碑，它是中国最大的一座纪念碑。前往瞻仰的人数与其他纪念碑相比较是最多的。

实例3《王国维纪念碑》(陈寅恪)

海宁王先生自沉后二年，清华研究院同人咸怀思不能自已，其弟子受先生陶冶煦育者有年，尤思有以永其念。佥曰：宜铭之贞珉以昭示于无竟。因以刻石之辞名寅恪，数辞不获已，谨举先生之志事以普告天下后世，其词曰：

士之读书治学盖将以脱心志于俗谛之桎梏，真理因得以发扬。思想而不自由，毋宁死而。斯古今仁圣所同殉之精义，夫岂庸鄙之敢望。先生以一死见其独立自由之意志，非所论于一人之恩怨，一姓之兴亡。呜呼，树兹石于讲舍，系哀思而不忘表哲人之奇节。诉真宰之茫茫来世不可知者也。先生之著述，或有时而不章；先生之学说，或有时而可商，惟此独立之精神，自由之思想，历千万祀，与天壤而同久，共三光而永光。

义宁陈寅恪 撰文

闽县林志钧 书丹

鄞县马衡 篆额

新会梁思成 拟式

武进刘南策 监工

北平李桂藻 刻石

中华民国十八年六月三日二周年忌日

国立清华大学研究院师生敬礼

**实例4《瞿秋白烈士纪念碑》(中国共产党福建省委员会、福建省人民政府)**

瞿秋白是中国共产党早期的主要领导人之一。他是伟大的马克思主义者，卓越的无产阶级革命家、理论家和宣传家，中国的革命文学事业的奠基者之一。一八九九年一月二十九日出生于江苏常州。一九一九年参加“五四”爱国运动。一九二零年以记者身份赴苏俄采访，是最早向中国人民真实报道十月革命后苏俄情况的新闻界先驱。一九二二年加入中国共产党。一九二三年一月回国后，负责中共中央机关刊物《新青年》、《前锋》、《向导》的编辑工作。一九二三年参加中共第三次全国代表大会，起草党纲。同年参与筹办上海大学。这时和以后多年间，致力于马克思主义的宣传和研究工作，为党的思想理论建设作出了开创性的贡献。在第一次大革命期间，为促成国共合作，发动北伐战争，反对资产阶级右派进攻和党内的右倾错误，进行了坚决的斗争。一九二五年参加中共第四次全国代表大会，当选为中央委员、中央局成员。一九二七年参加中共第五次全国代表大会，当选为中央委员、政治局委员、常委。在第一次大革命失败后的危急关头，主持召开“八七”会议，结束了陈独秀右倾投降主义在党内的统治，确定了土地革命和武装反抗国民党反革命统治的总方针。会后任临时中央政治局常委，主持中央工作。此后虽曾犯过短期“左”倾盲动错误，但他和战友们一道，在极其艰难的条件下为恢复党的战斗力，开辟革命的新时期建立了巨大的功勋。一九二八年参加中共第六次全国代表大会，当选为中央委员、政治局委员。随后参加共产国际第六次代表大会，当选为共产国际执行委员、主席团委员及政治书记处成员。一九三零年九月回国，主持中共六届三中全会，纠正了当时党的领导人的"左"倾冒险主义错误。在一九三一年一月中共六届四中全会上，遭王明等人打击，被解除中央领导职务。此后在上海同鲁迅一道领导左翼文化运动。为中国革命文化事业作了大量奠基性的工作。一九三四年到瑞金任中华苏维埃共和国中央政府教育人民委员。一九三五年二月二十四日在福建长汀县水口镇小迳村被国民党军队逮捕。同年六月十八日在长汀县罗汉岭英勇就义。

为中国共产主义事业献出了整个生命的瞿秋白烈士永垂不朽！

中国共产党福建省委员会、福建省人民政府　敬立

一九八五年六月十八日

**实例5《一·二八纪念堂碑》(戴戟)**

堂以一·二八名，纪念淞沪抗日之战也。日本自明季以来，为寇海疆，史不绝书。逮甲午挫衅，我遂一蹶不振。民国二十年秋九月十八日，沈阳变起，辽、吉、黑亡，不两周年，而热河失，而榆、滦陷，而长城内外，胡骑纵横矣。一·二八之役，当沈变之后四阅月，舆情敌忾，若决江河；明耻争存，人孰肯后。先是我十九路军，移卫畿辅。戟受命危难，警备淞沪，櫜革健鞭弭，惟期效死。是役也，闸北、吴淞、江湾、庙行、大场，血战三十有四日，赖先总理威灵、全民族决心，以齿报齿，以目还目。若衡以近代战争，国力殊不逮，然肝脑涂地，牺牲过当者，非无故也。回首经年，痛定思痛。堂之东偏，盖战前与蒋、蔡诸君子决策也。爰爰陋简，略加丹垩。收集当时殉国者之统计与作战图籍，陈之一室，以备观览。夫九·一八之不忘，然后一·二八之战可纪；一·二八之不忘，然后九·一八之痛弥深。敢志沉哀，勉尽一息。至于庙貌昭忠，观感为继者，尚待来叶于无穷期。

淞沪警备司令旌德　戴戟

中华民国二十二年六月

**实例6《香港回归祖国纪念碑碑文》(中华人民共和国香港特别行政区政府)**

香港地处中国南疆，水清港深，居民聚族蕃衍，航通远洋。一八四零年鸦片战争后，英国割占香港岛、九龙，又挟势租借"新界"。香港倚东西交汇之利，以自由港促进国际贸易，励行法治，民既勤奋，经营有成，且得祖国多方支持，蔚为国际金融贸易航运中心。百年神州，忧患无已，有志之士，无时不图收复国土。自改革开放以来，国势日强，我国宣布于一九九七年收回香港，伟大政治家邓小平先生提出"一国两制"、"港人治港"及高度自治之英明构想，万众忻腾拥护。中英两国展开外交谈判，签署联合声明，英国政府同意将香港交还中国，中

国政府根据宪法规定，设立香港特别行政区。全国人大乃有“香港特别行政区基本法起草委员会”之组织，广谘民意，提交全国人民代表大会通过《香港特别行政区基本法》；设立“香港特别行政区筹备委员会”，负责筹备成立特别行政区之有关事宜；经推选委员会选举，中央人民政府任命董建华先生为第一任行政长官。一九九七年六月三十日午夜，中英两国政府在香港举行香港政权交接仪式，由江泽民主席与查尔斯皇储主礼，举世瞩目，海内外各国嘉宾观礼者数千人，国旗区旗高扬，欢声雷动，人民解放军进驻香港，山海重辉，诚划时代之壮举也。今回归又二周年，中央与特别行政区政府恪守基本法，居民安居乐业。筹委会决定树此丰碑，志回归盛典。所望中华儿女，港人子孙，踵前人勤奋守法之精神，爱国爱港，循序渐进发展民主，共致繁荣，香港当以国际大都会及中国南方经贸文化重镇之雄姿，垂制千秋，昌炽无极。

中华人民共和国香港特别行政区政府

一九九九年七月一日立

**实例7《澳门回归纪念碑碑文》(林近)**

澳门位于珠江口之西南，含澳门半岛及仔路。环两岛自古乃中国领土。十六世纪中叶以后，为葡萄牙逐步占领。根据一九八七年之中葡联合声明，我国已于一九九九年十二月二十日，对澳门恢复行使主权，实现数百年来中国人民收回澳门之强烈期望。

毛公泽东，领导人民建新中国，屹立世界；邓公小平，高瞻远瞩，一国两制，伟论创建；江总泽民，睿智英明，振兴中华，一统联绵。

澳门回归，普天同庆，盛世昌明，繁荣安定。喜见国耻洗雪之日，四海华裔，同声咏唱，神州圣耀赫赫斯功。澳门同胞共议建碑勒石，告慰始祖轩辕。莽莽神州，巨龙腾飞。日月增辉，谱写新篇。

两岸统一，人民之愿。中华文明，亿万斯年。

林近　撰

公元二零零零年二月二十五日

**实例8《唐山抗震纪念碑碑文》(唐山市人民政府)**

唐山乃冀东一工业重镇，不幸于一九七六年七月二十八日凌晨三时四十二分发生强烈地震。震中东经一百一十八度十一分，北纬三十九度三十八分，震级七点八级，震中烈度十一度，震源深度十一公里。是时，人正酣睡万籁俱寂。突然，地光闪射，地声轰鸣，房倒屋塌，地裂山崩，数秒之内，百年城市建设夷为虚土，二十四万城乡居民殁于瓦砾，十六万多人顿成伤残，七千多家庭断门绝烟。此难使京津披创，全国震惊，盖有史以来为害最烈者。

然唐山不失为华夏之灵土，民众无愧于幽燕之英杰，虽遭此灭顶之灾，终未渝回天之志。主震方止，余震频仍，幸存者即奋挣扎之力，移伤残之躯，匍匐互救，以沫相濡，谱成一章风雨同舟、生死与共、先人后己、公而忘私之共产主义壮曲悲歌。

地震之后，党中央、国务院急电全国火速救援。十余万解放军星夜驰奔，首抵市区，舍死忘生，排险救人，清虚建房，功高盖世。五万名医护人员及干部民工运送物资，解民倒悬，救死扶伤，恩重如山。四面八方捐物赠款，数十万吨物资运达灾区，唐山人民安然渡过缺粮断水之绝境。与此同时，中央慰问团亲临视察，省市党政领导现场指挥，诸如外转伤员、清尸防疫、通水供电、发放救济等迅即展开，步步奏捷。震后十天，铁路通车；未及一月，学校相继开学，工厂先后复产，商店次第开业；冬前，百余万间简易住房起于废墟，所有灾民无一冻馁；灾后，疾病减少，瘟疫未萌，堪称救灾史上之奇迹。

自一九七九年，唐山重建全面展开。国家拨款五十多亿元，集设计施工队伍达十余万人，中央领导也多次亲临指导。经七年奋战，市区建成一千二百万平方米居民住宅，六百万平方米厂房及公用设施。震后新城，高楼林立，通衢如织，翠荫夹道，春光融融。广大农村也瓦舍清新，五谷丰登，山海辟利，百业俱兴。今日唐山，如劫后再生之凤凰，奋翅于冀东之沃野。

抚今追昔，倏忽十年。此间一砖一石一草一木都宣示着如斯真理：中国共产党英明伟大，社会主义制度无比优越，人民解放军忠贞可靠，自主命运之人民不可折服。爰立此碑，以告慰震亡亲人，旌表献身英烈，鼓舞当代人民，教育后世子孙。特制此文，镌以永志。

唐山市人民政府

一九八六年七月

【赏析】

碑铭文是以记叙为主的。在这篇碑文中，一连串的数字不仅仅表现了记叙的严谨，更蕴含着一种深深的、不能自已的悲痛。接下来就介绍唐山人民如何化悲痛为力量，奋起抗击天灾，最后如何在全国人民的共同支持下，众志成城，战胜天灾，发展生产，重建家园的经过，令人感动，让人振奋。

碑铭文具备语言凝练、观点鲜明、感情充沛的特点。因此，中国古代的碑铭文一般多用整句铿锵、激情充沛的韵文。在本碑文中，排偶句也随处可见。如“唐山不失为华夏之灵土，民众无愧于幽燕之英杰”、“虽遭此灭顶之灾，终未渝回天之志”、“奋挣扎之力，移伤残之躯，匍匐互救，以沫相濡”等，读之朗朗上口，还能被其中慨然奋起、竭力互救、急民之难的精神所感染打动。

碑铭文最大的意义是要在现实中发扬精神，鼓舞正气，激励人心。在这篇碑文中，我们可以感受到作者蕴含其中的敬佩、感动和悲壮等多种情感：有对唐山人民虽遭巨难仍能在悲痛中奋起的钦佩，如“奋挣扎之力，移伤残之躯，匍匐互救，以沫相濡”；有对全国人民对唐山人民无私援助的赞颂，如“运送物资，解民倒悬，救死扶伤，恩重如山”；有对人民解放军急民所难精神的感动，如“星夜驰奔，首抵市区，舍死忘生，排险救人，清墟建房，功高盖世”；更有对抗灾中人们表现出来的那种“风雨同舟、生死与共、先人后己、公而忘私之共产主义壮曲悲歌”的热情赞颂与弘扬。

**实例 9《洋山深水港开港纪念碑碑文》(赵丽宏)**

洋山观海，天水茫茫，大洋小洋，寂寥怅望，群岛如珠，散落四方。叹千年岁月流逝，潮涨潮落；听屿礁雪浪相击，渔舟晚唱。

新世纪群贤汇集，洋山岛风云激荡。十年一瞬，绘惊天鸿图，追天赶月，建旷世巨港。一锤落桩，四海回响，八方英雄，齐摆战场，填沙围海，填澜筑港。探深水，辟航道，跨东海，架桥梁。看蛟龙腾飞，劈波斩浪，凌空铺设天大道，六十华里浩浩荡荡。新栈浩瀚吐纳百货，塔吊巍峨迎巨舫。昔日孤山渔岛，笑脸五洲四洋。

登高俯瞰，神思翱翔。中国人敢想敢为，新时代挥写华章，建设者青史留名，创业人万古流芳。回望陆岸，中华巨人阔步猛进，栈桥如长臂迎远客；环眺外洋，天涯宾朋踏浪而来，轮舶似群鲸拥朝阳。壮哉洋山大港，世界惊叹，人间沧桑。

赵丽宏　撰

2005 年 12 月 17 日

**实例 10《靖远刘家寺张氏始祖纪念碑》(高财庭)**

夫参天之树，必有其根；怀山之水，必有其源。刘家寺张氏先祖，明朝中叶奉命带兵由陕西固原白马城(今属甘肃环县)至靖远永安堡，屯垦戍边，历六世，以军功授田。七世祖始迁刘家寺，遂家焉。不幸清同治兵燹，始祖至七世祖名讳无可考。现谱载有长房十世广、仓及堂侄自能、自得、自兴、自怀，二房十世忠，三房八世典等支系。子孙后裔，克承世泽，知学知行，宜室宜家，属恪守矩矱，家和业昌。自始祖迄西迁今已四百余年，凡二十二世矣，人口万余，散居靖远、景泰、平川、会宁、宁夏、新疆等地，枝繁叶茂，家声响振。以今日计，地师县团级、专家教授、高级职称者数十人，科级干部中级职称者百余人。后起之秀，望之如云。二零零六年春，盛世清明，报本追远，忆念先祖创业之艰难，感慨后世知之者甚少，有虑代远年湮，或无从考，缘树碑以记，以光以昌，以垂永久。颂曰：松山毓秀，张门生光。亦军亦桑，勤俭乃纲。乐群敬业，团结自强，厚德载物，长发其祥。

甘肃省作家协会会员 靖远县副县长高财庭 敬撰

原甘肃教育学院副院长七届全国人大代表张克让 校审

2006年4月5日

### 2.2.4 记事碑

记事碑主要是指用来记载当时较为重要或有意义的事情的碑文。

这种碑的种类很多，有建筑之碑、名胜古迹之碑、文人雅事之碑、天灾人祸之碑等。这类碑意在存真，碑文必须质朴真实，稍有夸饰，就不能取信于人。

**实例1《柳州城西瓜碑碑文》(南宋·秦伯玉)**

郡守秦将军到此栽养万桑、诸果园，开修莲花池，创立接客亭及种西瓜。西瓜有四种：内一种云头蝉儿瓜，一种圆西瓜，一种细子儿，名曰“御西瓜”[1]，此三种在淮南种食八十余年矣；又一种回回瓜[2]，其身长大，自庚子嘉熙北游带过种来。外甜瓜、梢瓜有数种，咸淳五年在此试种，种出多产，满郡皆与支送，其味甚加，种亦遍及乡村。无刻石于此，不可不知也。其瓜于二月尽，则埯种[3]，须是三五次埯种，恐雨不调。咸淳庚午孟春朐山秦□伯玉谨记。

**【译文】**

(清江)郡守秦将军到这里栽培种植上万株桑树，开辟很多果园，种植各种瓜果，修建莲花池，新建接客亭及种植西瓜。西瓜有四个品种：其中有一种叫云头蝉儿瓜，一种圆西瓜，一种细子儿的，名叫“御西瓜”，这三种瓜在长江中下游一带已种植食用八十多年了；还有一种回回瓜，它的瓜体又长又大，是庚子嘉熙四年(1240)从北方带种过来的。另外，还有甜瓜、梢瓜多种，咸淳五年(1269)在这里试行种植，种后产量很高，满郡都予以赠送，味道十分香甜可口，此后种植普及到各乡村。不在这里刻石记录这件事，后人就无法知道。西瓜于二月底

---

[1]御西瓜：西瓜的一种，为宋时洪皓使金携归引种于杭州御园中的瓜。

[2]回回瓜：即指来源于高昌回鹘族，即今新疆吐鲁番地区的西瓜。

[3]埯种：挖小坑播种。埯，在小坑中播种瓜或豆。

就开始挖坑播种，需要经过三到五次的点种，害怕雨水不调。咸淳庚午年孟春(1270年1月)朐山秦伯玉郑重记录。

**实例2《美利渠记》(明·王业)**

宁夏镇之西南三百里，建置中卫。黄河白兰靖来，过中卫直流而北。昔夏人凿渠引河水灌田，世享其利。人言黄河独利于夏，职此之由也。

中卫有蜘蛛渠，即今美利渠，长亘百里，经始开凿，志遗莫考。[按：镇之唐徕、汉延等渠，志载拓跋氏据夏已有之矣。元世祖至元元年，藁城人董文用为西夏、中兴等路行省郎中，始复开浚。邢台人郭守敬为河渠提举，更立闸堰。]今两坝皆其遗制，工作甚精，则蜘蛛等渠之间或皆董、郭二公为之也。

中邑屯田凡二千顷，岁征公税二万有奇，实藉水利以足公私。迩来河流背北趋南，渠甲高淤，水莫能上。卫人蹙额相泣曰："有渠而不得灌溉之利，与无渠同也。"犀尝请告改浚。前抚宪数公，咸洞民隐，集议区画，俱以工役重大，惜费中止，但令因仍挑浚，无系缓急；卫人蹙额又相泣曰："徒浚而不为改易之举，与不浚同也。"

嘉靖壬戌夏，中丞毛公，奉简命莅夏，筹决通明，应变如响，法重大体，政先急务。卫人以前事告请，公愕然曰："民赖稼穑以生，水利者稼穑之源也，水利弗通，民何以生？夫因势而导，治水之法也。所欲与聚，体民之情也。是诚在我。"即行兵粮道臬佥谢公移檄改浚，委参将傅良材，防卫综理屯田；都指挥张麟图，提调宁夏前卫指挥王范，职管工本；卫指痒何天衢、冯世勋职赞襄，命丁三千人以赴工。申令筮吉，克期会集，省试有方，劝惩有声趋事者有欢声无怨色也。甫月余而渠成。渠口作于旧口之西六里许。肇工于壬戌岁九月七日，竣事于十月有六日。渠阔六丈，深二丈，延袤七里，复入故渠。口设闭水闸一道，六空，旁凿减水闸一道，五空。报完，毛公欣然喜曰："吾民其永赖以生矣!"遂易名曰美利，盖取乾始美利之义。斯渠二通，不独可以足食，而沮虏之势亦有藉焉。力少功多，暂劳永逸；基虽因旧，制实增新；改浚之功，加于创建。是役也，上不妨政，下不病农；甲无靡费，民禾苦劳；凡毛公之规定，而谢公能恪承之者也。

卫之父老士夫，欢欣舞蹈，具书不敢忘。欲纪厥事为：不朽计，介生员芮景甲来，嘱记于致仕知县王业。业不敢辞，拜手扬言曰："大臣有功德于民，为民所歌颂，勒之贞石，为后世法，礼固宜也，书有之'民罔常怀，怀于有德'。"

夫为民兴利，谓其为仁人，非耶？纪其事而弗忘，谓其为常怀，非耶？小民难保若此者，非偶然也。惟我毛公，抚夏未期年；百废俱举，夏人歌颂不忘，岂惟水利一节已哉。边事安宁，且入赞皇猷，斟酌元气，殆将以美利利天下矣。纪之太常，载之国史，可期而待。而谢公亦必踵芳济美，俾天下后世并扬休闻，是又业小子所深望也。毛公名鹏号双渠，直隶枣强人，丁未进士乙；谢公名菁号南川，山西代州人，庚戌进士。敢并记之。

**实例 3《山陕修路碑》(高文达)**

大硕德胡公讳正宽，平修船路功德序：

闲晌，阅历古人有名留钟鼎、姓载史册、功记旗常者，大抵有实德可书述，行实可称，而非有过情之声誉，恒令人叱咤称道于千百世代而不置也。已如我国朝圣天子，统驭六合，德耀八荒，仁风所播，无远弗届。凡有利于民生者，利在必赏。况修补船路，利有攸往，尤为功之显着，与他人以欺世盗名要虚誉者，其相去径庭之别也，又有帝君垂诵云：失岂虚语而故为垂训哉？幸有晋□□胡兄讳正宽，公宾商哈斯十有八载，悯念索桥两岸途路不平，有意增修，奈工程浩大，难以枚举，于是岁之初夏，弟等接得缘簿一本，籍以恣前序，知其为平治索桥道途，修补黄河岸渡，是诚胡兄之羡美也，弟等于是纠正众客，会馆会议，蒙大终慨然诺许，情愿□施，以尽其善果。□有字号不构大小，共成一百七十家有余，捐银无论多少，总称三百四十两。不足陆续稍奉，以完公德。将见崎岖者顿成平途，坎坷行人不叹道途维艰，要籍胡兄之心力所致耳。因仗众字号大家商酌。愿立碑以垂千古，维胡兄之功德予不朽云。是为序，凉城山陕合郡从字号眷第等，大家会议谨立此碑。

大清乾隆四十三年，岁次戊戌阴之月，哈斯吉本堡库眷第石输义公路氏，同庠禀表侄高文达敏卿氏，顿首拜并书。

**【赏析】**

此碑屹立在哈思山北麓的甘肃省靖远县石门乡小口村临近的黄河古渡口——索桥的东岸。索桥为丝绸之路著名的黄河古渡之一，在渡口以南五公里处，是历史上有名的哈思古堡，古时来往商旅使团都要在这里过河休整。据史料记载，明万历二十九年(1601)于渡口临黄河东山之上修筑堡寨，名为“铁锁关”，并修复被河水冲毁的往日索桥渡口；仍用 24 只大船连为浮桥，或称“船桥”，以通往来。至清代乾隆四十三年(1778)南大道西(安)兰(州)公路开通之前，这里一直是丝绸之路进入河西走廊的必经渡口。

《山陕修路碑》的碑文记载的是寓居当地的巨商胡正宽为整修拓宽哈思堡至索桥渡口这段石质山路，向过往的山西、陕西两省的客商募捐银钱一事，商户涉及四州、七府、三十县，列商号一百八十多家，从碑文记载的史实上，足见当时的繁华与兴盛。

**实例 4《凿井碑记》(佚名)**

我村原名“天子掌”，地处县境西界，王氏家族祖居于此，据考始祖王仲自南阳于此，至今繁衍传承已逾一十八代四百余年，现王姓之众已过陆佰。村居之地，虽双龙戏珠，结局形盛，但地脉深伏，潜而难出，故浅表水脉因而不旺。虽历代父老为解水困，堪舆凿井，不懈努力，村中四周凿井吸水，不计其数，但因水脉散而不聚，沉而不浮，故井虽多则水却微，每遇旱季，仍时受缺水之困扰。随社会之发展，为解村民不断增长之用水需求，王氏后人，前赴后继，凿井未止。1968 年于本村南沟河循泉而掘，历时半载有余，扩泉成井，将水抽至村西场头起水池，村中定点放水，虽可解村民用水量之需，但水源距村较远，管护不便；更水质欠佳，不宜久饮。1996 年又和邻村西河联合于两村交界处钻成深井一眼，将水抽至村北天门头水池，改定点放水为水管入户，家家用上了自来水。但此深井距村更加高远，需二级抽提方可至村，维修管护，成本加大，且数村公用易而共管难，数年运行，多有不便。村中父老及在外工作人员等，每每议及此事，多耿耿于怀，难道我村居之地真无旺水哉！2006 年本村人有精于水文地质者，多次回村实地勘测，跟山捉脉，倾其所学，科学分析后，认为我村居之地下深处贮藏有丰富水源，并选定井位于村南头龙沟西岸，村中老幼闻之欣然，村两委顺应民意，决定促成此事，遂经上级批准，于 2005 年 9 月开工钻进，至 2006 年 6 月钻井成功，历时 10 月，钻井深度 460 米，水位埋深 250 米，该井水量丰富，水质优良，井在村边，供水管近，管护便利，且一级抽水便可受益。清泉滚滚流，水随人意来。村中父老及在外工作人员无不拍手称快，为使水源井工程早日顺利告竣，有智者出智，有力者出力，纷纷捐赠钱物，共收到村民和本村籍在外工作人员捐款数万元。经村两委精打细算，周密组织，村中父老及在外工作人员内外相助，齐心协力，现深井钻探、抽水配套、井房修建等工程已全部竣工。为使深井水源万代不竭，永续利用，后世子孙务必时时惜之爱之护之；今虽有深井水源，但村中旧有古井机井不可废之弃之，务要倍加呵护，以备不时之用。今勒之于石，以示后世不忘我村之水来之不易，并将本村捐款人姓名勒石于后，以存后世为据，勒石名次不论官职大小，地位高低，唯以捐款数额多少依次排列；若捐款数额相等，则以捐款时间先后依次排列，勒石以志。

公元二零零七年十一月九日

**实例 5《东风水库碑记》(中共玉溪市委员会、玉溪市人民政府)**

玉溪市东风水库，位于州城东北四里许，为原玉溪大河大矣资至燕子窝之山谷地段。今坝高四十七米，长四百八十五米，控制径流面积三百零九点五平方公里，汇江川九溪河及市霎时香柏河水于其内，又建红——东大沟引红旗水库余水以增储水。库面径长十二公里，容水八千九百三十一万立方米。

巍巍莽莽，其坝如山；浩浩荡荡，其水似湖，纳涓涓细流，吞滚滚洪粮。启制在握，掌水利之枢纽；灌渠网布，输经济之命脉。

玉溪大河，益轻灾重。冬春水枯，旱象顿生；夏秋洪泛，涝灾猝发。锁洪蓄水，兴利除害，民之宿愿，呼吁久矣。奈长夜难明，民力不济，年复一年，终成泡影。中华人民共和国成立后，党和政府对兴修农田水利关心至极。中共玉溪地委、玉溪县委和地、县政府领导干部，率工程技术人员，亲临实地，调查研究，广征意见，博采众谋，始定依山形地势，建设水库。蓝图绘就，民心振奋，遂于一九五八年十一月破土动工。

顾筑坝之期，各族人民共襄大业。领导当先，万民上阵，红旗招展，炮声隆隆，机车奔驰，人欢马叫。坝随士气高，鏖战两载，于一九六零年十月，建成高四十二米，长四百五十米之大土坝，洞径一点二米，长三百七十三米之一号输水隧道，长三十三公里，过水流量为每秒五点五立方米之南灌溉干渠。至此，主体工程告成，农田相继受益。

一九六二年六月七日，全国人大常务委员会朱德委员亲临视察，赞颂人民立壁断水之丰功，明示水库续修、管理之重任。遵照朱委员长之指标，历经二十余年艰苦奋斗，先后完成续修配套工程十余件。其要者为一九六二年冬至十九六三年四月；建成长十公里，过水量为每秒二点五立方米之北灌溉干渠；一九六九年十一月至一九七零年七月，建成洞径一点二米，长四百二十七米之北灌溉干渠；一九六九年十一月至一九七七年三月，完成加坝五米之续建工程；一九七六年十一月至一九七七年三月，完成加坝五米之续建工程；一九七七年十二月至一九七八年十月，完成大坝迎水坡防浪工程，铺镶防浪石二万立方米；一九六三年至一九八三年，建成南、北干渠电力抽水站三十七座，装机六十五台；一九七九年至一九八二年，东风灌区内兴修、整修、衬砌明渠暗道三十二条，长九十四公里；一九六二年一月，一九七九年四月，分别建成水文观测站两座，灌溉试验站一座；一九八二年至一九八四年，衬砌南北干渠三十八公里；一九八二年至一九八三年，建成水库综合利用之烤酒、养猪、鱼苗、养鸡等基地，及长廊、车场、码头等设施；一九八三年一至五月，建成红——东引水工程。其间，架渡槽九座，长五百三十四米；凿隧洞三个，长一千零六点九米；造倒虹吸管一处，长四百四十八米；引水渠全长十公里。截至一九八五年十二月止，东风水库各项工程建设，总投资近二千二百万元，其中国家和地方财政投资一千三百六十九万元；群众投工六百零一万个，开挖、回填土石方五百八十六万立方米。工程浩大，壮举空前。

而今，坝连山岳，巍然横空；湖映天光，碧水生辉，波光点点。更有瑰丽亭台，逶迤曲径，森林松柏，共添一方之春色，富一邑人之人民。东风灌区七万四千余亩农田灌溉自如，市区之工业及生活用水均得保障。玉溪坝子，春绿秋黄，苍雄重镇，各业兴旺，云烟之乡，年丰人乐。各族人民有口皆碑；东风展宏图，玉溪出秀湖，锁洪蓄碧水，滇中添明珠。东风水库，造福百代，惠及千秋，伟绩长存！

中共玉溪市委员会

玉溪市人民政府

一九八五年十二月三十日立

**实例6《重修会宁陇西川乐楼碑记》(陇上铁汉)**

陇西川人杰地灵，古乐楼历尽沧桑。斯楼创自大明洪武二年，为歇山顶格局砖木结构建筑。飞檐翘角，如乌斯革，颇具江南亭榭风韵。虽经风云变幻，朝代更迭，尚能完好保存至今，实非易事耳！乐楼历明、清、民国直至现代，先后八经修葺，每建必镌巨匾一方，以记盛事。留存村老记忆中尚有“浩荡乾坤”、“彩凤云霞”、“神听和平”、“陇镇雅观”诸题额。夫文以景生，景以文辉，陇西川乐楼曾经陕甘著名社团“化俗社”、“文化社”、“民乐社”、“同乐社”及诸多名伶艺人登台献艺，敷荣文化，驰誉秦陇而名噪一时。尤为贵者，中央红军过境，领袖登斯楼激情演讲，陇原大地星火燎原，会宁青壮从者如云而名载青史。《中国戏曲志》、陇中诸方志多有记叙，列为县级文物保护单位。惜哉年久失修，邑之贤达莫不扼腕叹息，志其事而谋一新。幸者市政协副主席李义首倡其事，登高一呼，四方响应，李君辉，曾君庆余赞襄其役。重修经始于甲申年某月某日，告竣于是年某月某日。曾求匾于邑人、省人大副主任流萤，拟题“雄视古今”。奈公身心不爽，未竟而鹤搏高天。遂由省委秘书长孙效东依句题额。市政协主席张廷魁亦书“惠风和畅”之匾，同悬于楼，以壮声威。邑人恐失斯楼肇造重修之因，爰勒石记之。期后之官斯土居斯土者，守之护之，时加修葺也。

是为记。

陇上铁汉 沐手拜撰

槐英轩 乌兰独石 沐手拜校

**实例7《条城高氏祠堂修缮记》(高财庭)**

夫孝悌也者,其为人之本欤。君子务本,本立而道生。是故敬宗收族,勉善敦荣,克承世泽,家声响振,如吾条城高氏者鲜矣。

高氏乃炎帝之裔,齐姜太公吕尚之后,食采于高,因以为氏。明代先祖殿侯公三迁至陇一条城,遂为条城望族。盖条城者,史云宋狄青所筑,故名青城,地虽弹丸,名侪县邑。历为皋榆文化之区,人崇文化,风尚孝悌,乃三陇之名镇,书院、祠堂巍然可观,高氏祠堂始建于乾隆四十四年,乃九世祖秉信公所创,两厢两厅,一进三楹。道光十六年十一世祖登泰、翔翰、其明等再修,增过厅、雨廊。光绪五年十二世祖树楠、克仁、丕映倡议修建福堂一处。于斯时也,左有福堂以安神灵,右有祠堂以奉吾祖,中有墓门以时祭扫,前堂后墓,厅厢相连,方形八卦,四宝聚珠,庙貌巍峨,气象壮观。坎门大吉,光前裕后。二百年来,敬宗明礼,修睦讲信,一门和乐,然则代远年湮,风雨侵蚀,屡遭破坏,渐成危房。幸赖改革开放,百业俱兴,族人同心,子孙协力,于二零零二年动工维修。建设者筚路蓝缕,原卯原榫,修缮如旧,复悬御赐"才兼文武"、"进士"等匾额,雕忠孝节义、渔樵耕读于其上,绘邑之贤达诗文书法于堂壁,木刻楹对,张挂诗联,延请国家司法部原部长高昌礼、国家文化部原部长高占祥赐额,中共甘肃省委原书记李子奇题词。藏书有室,欵理有厅,嘉树荣而佳卉茁,香火盛而人气旺。仑然奂然,气象光昌,晋为甘肃省重点文物保护单位,先人之圣迹历久弥新矣。

是役也,作始于壬午之夏,告竣于乙酉之秋。期间承蒙榆中县暨青城镇党委、政府重视支持,省文化厅副厅长马文治关怀指导,条城高氏祠堂维修扩建委员会应时成立,榆中县政协副主席丁述学、青城镇党委书记张成荣、镇长杨维忠、文化站站长王天恩、族人高孝友、高集华、高锡恭、高典书、高立峰、高峻峰、高维新、高志武、高忠诚、高集翰、高启生、高启安、高敏、高国林、高国彩、高天文、高启旺、高作钰、高增圻、高生湖担纲总理,十六氏孙媳杨秀芳、魏俊乐、关月英义务后勤。高氏子孙鼎力赞襄,社会贤达辅资相助,盛事乃成。若夫青瓦朱门,杰阁华构,大雅扶轮,元音独振,不惟一幽微肃穆之圣地,亦诚为条邑超逸奇丽之胜景也,楼阁为山河而增辉,山河因楼阁而名驰。举凡莅境者,莫不欣然向慕而瞻观焉。欤嘻,前人建之,今人修之,俾将来思所以步先哲而励后昆,冀斯土之君子守之缮之、流芳百世云耳。

是为记。

十五世孙　高财庭　沐手拜撰

十六世孙　高　农　沐手拜书

条城高氏祠堂管理委员会　敬立

公元二零零八年岁次戊子七月十五日　谷旦

### 2.2.5 庙碑

庙碑种类很多，有寺碑、庵碑、神庙碑、宗庙碑、家庙碑等，都是为神仙鬼灵而立的。中国古代各种庙宇众多，故庙碑也到处可见。庙碑的一般格式包括题目、碑文作者、书者、篆额者、勒石者和立碑年月等。

解放后，破除迷信，没有人再为神灵鬼怪立碑，但我们国家的古代寺庙建筑颇多，都是难得的名胜古迹，需要修补或重建，修建时立碑记事，以垂示后人。不过，现在作这类碑文应侧重叙述古迹的兴废，古迹确定的依据以及重建过程中的有关事项。

**实例 1《相官寺碑》(梁·简文帝)**

真人西灭，罗汉东游。五明盛士，并宣北门之教；四姓小臣，稍罢南宫之学。超洙泗之济济，比舍卫之洋洋。是以高檐三丈，乃为祀神之舍；连阁四周，并非中官之宅。雪山忍辱之草，天宫陀树之花，四照芬吐，五衢异色。能令扶解说法，果出妙衣。鹿苑岂殊，祇林何远。

皇太子萧纬，自昔藩邸，便结善缘。虽银藏盖寡，金地多阙，有惭四事，久立五根。泗川出鼎，尚刻之罘之石；岷峨作镇，犹铭剑壁之山。矧伊福界，宁无镌刻。铭曰：

洛阳白马，帝释天冠。开基紫陌，峻极云端。

实惟爽垲，栖心之地。譬若净土，长为佛事。

银铺曜色，玉碍金光。塔如仙掌，楼疑凤皇。

珠生月魄，锺应秋霜。鸟依交露，幡承杏梁。

总舒意蕊，室度心香。天琴夜下，绀马朝翔。

生灭可度，离苦获常。相续有尽，归乎道场。

**实例 2《集厚村关帝庙碑铭》(游兴东)**

建安梨山之南，地野平旷，禾稷丰茂，有村临河而筑，曰集厚。村北一岭蔚然而高，古勘与者谓为龟山也。龟山首探清波，势锁长河，为村廓屏障，聚人烟瑞气。登高纵目，风景殊秀。日出东岗，云飞南浦，梨峰北接，玉水西流。渔歌声起，舟入芦花深处，临风咏怀，雅继青莲遗韵。山川俊朗，草木菁华。造化有灵必钟高义之士，天公恩赐定与有德之人。

曩者乾隆年间，本境村民慕仰关帝之威灵，亦欲昭大义于后人也，于龟山之首立关帝之庙，临水而建，蔚为壮观。有飞檐雀角，画壁雕梁，信士游人，俎供馨香，徇为一方景致。物换星移，匆匆百载，惜失修葺，土木渐废，而竟为十九世纪七十年代之“文革”运动所毁。

今逢清平之世，更值人和之机，山水有灵，境民多善，遂有再造之议，共襄重创之举。癸未年春，破土动工，老幼妇孺，同心协力。历时年余，于甲申年三月二十七日上梁落成。古刹重建，更增旧制，是为今日之宏宇。

夫关帝者，东汉河北解良人也，名羽，字云长。其为人也，明不欺于世，暗不愧于天，忠不顾死，义不负心，披肝沥胆，唯忠唯义。与刘备、张飞桃园结义，誓上报国家，下安黎庶，济困救危，同扶汉室。后因战功封汉寿亭候。终其一生，亦不过刘备麾下一武将而已，而竟能名垂竹帛，威灵播于万方，为后世帝王追封为“真君”、“武安王”“大帝”等尊崇，享同孔圣之隆祭，何也？唯其“忠义”二字耳！

呜呼，今世之人欲图扬名立身，富贵显达，倘不知忠义为何物，敢不向座上之英灵膜拜乎？

甲申年春里人游兴东　撰

**实例3《昭德庙碑铭》(王赎回)**

昭德庙亦称石室庙、山兜宫，始于宋。岁月千秋，昭德尊王屡显其灵，泽被四都，奉为都主公。然圣灵长在庙址凋敝，四都信众诚惶诚恐，于一九九七年重塑金身，并由乡贤王家护、王声赐等主事筹建组，发动民众捐款八十余万元，唯尊王之令，择址四都中美境字纸亭，二零零七年十八日子时奠基，历经年余鼎新庙宇，且上梁晋主诸礼俱成。

新庙坐丑面未，占地1 500平方，主体228平方。雕梁画栋，碧瓦翘脊，镏金溢彩；大门口龙柱石狮，门神护卫庄严肃穆。兼石埕水井、金炉围墙，恢弘壮观。背后四房山拱秀，涧曲泉清，莺燕和鸣，飞紫纡青，脉贯四明。庙前九龙岭如屏，清溪蜿蜒，波浮鹤影，浪濯锦鳞，晴川历历，瑞草艳芬。地因神胜，神因地灵。昭德尊王庙籍山川之形胜，再旺千年之香火，圣德宣威，惩恶扬善，保境安民；仁泽广施，佑黎元之福祉，谐合都之兴盛！迷在天涯，悟在眼前；心诚则灵，勤求可达。斯铭也。

王赎回　拜撰

公元二零零九年岁次己丑正月

### 实例4《弘法寺创建碑铭》(樊克正)

娑婆世界 众苦毕集 芸芸众生 诸事迷离
渴求解惑 企盼释疑 佛教始祖 释迦牟尼
菩提树下 忘餐废寝 寻觅正觉 虔心诚意
结跏趺坐 参究真理 终成正果 教化黎民
东汉末年 佛传内地 儒释道教 并行不悖
稳定社会 凝聚人心 驱除邪恶 去伪存真
社会变迁 朝代更替 长盛不衰 千载久矣
三教寺院 规模宏伟 南北朝建 风格迥异
信者如云 香火盛极 嗟乎叹乎 天不遂意
解放前夕 罹惹厄运 文化遗产 惨遭蹂躏
村人提及 扼腕叹息 一朝遭劫 百年遗恨
启迪智慧 断惑证真 继往开来 净化人心
秉承衣钵 广培福荫 重建寺院 属赖民意
祥瑞之年 二零零七 择吉开工 三月奠基
村委支持 辟田划地 责人专司 建言献计
资金匮乏 多方筹集 能者资财 健者出力
耄耋老者 碎银相递 戮力仝心 感天动地
弘法寺院 址选村北 四座相连 山门雄伟
大殿斋房 铁漆粉壁 雕梁画栋 熠熠生辉
筒瓦包沟 佛像彩绘 栩栩如生 匠心独运
舍利宝塔 巍然屹立 遥相呼应 赫赫生威
放生鱼池 安养妙地 传承孝道 慈佛本意
倚村傍壑 风景旖旎 暮霭薄雾 燕语莺啼
北邻吕梁 群峰拥翠 南眺孤山 无限生机
云蒸霞蔚 仙风灵气 如诗如画 尽收眼底
宗教政策 滋润大地 适逢盛世 吾辈欣慰
佛学无边 博大精深 皈依度行 重在修身
誓发四弘 淡泊慈悲 凝住壁观 调伏嗔心
福慧兼修 乘戒兼急 内外相资 悲智双运
出言必实 以善以理 乐于布施 坚住不移
惟望众信 爱国自励 广种福田 霈泽人类

予等不才 绠短汲深 撰此拙铭 是为碑记

主事 樊克正 撰文

汪枫 镌刻

旹丁亥年桂月谷旦 立

**实例5《三官楼碑记》(李振中)**

自鹿城,溯黄流而上,约六十华里,水之阳,无量、文昌两山之麓,有一名村,物华天宝,誉名泰安。村内李家窑有座古刹,曰:“三官楼”。因奉祀天官、地官、水官三神,而久负盛名,历史悠久。据传,唐武德年间,经元始天尊点化,在此建有小庙,奉三官神,香火盛旺。五代时遭兵燹,可怜焦土,荡然无存。北宋徽宗崇宁年间,地方信众,鸠材集工,择日起役,凡若干时日,壮伟的两层庙楼竣工。于是三官庙,焕然毕备。上座三官,下座九天元神,香火犹勤,祈佑乾坤合和,风调雨顺,五谷丰登。延数百年,民无夭折之害者,感神灵之威居多,诵众公之德泽匪浅鲜也。至清乾隆年间,天下升平,乡之好善者,亦皆为之助,捐资募化,重修楼宇,规模宏廓,飞檐干霄,榱桷凌云,碧瓦参差,黝垩丹漆,金饰辉煌,庙堂崇严,巍奂壮观。自此命为“三官楼”。于以光显圣之道,仰佐朝廷之风致,厚培桑梓之福祉。诚修行之善地,证道之胜境也。乾隆四十年,乡里名士杨公继雄等铸献铁钟一口,又于宇院内外植槐栽柏。由是洪钟铿然清越,绿树浓郁,壮丽益增,遐迩闻名,称为雄刹。夫神有灵应,因人而彰。泰安之盛,人之杰即地之灵也。据现存钟铭记:道光二年,故里众白公富、白公承智、李公得兴等,见旧钟残损,于是合庄济助募化,重铸之。其警世之清音长鸣,响彻云霄,促人省悟,远近有闻。清同治年间,烽烟四起,楼宇再造兵燹。幸存两槐一柏一钟,东厢房三间。后经晚清、民国,列强入侵,烽火连天,内忧外患,民不聊生,殃及三官楼,殿堂颓圮,神尊剥落,基址蓬蒿,惜为年远废坠之地。唯两古槐干粗枝繁,葱郁茂密,其冠荫被宇院,似有灵气,即为历史见证。而古钟空悬,无所声息。乡人欲复其旧观,因连岁荒歉,扼腕不能就。沧海桑田,时代更迁。跃进岁月,古钟有用,耕耘事农,司钟为时,幸免于毁,完整无损,音质如初。其保存至今,已逾百有八十年矣。此为考证三官楼变迁,唯一有文字记载之物证。浩劫年代,两古槐,一古柏,其龄已有二百余年之文物,竟株连毁于一旦,实为千古憾事。嗟夫,积仁为德,积德为善,积善为神,导之为善心,不可无也。

盛世华年,政通人和,年丰物阜,国泰民安。泰安民众,博采众议,广纳善言,殚心竭力,乃图更新,以肃神灵,原址重建三官楼。自乙亥年始,新其敝坏,饬其圬墁,晨暮有钟,朝拜有阶,周围有垣,金饰圣像,绘塑三官,举凡倾圮者,悉维新之，砖混结构，使其久远，至丙子冬始告成焉。楼阁高耸，构势别致，檐牙高啄，青壁古雅，雕梁画柱，直栏横槛，琉瓦艳丽，响铃悠扬，新绿茂林，庙貌俨然，再现风姿。登斯楼也，南望诸峰，如人马腾空，出没天际。俯瞰黄河，迅流湍急，烟波万状。东眺城头，鳞次高楼，历历在目。西观金峡，两崖锁河，气势磅礴。近岁，戏楼落成，剧场宽敞，宏伟壮观，古刹生辉。出门告竣，屹然立起，善男信女，朝觐肃然。三官楼旧貌换新颜，诚为北湾古滩之大观也。从此，众信徒栖止有地，瞻拜有像，趋善之心油然而生矣。且天下之人，固有不孝乎亲，不敬乎长，酗酒嗜利，顽狠不驯者，一登其庙楼，一观其尊像，一听其诤言，则翻然改悔，如醉而省，似梦而寤。则三官楼之重建亦固有益于俗，而辅国家化诱群迷，鼓舞庶类中之一术，而别为一端也。是楼肇自唐武德年初，垂今已千有三百余年，真乃千年名胜古刹。几经修葺增设，历代虔诚弟子，策名树绩，功德无量。而后恐其泯也，遂为之志，冀传之久而有足征焉。

甘肃省特级教师　李振中　撰

×年×月×日

如今，神庙、家庙、宗庙几乎已成历史陈迹，所以关于庙碑情况再不过多介绍。

### 2.2.6　诗碑

诗碑不是指用诗词体裁写的碑文，而是指为诗而立的碑。这种碑古今中外都有。

**实例 1《寒山寺枫桥夜泊诗碑》(清·俞樾)**

在江南古刹寒山寺的碑廊里，有一块石碑上面镌着唐代大诗人张继那首脍炙人口的《枫桥夜泊》诗：“月落乌啼霜满天，江枫渔火对愁眠。姑苏城外寒山寺，夜半钟声到客船。”

这块由清末著名学者俞樾书写的诗碑，已成为寒山寺中的一绝。

**实例 2《于成龙〈壬戌仲春〉诗碑》(清·于成龙)**

电视剧《一代廉吏于成龙》、京剧和晋剧《廉吏于成龙》等轮番上演且好评如潮。但人们还是想看看距今三百多年前这位清官的真实事迹。山西省平定县固关，保存着康熙二十一年(1682)于成龙最后一次出关赴任留宿时，亲笔写下的《壬戌仲春》出固关诗碑，诗碑正文是一首七律：

行行复过井陉口，白发皤皤非旧颜。

回首粤川多壮志，劳心闽楚少余闲。

钦承帝命巡畿辅，新沐皇恩出固关。

四十年前经熟路，于今一别到三山[1]。

落款刻有于成龙的号“于山老人识”，还刻有其姓名章“于成龙印”一方和字“北溟氏”一方。他对此诗留迹是十分慎重而认真的，姓名、字、号三印齐全。

这首诗是于成龙写自己宦途生涯的，并有惜别故土之情。首联写他一生在固关多次匆匆地“行行复过”，从年轻时进京赶考及至仕任如今已到“白发皤皤”之年，他到底在这固关进出往来走过多少年？尾联“四十年前经熟路”做了确切回答：已经40年了——即从他27岁开始上京赶考，到44岁任官，再到如今65岁再次外出为官，一直往来留宿固关，实在是“经熟路”，对山西故土这座固关也很有感情了。当他在固关写这首诗的时候，他又将离去“到三山”新任两江总督。可是“于今一别”，真不比往常了，因毕竟已是“白发皤皤”夕阳余年。所以，这里用“一别”二字，道明了于成龙对这往来了“四十年”的固关故土的惜别之情。事实上，于成龙这“一别”就再没有归来，不足两年逝于任署。诗中的颔联和颈联，是写他累官知县、知府、按察使、巡抚等升迁宦途和任职所在地域，更写出了他为官悉心尽职的劳苦敬业和惜时勤政，显示了一位清官为国家为民族守职尽责和鞠躬尽瘁的高尚品德。于成龙确实是一位真正的刚正廉洁的布衣高官。白寿彝主编《中国通史》中记载：当于成龙病逝于两江总督任上，地方官员到他住所瞻仰遗容，见室内仅在床头放着个陈旧的竹容器，里面只有一件旧官袍，还有几只瓦罐，盛了一点粗米和盐制豆豉，此外一无所有。大臣们叹息道：“于公清苦天下第一也。”于成龙的“两袖清风，铁骨铮铮”，至今为人民所敬仰，也应该是当今领导干部学习的榜样。

自古以来，我国从官方到民间，都用碑碣镌刻文字来述德、铭功、记事等以求永垂。以碑记人记史，补充了史书文献没有记载的许多真实史料，成为中华民族传统文化的一个重要组成部分。清康熙年间山西永宁（今离石市）的这位“天下第一廉吏”于成龙，在1682年春离开故乡走出固关时留下的这面诗碑，简洁明快地记叙了他一生宦途缩影与别乡之情。此碑文既有文学和书艺价值，又是了解和研究清官于成龙的珍贵史料。

**实例3《登陶公壮哉亭诗碑》（明·陈献章）**

宪佥陶公平贼之后，建祠于邑城西，以报士卒死事者。复于祠后最高处作

[1]三山：在江苏南京西南，长江东岸，因有三峰而得名。这里指南京。

亭,以为临眺之所。章以壮哉名之,并题其上。

新亭开石窟,远势借昆仑[1]。天地双眸迥,沧溟一口吞。公来席不暖,士死庙长存。忆昔干戈际,南征万马奔。

弘治元年春闰正月庚午翰林国史检讨陈献章阅丁酉旧稿书以遗守祠者。

**【简介】**

明成化十三年(1477),曾任新会县丞的广东按察司副使陶鲁在会城城西(今会城金紫街古冈市场附近)建敢勇祠的同时,又在祠后高处建亭一座,陈献章(字白沙)为其题名并书匾曰“壮哉亭”,并赋五律《登陶公壮哉亭》一首。弘治元年(1488),陈白沙61岁时以毛笔行草书把这首诗写成书法并刻碑立于壮哉亭中。敢勇祠、壮哉亭已毁,壮哉亭诗碑原以为佚失,幸得有心人收藏,保存至今。

**实例4《履谦[2]碑铭》(清·吴祖昌)**

履德之基,谦德之柄。

有基克固,有柄慎持。

遵斯道也,悠往咸宜。

祖昌铭并注。

**【简介】**

吴祖昌,字鄂秀,号绳甫,祖籍广东佛山南海西隆堡释褐乡人。寄籍广西浔州府桂平县,故又为桂平人。于道光十九年(1839),中广西乡试举人;道光二十一年(1841)考取进士,从此步入官场,先后任兵部主事、江西抚州府知府、南昌府知府等职。吴祖昌的这篇碑铭是在三树堂遗址的后花园中发现的。

**实例5《朱德赠映空和尚诗文碑》(朱德)**

余素喜泉林,厌尘嚣。清末叶,内讧未息,外患频来。生当其时,若尽袖手旁观,必蹈越南覆辙。不得已,奋身军界,共济时艰。初意扫除专制,恢复民权,即行告退。讵料国事日非,仔肩难卸,戎马连绵,转瞬十余稔。庚申冬,颁师回滇,改膺宪兵司令,维持补救,百端待理,虽未获解甲归田,较之枪林弹雨,血战沙场时,劳逸吴育天渊。公余尝偕友游县华寺,见夫花木亭亭,四时不谢,足以娱情养性。询,皆映空大和尚手植,且募修庙宇,清幽古雅,实为煞费苦心。与

[1]原碑文在此处后刻有一行小字“邑西北大山”。

[2]履谦:意思是指履行谦让之德。

之接谈，词严义正，一尘不染，诚法门所罕觏，爱为但言，以志钦慕：

映空和尚，天真烂漫。豁然其度，超然其逸。世事浮云，形骸放浪。栽花种竹，除邪涤荡。与野鸟为朋，结孤云为伴。砌石作床眠，抄经月下看。身之荣辱今茫茫，人之生死今淡淡。寒依日今暑依风，渴思饮今饥思饭。不管国家存亡，焉知人间聚散。无人无我有相无相，时局如斯令人想向。

中华民国壬戌年孟春月西蜀朱德 敬赠

【赏析】

壬戌年(1922)，朱德已在滇军13年，经历云南辛亥重九起义，参加护国战争，血战沙场，扫除帝制，为恢复民权立下赫赫战功，后出任云南陆军宪兵司令，继任警察厅长。此时袁世凯虽已倒台，但望眼寰宇中，军阀混战，生灵涂炭，有志之士郁结于心，苦闷彷徨，为民生殷忧，替时局犯难。此时他漫步亭园，写下此文，既羡映空“与野鸟为朋，结孤云为伴”的野老闲情，又放不下国家存亡的大事，忧从中来，辗转反侧，是大鹏振翅之前的敛羽，是蛟龙翻腾之际的潜渊；是年，他即离开昆明到德国寻求新的革命道路，由此揭开了崭新的人生篇章。映空和尚善艺花木，通晓诗文佛理，雅有情趣，其募化修饰昙华寺甚力，至今其手植花木仍葱茏茂盛。他与朱德甚为相投，在朱德赠诗文刻石立碑之后两个月即圆寂，而他与朱德的友谊，却长留青山绿水间。

**实例6《娄山关口诗碑》(毛泽东)**

西风烈，长空雁叫霜晨月。霜晨月，马蹄声碎，喇叭声咽。

雄关漫道真如铁，而今迈步从头越。从头越，苍山如海，残阳如血。

【赏析】

娄山关口这块巨大的诗碑，刻的是毛泽东同志的《忆秦娥·娄山关》一词，向我们讲述的是战争年代惊心动魄的故事。当年红军被迫长征，自从湘江惨败，损失近一半人马，人心浮动，对于当时担任指挥的李德和博古到底能不能带领大家走上一条生路毫无信心，一路上被敌人围追堵截，连战连败，真是苦不堪言。

这时候红军的二十余位领导人在遵义开会，终于决定罢了博古的官，把指挥权交给毛泽东。毛泽东分析了红军长征以来的目标一直是北上入川与张国焘会合，而敌人也恰在北边布置重兵，于是决定放弃北上，向战斗力薄弱的黔云方向前进。遵义会议后，红军第二次渡过赤水河后回师黔北，彭德怀亲自带领急行军抢占娄山关，随后，又在娄山关周围先后击溃和歼灭国民党军队两个师八个团，俘敌约三千人，取得了长征以来的第一个大胜利，重振了红军的军威。指战员们异口同声地说:“毛主席一指挥就打胜仗！”红军战士称毛泽东是当代的“诸葛亮”。毛泽东也为长征以来取得的第一次大的胜利而欣慰。

红军重占娄山关后,毛泽东随中央军委纵队登上娄山关,极目四望,文思潮涌,在马背上哼成了气壮山河的诗篇《忆秦娥·娄山关》。从此,娄山关声名大振,写进了中国革命的史册。

# 3 祭文

## 3.1 祭文概述

### 3.1.1 什么是祭文

从广义来讲，祭文是对天地神灵、山川河流、先祖古迹、鬼物亡人等所作的哀悼性诗文的总称，可诵读亦可张贴或发表，寄托对象与范围极为广泛，含古代祭文所分的诔辞、哀辞、祝文、吊文和祭文，也含近现代人在哀悼之际所写的悼词以及后来祭奠时所发表的悼念文章等。如韩愈的《祭竹林神文》、《祭鳄鱼文》，宋祁的《北狱祁雪文》，白居易的《祭龙文》，欧阳修的《祭东岳文》，苏轼的《徐州祭枯骨文》，路振的《祭战马文》，汪中的《哀盐船文》，历朝历代的祭黄帝陵文、祭炎帝陵文、祭孔府孔庙文以及敦煌经卷中的祭马、祭牛、祭驴、祭狗文等。从狭义来说，祭文专指对古今亡人所写的哀悼性文辞，一般用于现场祭祀或祭奠，也可在亡者故去数年数月数日后择时哀悼，文体不限，形式比较自由，语言朴实感人。此类祭文自古至今流传甚广，名篇佳什存世极多，民间多有效仿，且逐渐赋予其更多的时代内涵。

祭文是一种比较古老而且运用广泛的实用文体，在我国很早就被运用在祈祷雨晴、驱逐邪魅、祈求福降、哀悼死亡等诸多方面，而以哀悼亡逝者为主。祭文历经朝代变迁不断发展变化，在内容和形式上更是不拘一格，丰富多彩。

祭文的出现，最早可以追溯到汉代。那时，人们在祭扫山坟陵墓时，往往要诵读“哀策”，即早期的祭文。到了唐宋，祭文开始兴盛并广泛发展开来，种类也不断增多，还出现了不少写此类文章的大家，如陶渊明的《祭从弟敬远文》、潘岳的《为杨长文作弟仲武哀祝文》、陈子昂的《祭韦府君文》、韩愈的《祭十二郎文》、苏轼的《祭陈令举文》、欧阳修的《祭石曼卿文》、刘禹锡的《祭韩吏部文》等，或长或短，或骈或散，或重叙事，或重抒情，真可谓各具特色，各领风骚,都是脍炙人口的古代祭文名篇。因此,后人对这种文体沿用不衰,用它来表达对亡亲故友的哀悼之情,极尽衷情哀思之心语。到了近现代,人们在撰写祭文时往往半文半白,或诗或文,或赋或词,或尚古或创新,或诵读或张贴,或存念或发表,情真意切,自由表达。这一时期的祭文佳作,篇帙纷陈,美不胜收。

### 3.1.2 祭文的种类

祭文是中国传统礼仪和丧葬文化的重要组成部分之一，是中华民族创造的、表现对死亡这一“固定主题”进行审视而抒发哀怨情怀的传统形式,其内容丰富、种类繁多,概括来说可以包括以下几种：

(1)诔辞、哀辞、祝文、吊文和祭文

这种分类源于古人对祭文的具体研究,从萧统在《文选》中对“诔”、“哀”、“吊”、“祭”的专列开始,直至明清所编的《文体明辨序说》、《古文辞类纂》以及《经史百家杂钞》，都对古代祭文进行了以上分类的具体阐述。王人恩教授在《古代祭文精华》一书的前言中曾作过比较详尽的论述。

①诔辞又称诔文,简称诔,是官方对亡故贵族或官僚歌功颂德、隐恶扬善而创作的哀悼文体。一般是先累列死者事迹、品行,而后寓哀伤悼惜之情,格式大多是前散后韵、韵散结合,以四六句式为多,是我国古代哀祭文的最早形式。诔辞最早产生于西周初年,两汉时期诔辞贵贱分明,官本位思想及等级制度严格,当时所谓“贱不诔贵,幼不诔长;父不祭子,夫不祭妻”之习俗,直到魏晋南北朝及后续时期才有较大变化和发展。《红楼梦》里贾宝玉为悼念晴雯而写的《芙蓉女儿诔》便是私诔的杰作之一。

②哀辞也写作哀词,主要是以年幼夭亡、不以寿终者为哀悼对象所创作的一种文体。故有“或以有才而伤其不用,或以有德而痛其不寿”之说。在格式上除前列序文外,仍以四六句式或以四、六、七言骚体为多。依现存文献来看,哀辞产生于东汉,宋代以后哀悼对象已不再局限于年幼夭亡者而扩展到成人,元明清三代的哀辞越来越少,且与祭文难以区别。曹植的《金瓠哀辞》就是为了悼念初来人世只活了一百九十天的大女儿所作。

③祝文又称祝辞,是用以祷告神灵求福消灾的文字。祝文可分为庙祭文和墓祭文两类。庙祭文一般用于官方或重大的祭祀场合，格式多为四言体的韵文。墓祭文形式则较为灵活,士庶阶层的私祭也可采用。多是以文言散文、韵文或骈体文写成,篇幅有长有短。祝文分类主要源于刘勰的《文心雕龙·祝盟》,其文涉及自然神灵和鬼物人事诸多方面,祭祷之繁、名称之多,难以备述。祝文大

约产生于原始社会,越古越多,自古至今代代皆有。

④吊文和祭文:吊文原意是指对遭遇凶丧灾祸者表示哀悼和慰问的文字,多以赋为主,后来逐步发展成为偏重于凭吊古人古迹,借以咏怀自伤的文字。祭文原为祭奠同时代亲友之文辞,可散可韵,后不限于此,祭奠对象大大拓展,吊、祭文内容与形式流变合一,起初虽各有偏重,在隋唐以后实为一体,难分伯仲。

明清以来,祭文的内涵几乎囊括了吊文和祝文的全部内容,祭文标题除"祭"之外,哭、吊、悼、告、葬、悲、哀和奠等名称皆有所用,其实全为祭文一体,除保留原有的古代散文和韵文外,新的格式和内容也应运而生。

(2)家奠文和公奠文

以哀悼亡者为主体的祭文依家庭和群体不同大致可分为两类。一类是家奠文,即在家祭奠礼当中,由家族成员在灵堂和坟前所读诵或以后时日所祭奠的怀恩文章。一类是公奠文,即在公祭奠礼当中,由亲友及机关团体在灵前或特定场所所读诵以及公开发表的追悼文章的统称。

(3)古代祭文和近现代祭文

按照祭文作者所处的时代来分,祭文从总体上可以分为古代祭文和近现代祭文。从朝代更替上还可细分为先秦祭文、两汉祭文、魏晋祭文、南北朝祭文、隋唐祭文、两宋祭文、元明清祭文、民国祭文和新中国祭文等等。

古代祭文主要是指晚清以前的祭文,多以个人名义而写,且大多用文言文,典故较多,若无注解则难以畅读,讲究文辞华丽,并且格式严格,有些还带有一定迷信色彩,今人不便效仿。近现代祭文主要是指民国以来的祭文,虽然尚存部分古代祭文遗风,但在文字表达上多为半文半白或全部白话,形式多样且内容丰富,通俗易懂,便于今人学习并效仿。

除上述几种分类外,还可根据祭文作者或哀悼对象进行相关内容或具体身份等方面的划分,这里不再枚举。

### 3.1.3 祭文的格式与写作要求

祭文是古今丧葬常用之辞,虽说文无定式,然其古人曾经撰写祭文时已经形成的格式和一般措辞我们不能不知。下面以狭义的祭文为例,简要谈谈祭文的一般格式和写作要求,仅供参考。

(1)祭文的一般格式

①标题。写成"祭□□文"即可。"□□"表示亡者的辈分或与生者的关系。

②"维"起。

③亡者逝世的情况。

④祭奠人。

⑤亡者生平及事迹。

⑥表示哀痛之情。

⑦结语常用"伏惟尚飨"。

(2)祭文的格式说明及写作要求

人们写祭文,开头习惯以"维"字开头。"维"是助词,作发语词用,无别的意思。祭文以"维"字开头后,紧接着即言明祭文时间及祭谁,谁来祭。这是开篇明义,首先要点明主题。

祭文的内容主要颂扬被祭者生前的优点和功德,要求语言必须精练,要以简明扼要之词表达悲哀况痛之情,不求过长,一般以数百字为宜,切忌拖泥带水。古代的祭文,语言均押韵。可一韵到底,也可变韵,即押两个以上韵。押韵祭文一则读起来顺口,听起来和谐;二则有韵脚的声音可以烘托气氛,利于主祭人的感情表达;三则多用响度低沉厚重之韵,适于表达悲哀忧伤之情。近现代祭文在字数和押韵上较为自由,可长可短、可韵可散。

祭文结尾常用"尚飨"一词结束。其中"尚飨"是临祭而望亡人歆享之词。尚,是庶几,希望;飨,设牲牺果珍以品尝。

新祭文从内容到形式都有了变化和发展。在内容上体现了积极的思想和时代精神,既寄托了对死者的哀思,又鼓励生者化悲痛为力量。在形式上比较自由,语言朴实,感情真挚,有用韵文写的,也有用散文写的,比较适合家祭之用。

在祭文写作的具体实践中,应克服祭文写作的误区,同时,为了进一步掌握祭文写作的要领,本书所选的"祭文示例"、"祭文赏析"以及"祭文研究"也是深入了解和学习研究的重点。

### 3.1.4 祭文写作的误区

**误区一:虚情假意,无病呻吟。**

真实是祭文的生命,情感是祭文的灵魂。祭文不同于小说,所祭奠的对象大多是真人真事、实情实境,容不得半点虚伪,素材必须真实可信,绝不可添枝加叶、张冠李戴、移花接木,更不能虚构编造、无中生有。语言最忌谀辞巧语,虚文蔓说,以哀痛深切、悼惜动人为好。

撰写祭文要有真情实感,把握好主祭人角色,无论亲笔或代笔,感情要真挚。“感人心者，莫先乎情。”因为祭奠，所以情溢，人类的真情感孝多源于对亡者的追忆与感恩。若无真情实感方面的内容或没有细节铺垫，只作无泪之哭、不哀之嚎，或者突然间“肝肠寸断”、无病呻吟，只会让人感到浮而不实、夸而失信，令人作呕。

**误区二：抄袭剪辑，千人一面。**

祭文吊死慰生，情真意切，最能体现祭奠者真实性情，最好由至亲至友亲自撰写，方可直达其境、直抒其悲。时下网络普及，流行的祭文书籍又很多，若是从网上或书中抄袭剪辑，缺乏对祭奠对象的详细了解和研究，没有时代背景及其真实生活的个性提炼，往往“顺手牵羊”、“照猫画虎”，应急草就，结果“言之无文，行而不远”，内容空洞无物，情节单薄平淡，语言含糊其辞，既无内涵又无个性，似乎符合每一个相同称谓、相近职业或者相似经历的祭奠对象，这种千人一面、泛泛而谈的祭文有何意义？

**误区三：言过其实，文过饰非。**

祭文既是时代细节的反衬，又是历史侧面的镜片。因为每一个祭奠对象都是时代或历史的影子，在他们的生命历程中既有过强大辉煌也有过软弱低落，有过成功的喜悦也有过失败的懊恼，有过善良可敬的行为也有过罪恶可恨的举动，如此等等，或许会在每一个祭奠对象的身上或多或少地显现。然而，有些祭文却将他们全都写成了无可指责的英雄豪杰或是君子圣贤，甚至写成了十全十美的善人完人，这难免有些言过其实，文过饰非。若是真君子真善人也就罢了，但现实中修炼到如此境界的圣贤之士的确不是很多。

**误区四：事无巨细，拖泥带水。**

古代祭文短则寥寥数语，长则数百字，一般二三百字，要求语言简练、高度概括。现代祭文一般不求字数限定，很注重原始生活素材和细节，但也必须提炼主题和选材，要精思妙想、善于概括。正如陆机所说：“要辞达而理举，故无取乎冗长。”不能像“老婆婆数核桃”，一五一十，平铺直叙，把所有的材料都堆砌起来，这样的选材事无巨细，容易使祭文显得庞杂零乱，重复啰唆，拖泥带水，从而影响祭文陈哀抒悲、至情至性的主旨表达。

**误区五：过分尚旧，言辞艰涩。**

纵观历史，古人为我们留下了无数脍炙人口的经典祭文，这不仅是我们学习和研究的宝贵资料，更是我们继承传统文化、弘扬感恩思想的精神财富。随着时代的发展，祭文的格式和内容发生了极大的变化，越来越具有时代气息，通俗易懂，实用普及，或白话，或文言，或半文半白，而且日益成为民间祭祀活动不可缺少的重要内容之一。但仍有人过分好古尚旧，食古不化，一味模仿或追随古代早期祭文范例，用字生僻繁旧，言辞艰涩难懂，听之看之如读天书，佶屈聱牙，实在令人费解，不宜倡导。

### 3.1.5 古今通用祭文示例

**示例 1《祭男女通用文》**

维

公元□年，岁次□□，□月□日□□谨以三牲不腆之仪致祭于□□之灵前曰：

呜呼，□竟溘然长逝耶，登其堂不闻其声，入其室不见其人。此际此情能勿黯然神伤，怆然心痛也哉。回忆□□之生平，严以待身，俭以理家，忠厚处世，和平待人，方期永厚假龄，吉人天相，讵料一疾不起，膏肓为患，竟辞世仙逝耶。所幸兰桂腾芳，头角峥嵘，□亦可以含笑于九泉矣。□聊备微仪，以伸微忱。灵其有知，冀来品尝。

伏惟

尚飨

**示例 2《男丧祭文》**

《男丧祭文》一

维

公元□□年，岁次□□，□月□日，□□等谨以德禽醴酒之仪，致祭于□公□□先生之灵曰：

嗟乎！天之生人兮，厥赋维同；民之秉彝兮，独厚我公，雍容足式兮，德望何崇。优游自适兮，倏尔潘踪。怅望不见兮，杳杳音容。只鸡斗酒兮，仪愧不丰。冀公陟降兮，鉴我微衷。

伏惟

尚飨

□年□月□日□□ 叩祭

**【译文】**

今天，公元□年，岁次□□，□月□日，□□等恭敬地用雄鸡、甜酒等礼品，祭告于□公□□先生的灵位前：

唉呀！上天降生世人啊，他们的禀赋都是相同的，让老百姓掌握常道法则啊，得天独厚的却是我们尊敬的先生，他的雍容文雅值得效法！德行名望多么高尚，令人尊崇。优哉游哉自得其乐啊，却突然潜藏了行踪。心情惆怅不能再见啊，声音杳杳。一只公鸡一壶酒啊，令人惭愧祭品不丰。希望先生上升天堂下降人世啊，鉴察我们微薄的心意，保佑我们，最后敬请享用祭品。

□年□月□日□□ 叩祭

《男丧祭文》二

维

公元□年□月□日，□等谨以清酌时馐之仪，致祭于□君之灵前曰：

呜呼！君溘然长逝耶，登其堂不闻其声，入其室不见其人，此际此情能勿黯然神伤，怆然心痛也哉。回忆君之生平，勤以持身，俭以理家，忠厚处世，和平待人，方期永厚遐龄，吉人天相，讵料一疾不起，膏肓为患，竟辞世而仙逝耶。所幸兰桂腾芳，头角峥嵘，君也可以含笑于九泉也。我等聊备微仪，以神微忱，灵其有知，来格来歆。

伏惟

尚飨

**示例 3《女丧祭文》**

维

公元□年，岁次□□，□月□日□□等谨以清酌庶馐，致祭于□母□太夫人之灵曰：

嗟乎！夫人之德，钟郝流芳。夫人之誉，彤管休扬。早为人妇，相夫有光。及为人母，教子有方。待人以慈，内外皆康。持家以俭，巨细咸臧。岂期大数，遽梦黄粱？幽明永隔，实为可伤。忝叨眷属，闻讣彷徨。爰具牲醴，奠祭于堂。仰祈灵贶，是格是尝！

伏惟

尚飨

□年□月□日□□ 叩祭

**【译文】**

今天，公元□年，岁次□□，□月□日，□□等恭敬地用清酒和多种佳肴祭告于□母□太夫人的灵位前：

啊呀！夫人的德行，像晋代王家钟、郝两夫人一样流传芳名；夫人的名誉，像古代女史用红杆笔记事一样被天子颂扬。您年轻时做好妻子帮助丈夫争光。作为母亲，教养儿子方法得当，仁慈待人，所以内外都和睦安康。勤俭操持家务，大事小事都处理得很好。哪料到了年寿的大限数，立即像做黄粱梦进入了梦乡。阴间阳间永远隔绝,实在令人感到悲伤。叨蒙照顾,作为亲属的我们,突闻报丧,行坐不安,四处彷徨,备办三牲、甜酒,祭祠于灵堂,恭敬地祈求英灵赏脸,亲自前来品尝,敬请享用祭品。

□年□月□日□□ 叩祭

示例 4《发引文》[1]

维

公元□年岁次□□,□月□日不孝男□□兄弟等谨以三牲不腆之仪,致祭于故显考(妣)□□老大人(孺人)之灵前曰:

呜呼,昨日何日兮,灵棺尚奠于中堂。今日何日兮,灵柩将驾于道旁,安厝予□山之阳。辆车既举兮,对几筵而增伤。幽明各途兮,父(母)子欲见无方。痛音容永隔兮,泪汪汪断肝肠,恨□等之不孝兮,聊备酒浆馨香,我父母有知兮,冀来品尝。

伏惟

尚飨

□年□月□日□□ 叩祭

示例 5《告祖文》

维

公元□□年岁次□□,□月□日,□□省□□县□□乡□□村□□庙□□土地社下,不孝男□□□,媳□□□率□□□合家人等,谨以佳肴美酒之仪,泣奠于□□堂上历代先人之堂前而泣曰:

□□大人不幸亡故!□□生于□年□月□时,殁于□年□月□日□时,终年□岁。

呜呼痛哉!(写亡者死亡的情节……),好不痛心。

呜呼,□□大人丢下一切……,急赴黄泉路,所有后人跪奠于□□堂前,告祖宗指引亡程,一路滔滔无阻隔,留一魂一魄依次坐神台。

伏惟

尚飨

□年□月□日□□ 叩祭

示例 6《清明祭祖文》

维

[1]此文常用于出殡时抬出灵柩或送至墓地所诵读的祭文。

公元□年□月□日，孝裔孙□□、□□等敢昭告于列祖列宗之莫灵，曰：

昭光流易，已届分烟，桐花将放，柳絮将绵。追念先德，备觉怆然。礼应报本，祭祀宜虔。谨具牲醴，列陈粗筵。恭申祭告，佐以短篇。

□年□月□日□□ 叩祭

**示例7《祭祖父文》**

《祭祖父文》一

维

公元□年岁次□月□日，乃祖父安厝之前夕，齐期孙□等率全家大小，虔具清酌庶馐之奠，致祭于先祖父□老大人之灵前而哀泣曰：

祖父梦入华胥，年逾古稀，奔波劳碌，终生耕耘，风雨无阻，不畏艰辛，勤俭持家，生活平稳，教育吾辈，身体力行，对待敌友，爱憎分明，维护集体，不讲私情。祖父之德，光彩照人，老当益壮，宜寿长春，无奈不测，疾病缠身，一卧不起，参苓难进。呜呼祖父，百喊不闻，肝肠断绝，血泪沾巾，哀号祭奠，悲痛难陈。祈祷天地，虔祈英灵，保我后代，佑吾儿孙，成事亨通，家振业盛，五谷丰登，六畜旺盛，天长地久，福禄长存，黄泉有觉，常来显灵，今备牲醴，以表哀情。来格来尝，九泉有灵，呜呼哀哉！

伏惟

尚飨

□年□月□日□□ 叩祭

《祭祖父文》二

维

公元□年□月□日，□□等，虔具清酌庶馐之奠，致祭于先祖父德享老大人之灵前而哀曰：

祖父去世，年仅七旬。奔波劳碌，终生耕耘。风雨无阻，不避艰辛。勤俭持家，生活平稳。教育吾辈，克己恭人。对待敌友，爱憎分明。维护集体，不讲私情。祖父之德，足启后人。老当益壮，宜寿长春。无奈不测，急病缠身。一卧不起，迅速辞尘。呜呼祖父，百喊不闻。肝肠断绝，血泪沾巾。哀号祭奠，悲痛难陈。黄泉有觉，来品来尝。呜呼哀哉！

伏惟

尚飨

□年□月□日□□ 叩祭

《祭祖父文》三

维

公元□年□月□日，天运□年□月□日，嗣孙□等谨备时馐果肴、醇醪香茗之仪，致祭于祖父之灵前，悼之以文曰：

呜呼哀哉！时维仲秋，祖父辞世，悲痛欲绝，友为哀泣，亲为泪血，凝视祖父遗容，追念祖父平生，悲从中来，不可断绝。

伏惟祖父，困苦的生活磨练了祖父刚强的性格。

祖父承蒙祖宗遗训，很看重文化人，热心公益，乐善好施，具有悲天悯人的慈悲心肠，尤其看重子孙的读书事业，我们所受的影响很大。

祖父一生勤奋好学，多才多艺。少年时候完小毕业，在当时算是文化人，祖父的善良品性深深地感化着我们。

祖父生性耿直，古道热肠，凡乡邻婚丧嫁娶都去热情相帮，送往迎来，竭尽所能。为人处世，诚信为本，磊落洒脱，务存本性，对后代要求很严格，祖父对我们不仅有养育之恩，而且还有教育之情，厚重如山，博大如海。

今天，祖父离开了我们，想祖父不能再看到慈祥的面容，念祖父不能再聆听谆谆的教诲，出不闻千声叮咛，入不见品茶吃饭，祖父啊祖父，每想到这些，儿孙们肝肠寸断，泪成河，心如灰。

祖父啊，您一路走好，我们一定不会忘记您的深恩与教诲，嗣孙们手足情深，一定会互帮互助，团结一心，不能在您的面前尽孝，我们会把千百倍的孝心奉献给我们的父母亲，把爱心献给下一代。

祖父，安息吧！

□年□月□日□□ 叩祭

**示例 8《祭祖母文》**

维

公元□年岁次□月日，乃祖母仙逝安厝之前夕，不孝孙□等率全家人等，虔具清酌时馐，致祭于先祖母□老孺人之灵前而哀泣：

天苍苍，地茫茫，我哭祖母别家堂，千呼万唤不闻应，捶胸顿足泪汪汪。忆往昔，我孤苦伶仃失爹娘，饥寒交加，艰难成长。祖母苦心，含泪抚养。相依为命，同苦共尝，形影相吊，寒暑相望，教我耕耘，训我桑麻，引我习字，育我词章，教孙正直做人，做好人，勤劳俭朴把家当，海深恩情长，祖母深情永难忘。今我长大，配偶成双，云开日出，初见阳光，童子扑怀，天伦刚享。敬奏余年，告昏周详。惟愿祖母长寿无疆。无奈黄天降不祐，祖母染疾卧榻床，气息奄奄，迷归帝乡。喊天天不应，哭地地不响。祖母啊祖母，你去得太早，走得太忙，你劳苦一生，晚福未享，我犊情未报，无限悲伤，号泣祭奠，难诉衷肠！愿祖母九泉有灵，佑我家振业旺，天长日久，福禄齐芳，愿祖母神赴瑶池，来品来尝，祖母，你安息吧！

伏惟

尚飨

□年□月□日□□ 叩祭

**示例9《祭父母文》**

维

□□年岁次□□，□月□日，不孝子□□等谨以清酒时馐致祭于显考□府君□妣□太夫人之灵曰：

呜呼！父赋性母懿德兮，孝友德全谨慎慈贤，生我育我兮，训诲渊源。我期父母寿兮亿万斯年。胡为一疾兮，馆寝舍遽捐。使我儿辈兮，肠断流连。呼天辟踊兮，风木凄然。音容何适兮，杳隔黄泉。回顾彷徨兮，如狂如颠。抚膺呼声号兮，欲见无缘。幽明永诀兮，窀穸寒烟。猿惊鹤唳兮，衰草芊芊。天长地久兮，抱恨绵绵。父母其有灵兮，鉴此清筵。呜呼哀哉！

伏惟

尚飨

□年□月□日□□ 叩祭

**示例10《祭父文》**

维

公元□年岁次□月日，乃我父安厝之前夕，不孝女□等率全家大小人等，谨以清酌庶馐之仪，致祭于显考□府君之灵前而哭曰：

呜呼，痛维吾父，年仅六旬，偶染微恙，一病之身，嗟尔不孝，晚延严君，号天泣血，泪洒沾尘，哭号我父，哭其艰难，出身寒微，世代清贫，日夜奔忙，勤耕苦耘，艰苦创业，俭朴忠信，处世有道，克己恭人，和睦邻里，敬重乡亲，关心他人，胜过至亲，养育我辈，爱护如珍。抚养教育，苦口婆心。教我书耕，严格认真；教我处世，身体力行。如斯人德，宜寿长生。俾为君女，定省晨昏，侍奉敬养，颐养天年。胡天弃我，夺吾父身，魂游冥府，哭喊不应，瞻望不及，音容莫亲，天昏地暗，黯然伤神，哭断肝肠，亲何以伸，养育之恩，吾向谁陈？兹当祭奠，聊表孝心。化痛为忠，化悲为诚，化哀为俭，化伤为勤，继承遗志，耀祖光宗，先父有灵，佑我儿孙，百业兴旺，万事亨通，财福齐运，家声永振，先父有觉，来尝来品。

伏惟

尚飨

□年□月□日□□ 叩祭

示例 11《祭母文》

维

公元□年岁次□月□日，乃我母安厝之前夕，不孝儿□等率全家大小人等,谨以清酌庶馐之仪,致祭于显妣□孺人之灵前吊之以文曰：

天黑地沉,风凄雨冷,生死永诀,黯然伤神,不幸吾母,神赴瑶城,魂迷屺岭,泪哭无应。忆思吾母,贤淑一生。善良处世,克俭克勤,奉侍翁姑,茶药孝顺,妯娌共处,相爱相亲。迨生我辈,苦育成人,筹谋媒娶,万苦千辛,职尽内助,居贱食贫,劳劳碌碌,以度长春。具斯淑德,宜寿百旬,菽水承欢,略报深恩。胡天不佑,疾患侵身,哀哀儿女,求医拜诊,无奈神竭,参苓无效。哭天喊地,难留母存,南柯一梦,胡天负人。今来祭奠,薄酒微珍,黄钱数束,灵堂一栋,宝马一匹,箱架两笼,锦衣数匣,玉食千盅,愿母品尝,九泉无凶,佑我儿孙,护我家龛,千秋万代,人旺业盛。

伏惟

尚飨

□年□月□日□□ 叩祭

示例 12《祭伯(叔)母文》

维

中华人民共和国岁次□□，□月□日，侄儿□□□、□□□等，虔具清酌时馐之奠,致祭于先伯(叔)母□□□老孺人灵前,吊以文曰：

噫嘻伯(叔)母，抚我犹子。养育提携，亲如慈母。伯(叔)母一生清贫，居贱食苦,昼耕夜织,不避寒暑。筹谋家业,内外驰驱。服侍姑嫜,尊敬爱护。和于妯娌,不骄不妒。左邻右舍,皆称贤妇。胡天不佑,过早作古。慈容渺渺,不可再睹。犹子悲伤,无法弥补,反哺之情,向谁倾诉。聊具祭筵,旨酒为鲁,一滴入泉,表我心腑。

伏惟

尚飨

□年□月□日□□ 叩祭

示例 13《祭岳父文》

维

公元□年岁次□□,□月□日,子婿□□谨以清酌庶馐致祭于岳父大人之灵前曰：

吾翁清操，浊世不污。践人蹈义，虚名不娶 。义方教子，有庭可趋。贻厥孙谋，有劲可锄。□忝半子，正乐持扶，岂期一日，遽尔长逝。永辞尘世，石室安居。感念私恩，拜奠欷歔，翁其有灵，鉴此清沽。哀哉！

伏惟

尚飨

□年□月□日□□ 叩祭

示例 14《祭岳母文》

维

公元□年岁次□□，□月□日，子婿□□谨以清酒时馐致祭于岳母大人之灵前曰：

呜呼！唯我岳母，夙著贤良。温恭淑慎，贞静端庄。七诫足式，四德咸藏。何期萱萎，息尔姿庄。□忝半子，情实悲伤。灵輀将驾，素兆飘扬，滂流涕泗，碎裂肝肠。望灵祭奠，来品来尝。哀哉！

伏惟

尚飨

□年□月□日□□ 叩祭

示例 15《祭亲家文》

维

公元□年□月□日，愚姻弟□□□谨以清酒果品，致祭于□□府尊姻台老大人之灵前，曰：

呜呼，吾翁之性，恺悌慈祥。吾翁之行，廉让谦光。待人以恕，训子有方。不作子物，抚愧彼□。宜天眷顾，俾寿而藏。胡天一疾，竟速慈航。倏闻凶耗，骑箕帝乡。其忝葭末，曷禁彷徨。敬陈薄奠，聊表衷肠。

伏惟

尚飨

□年□月□日□□ 叩祭

示例 16《祭师文》

《祭师文》一

维

公元□□岁次□月□日，乃我师安厝之前夕，晚生□□等率全班同学，谨以清酌庶馐之仪，致祭于恩师□公之灵前吊之以文曰：

呜呼！人生斯世，如叶飘风。彭修颜短，同归一室。缅怀尊师，德高望重，才高八斗，贾生望尘。文成锦乡，艺坛豪雄，桃李千万，同出一宗。学识渊博，八方称颂。生虽不才，随师可通。如斯俊才，寿应长生，胡为苍天不佑，哲人遇凶，与世长辞，难见音容。嗟我小生，悲切哀痛，捶胸顿足，万箭穿心。从今尔后，何处求教，何处问课？疑惑谁解，难关怎攻？有如扁舟一叶，学海迷蒙，寻径无踪。呜呼！嗟我小生，何所适从？哭恩师，在世为人忠诚，传道授业，春蚕吐芯，爱生如子，风范永存。小生化悲为勤，去痛用功，继承师志，勇攀知识高峰，告慰师魂，惟有行动。千言万语，难陈悲痛。聊具薄奠，微表苦衷。慰师九泉安息，神归昆仑。尊师黄泉有知，佑我弟子学海青云，万事亨通。呜呼哀哉！

愿吾师灵魂早安！

伏惟

尚飨

□年□月□日□□ 叩祭

《祭师文》二

维

公元□□年□月□日，学生□□虔具清酌果品，致祭于尊师□□老大人之灵前：

呜呼，吾师不幸辞尘，学生闻耗，悲痛万分。今天祭奠，来表深情。尊师一生，为人公正，学识渊博，德高望重，解惑授业，清晰晓明，启迪思维，循循善诱，通之以理，动之以情，堪为师表，人人称颂。今天尊师永别，难见音容，疑难谁解，难关怎攻，茫茫学海，何所适从，千言万语，难陈悲痛，学生只有化悲为勤，刻苦用功，继承师志，勇攀科学高峰，聊表薄奠，来表衷肠，尊师九泉有知，来品来尝，哀哉！

伏惟

尚飨

□年□月□日□□ 叩祭

**示例 17《祭夫文》**

维

公元□年□月□日，妻□□□闻夫不幸去世□日，庶馐之奠，谨向先夫□□□之亡灵吊以文曰：

呜呼我夫，恩爱同宿。白发齐眉，犹嫌短速。胡天不佑，中年分途。悲痛欲绝，昏迷于路。贱妻无依，冷落门户。儿女谁怜，伶仃孤苦。心绪茫茫，只有哭号。

欲见无缘，身贱命苦。百喊不闻，凄凉寂寞。吊以斯文，远方祝托。

尚飨

□年□月□日□□ 叩祭

示例18《祭妻文》

维

中华人民共和国岁次丙寅□年□月□日，不德夫□□□特以时馐果品，致祭于之妻□□□之灵前曰：

呜呼我妻，一生艰辛，日耕夜织，苦度长春。服侍翁姑，谦让恭温，夫妻恩爱，相敬如宾，养儿育女，诲训成人。操持家务，百事殷勤。宜家宜室，德淑品顺。如斯贤良，应寿百旬。胡为门衰运厄，挽留无津。一病归天，弃世辞尘。生死诀别，百喊不闻。同林寂寞，泪湿衣巾。阴阳间隔，怎把言陈。灵前吊祭，义尽情分。奠酒一杯，微表爱恩。

尚飨

□年□月□日□□ 叩祭

示例19《祭兄(弟)文》

维

公元□年□月□日，不恭弟□□□、□□□等，谨以时馐之奠，致祭于吾兄□□之灵前曰：

惟弟与兄，同气情深。少小共被，长大同衾。兄友弟恭，患难同心。支撑门户，兴旺可钦。晴天霹雳，诀别于今。往事已矣，雁群散分。门庭萧索，痛切同根。棣萼凋谢，兄意别亲。杜奠椒浆，洒洒言陈。

尚飨

□年□月□日□□ 叩祭

示例20《祭姐(妹)文》

维

公元□年□月□日，弟(兄)□□□，特以清酌时馐，致祭于□府□□姐姐(妹妹)之灵前，曰：

呜呼，惟我姐姐兮。女中之英，处则孝女，嫁则令名。痛哉西游，棠悴无阴。爱弛一本，哀切同根。何以表诚，登堂薄奠。

尚飨

□年□月□日□□ 叩祭

## 3.2 祭文赏析

### 3.2.1 古代祭文概说及选录赏析

古代祭文源远流长，繁若星汉。随着时间的流逝，虚泛应酬之作日趋减少，存世祭文多为至情至性的艺术精品，在吊死慰生和陈哀抒悲中往往意夺神骇、心惊骨折，或抚棺号啕、声泪俱下，或撕心裂肺、痛不欲生，或缅怀亡灵、饮泣吞声，或肝肠寸断、含哀不露，或默祷静告、神情并悲……声声含泪、句句如泣，敬孝与感恩、追忆与痛惜、爱憎与悲喜，各种情愫溢于全文，读来感人肺腑，令人销魂。

古代祭文从时空上与现代社会相距甚远，许多理念和思想与当今时代不尽相同，行文要求也发生了较大变化。古代祭文在文体上分类较多，除散体外多为韵体，也有采用骚体、骈文或俪文的。大都具有“慎终怀远”、“事死如事生”的意识，感情真挚而浓烈，语言精练而凄美，真可谓“书翰伤切，文辞哀痛，千悲万恨，何可胜言”！因此，后人对古代祭文的研究很多，如王安石的《祭欧阳文忠公文》和韩愈的《祭十二郎文》等篇章已被选入中学教材，王人恩的《古代祭文精华》、王毅和曹天喜的《古今哀祭文赏析》、李正西的《千古祭文》等更是古代祭文研究的专著，加之相关书籍的章节编排、报刊杂志上个别研究和网络普及，古代祭文的注解、翻译和赏析并不少见。这里只撷取其中七篇，以概其要，旨在领略古代祭文之风采，解读古人述悲之情怀，没必要因循守旧、墨守陈规。

**实例 1《陈情表》(西晋·李密)**

臣密言：臣以险衅，夙遭闵凶，生孩六月，慈父见背，行年四岁，舅夺母志。祖母刘愍臣孤弱，躬亲抚养。臣少多疾病，九岁不行，零丁孤苦，至于成立。既无叔伯，终鲜兄弟，门衰祚薄，晚有儿息。外无期功强近之亲，内无应门五尺之童，茕茕孑立，形影相吊。而刘夙婴疾病，常在床蓐，臣侍汤药，未曾废离。

逮奉圣朝，沐浴清化。前太守臣逵，察臣孝廉；后刺史臣荣，举臣秀才。臣以供养无主，辞不赴命。诏书特下，拜臣郎中，寻蒙国恩，除臣洗马。猥以微贱，当侍东宫，非臣陨首所能上报。臣具以表闻，辞不就职。诏书切峻，责臣逋慢；郡县逼迫，催臣上道；州司临门，急于星火。臣欲奉诏奔驰，则刘病日笃，欲苟顺私情，则告诉不许。臣之进退，实为狼狈。

伏惟圣朝以孝治天下，凡在故老，犹蒙矜育，况臣孤苦，特为尤甚。且臣少仕伪朝,历职郎署,本图宦达,不矜名节。今臣亡国贱俘,至微至陋,过蒙拔擢,宠命优渥,岂敢盘桓,有所希冀!但以刘日薄西山,气息奄奄,人命危浅,朝不虑夕。臣无祖母,无以至今日,祖母无臣,无以终余年,祖孙二人,更相为命,是以区区不能废远。臣密今年四十有四,祖母刘今年九十有六,是臣尽节于陛下之日长,报刘之日短也。乌鸟私情,愿乞终养。

臣之辛苦,非独蜀之人士及二州牧伯所见明知,皇天后土,实所共鉴。愿陛下矜愍愚诚,听臣微志。庶刘侥幸,保卒余年。臣生当陨首,死当结草。臣不胜犬马怖惧之情,谨拜表以闻。

**【译文】**

臣子李密陈言:臣子因命运不好,小时候就遭遇到了不幸,刚出生六个月,我慈爱的父亲就不幸去世了。过了四年,舅舅又逼迫母亲改了嫁。我的奶奶刘氏,怜悯我从小丧父又多病消瘦,便亲自对我加以抚养。臣子小的时候经常有病,九岁时还不会走路。孤独无靠,一直到成家立业。既没有叔叔伯伯,也没有哥哥弟弟,门庭衰微福气少,直到很晚才有了儿子。在外面没有比较亲近的亲戚,在家里又没有照管门户的童仆。孤孤单单地自己生活,每天只有自己的身体和影子相互安慰。而祖母刘氏很早就疾病缠身,常年卧床不起,我侍奉她吃饭喝药,从来就没有离开过她。

到了晋朝建立,我蒙受着清明的政治教化。前些时候太守逵,推举臣下为孝廉,后来刺史荣又推举臣下为秀才。臣下因为没有人照顾我祖母,就都推辞掉了,没有遵命。朝廷又特地下了诏书,任命我为郎中,不久又蒙受国家恩命,任命我为洗马。像我这样出身微贱地位卑下的人,能够去服侍太子,这实在不是我杀身捐躯所能报答的。我将以上苦衷上表报告,加以推辞不去就职。但是诏书急切严峻,责备我逃避命令,有意怠慢。郡县长官催促我立刻上路;州官登门督促,十万火急,刻不容缓。我很想遵从皇上的旨意立刻为国奔走效劳,但祖母刘氏的病却一天比一天重;想要姑且顺从自己的私情,但报告申诉又不见准许。我是进退两难,处境十分狼狈。

我想圣朝是以孝道来治理天下的,凡是故旧老人,尚且还受到怜惜养育,何况我的孤苦程度更为严重呢?而且我年轻的时候曾经做过蜀汉的官,历任郎中和尚书郎,本来图的就是仕途通达,无意以名誉节操来炫耀。现在我是一个低贱的亡国俘虏,实在卑微到不值一提,承蒙得到提拔,而且皇恩浩荡恩宠有加,怎敢犹豫不决另有所图呢?但是只因为祖母刘氏已是西山落日的样子,气息微弱,生命垂危,朝不保夕。臣下我如果没有祖母,是活不到今天的,祖母如果没有我的照料,也无法度过她的余生。我们祖孙二人,互相依靠,相濡以沫,正是因为这些我的内心实在是不忍离开祖母而远行。臣下我今年四十四岁了,而祖母已经九十六岁了,我在陛下面前尽忠尽节的日子还长着呢,而在祖母刘氏面前尽孝尽心的日子已经不多了。我怀着乌鸦反哺的私情,企求能够准许我完成对祖母养老送终的心愿。

我的辛酸苦楚,并不仅仅是蜀地的百姓及益州、梁州的长官所亲眼目睹、内心明白,连天地神明也都看得清清楚楚。希望陛下能怜悯我愚昧至诚的心,满足臣下我一点小小的心愿,使祖母刘氏能够侥幸地保全她的余生。我活着当以肝脑涂地,死了也要结草衔环来报答陛下的恩情。臣下我怀着牛马一样不胜恐惧的心情,恭敬地呈上此表以求闻达。

【赏析】

李密采用表之形式上书,陈述衷情。其表情达意的辞章艺术和表述技巧,确为精妙,值得借鉴。此文围绕一个"孝"字,以"愿乞终老,肆不赴命"为主旨,凄恻婉转。溢情于词,表现了一个孝孙的拳拳之心,令人感动。

文章落墨,就痛陈悲惨遭遇和凄苦家境,用"臣以险衅,夙遭闵凶"勾起,诉说命途多舛、罪孽深重的苦衷。"零丁孤苦"一语,概括了自幼而孤,早失母爱,"少多疾病",内外无亲的"门衰祚薄"不幸。岁月凄楚,幸有祖母"愍臣孤弱,躬亲抚养",臣才能存人世至今日。臣得幸存,但祖母"夙婴疾病,常在床蓐"。如今,"臣侍汤药,未曾废离",责无旁贷,义不容辞。这里用事实倾诉往日臣不可无祖母,祖母对臣恩重如山;今日祖母不可无臣,臣对祖母尽孝道是天理良心所在。字字哀痛,声声落泪,叙事与抒情水乳交融。

接着,文章追述辞谢拜官的境况和进退两难的心情。为了使皇上不致对臣的"辞不赴命"、"辞不就职"产生误解。一方面诉说"臣以供养无主",确有特殊困难;另一方面,以退为进、久颂皇恩浩荡,以表臣深明皇上宠幸之恩德。表文连用"察臣"、"举臣"、"拜臣"、"除臣"等词句,表述对皇上的无限感恩之情,并诉说臣乃卑贱之人,能得到如此荫赐,"非臣陨首所能上报"的。

在一番歌功颂德之后,又回转笔锋,述说臣之艰难苦况,并未能得到皇上的体谅,因朝廷责备、诏召,地方官上门逼迫驱赶。"责臣"、"催臣"、"急于星火"等词句,点染了十万火急的形势。但表文至此,又巧妙地迂回婉曲,申述臣未敢违逆君命,确有"欲奉诏奔驰"之心志,奈何"刘病日笃"、皇上又不许"苟徇私情",如此进不得,退不得,左右为难,心情矛盾,处境尴尬,实在不知道如何处置啊!表文委婉宣泄了忠孝不能双全的思绪。

窘境摆出来了，何去何从，矛盾该怎么合理解决，表文扣住晋王朝“以孝治天下”的幌子，恣意颂扬，以此来陈说自己应该得到怜悯和矜育的理由。同时又以个人的经历和遭遇，从两方面诉说效忠朝廷的心志：其一是为了消除皇上对自己“矜名节”自命清高的怀疑，追述少时就已任职伪朝，本来就是冀求官职显达的，并没有什么夸耀自己名声、节操之意；其二是为了表白自己确有奉诏之愿，并不是对朝廷有异心，自述自己为亡国贱俘，身份卑微，能蒙受恩德显达升官，确是感激不尽，哪还敢犹豫迟疑，或另有他求。这样晋武帝的猜疑与戒心便消除了。如此说来，是应该奉诏赴命了，但表文并没有借势直下，而是峰回路转，叙写祖母“日薄西山，气息奄奄，人命危浅，朝不虑夕”的久病卧榻之状，抒发与祖母“更相为命”，必须对祖母奉养终老的孝顺衷情。这里写来缠绵婉恻，情意深重，感人至深。

李密的《陈情表》，不事雕琢，不以构思奇妙见长，但感情真挚朴实，铺叙委婉曲折，抒情诚挚深沉，叙事具体感人。虽造语平实，但词意恳切，发自肺腑，兼之行文简练畅达，因而历久不衰，光彩照人。文章虽为表文，实则是一篇变相的祭文，后世的祭文多以此为借鉴。

**实例 2《祭十二郎文》(唐·韩愈)**

某年某月某日，季父愈闻汝丧之七日，乃能衔哀致诚，使建中远具时羞之奠，告汝十二郎之灵：

呜呼！吾少孤，及长，不省所怙，惟兄嫂是依。中年，兄殁南方，吾与汝俱幼，从嫂归葬河阳。既又与汝就食江南。零丁孤苦，未尝一日相离也。吾上有三兄，皆不幸早世。承先人后者，在孙惟汝，在子惟吾。两世一身，形单影只。嫂尝抚汝指吾而言曰：“韩氏两世，惟此而已！”汝时尤小，当不复记忆。吾时虽能记忆，亦未知其言之悲也。

吾年十九，始来京城。其后四年，而归视汝。又四年，吾往河阳省坟墓，遇汝从嫂丧来葬。又二年，吾佐董丞相于汴州，汝来省吾。止一岁，请归取其孥。明年，丞相薨。吾去汴州，汝不果来。是年，吾佐戎徐州，使取汝者始行，吾又罢去，汝又不果来。吾念汝从于东，东亦客也，不可以久。图久远者，莫如西归，将成家而致汝。呜呼！孰谓汝遽去吾而殁乎！吾与汝俱少年，以为虽暂相别，终当久相与处，故舍汝而旅食京师，以求斗斛之禄。诚知其如此，虽万乘之公相，吾不以一日辍汝而就也。

去年，孟东野往。吾书与汝曰：“吾年未四十，而视茫茫，而发苍苍，而齿牙动摇。念诸父与诸兄，皆康强而早世。如吾之衰者，其能久存乎？吾不可去，汝不肯来，恐旦暮死，而汝抱无涯之戚也！”孰谓少者殁而长者存，强者夭而病者全乎！呜呼！其信然邪？其梦邪？其传之非其真邪？信也，吾兄之盛德而夭其嗣乎？汝之纯明而不克蒙其泽乎？少者、强者而夭殁，长者、衰者而存全乎？未可以为信也。梦也，传之非其真也，东野之书，耿兰之报，何为而在吾侧也？呜呼！其信然矣！吾兄之盛德而夭其嗣矣！汝之纯明宜业其家者，不克蒙其泽矣！所谓天者诚难测，而神者诚难明矣！所谓理者不可推，而寿者不可知矣！虽然，吾自今年来，苍苍者或化而为白矣，动摇者或脱而落矣。毛血日益衰，志气日益微，几何不从汝而死也。死而有知，其几何离；其无知，悲不几时，而不悲者无穷期矣。汝之子始十岁，吾之子始五岁。少而强者不可保，如此孩提者，又可冀其成立邪！呜呼哀哉！呜呼哀哉！

汝去年书云：“比得软脚病，往往而剧。”吾曰：“是疾也，江南之人，常常有之。”未始以为忧也。呜呼！其竟以此而殒其生乎？抑别有疾而至斯乎？汝之书，六月十七日也。东野云，汝殁以六月二日；耿兰之报无月日。盖东野之使者，不知问家人以月日；如耿兰之报，不知当言月日。东野与吾书，乃问使者，使者妄称以应之耳。其然乎？其不然乎？

今吾使建中祭汝，吊汝之孤与汝之乳母。彼有食，可守以待终丧，则待终丧而取以来；如不能守以终丧，则遂取以来。其余奴婢，并令守汝丧。吾力能改葬，终葬汝于先人之兆，然后惟其所愿。

呜呼！汝病吾不知时，汝殁吾不知日，生不能相养于共居，殁不能抚汝以尽哀，敛不凭其棺，窆不临其穴。吾行负神明，而使汝夭；不孝不慈，而不能与汝相养以生，相守以死。一在天之涯，一在地之角，生而影不与吾形相依，死而魂不与吾梦相接。吾实为之，其又何尤！彼苍者天，曷其有极！自今已往，吾其无意于人世矣！当求数顷之田于伊颍之上，以待余年，教吾子与汝子，幸其成；长吾女与汝女，待其嫁，如此而已。呜呼！言有穷而情不可终，汝其知也邪！其不知也邪！呜呼哀哉！

尚飨。

【译文】

某年某月某日，叔父愈在听到你去世消息后的第七天，才能强忍哀痛向你表达衷情和悼念，并让建中在远方备办了应时的鲜美食品作为祭品，告慰你的魂灵：

唉，我幼年丧父，等到大了，不知道父亲是什么模样，只好靠哥嫂抚养。哥哥在中年时死在南方，我和你都还小，跟随嫂嫂把灵柩送回河阳安葬。随后又和你到江南谋生，孤苦伶仃，一天也没有分开过。我上面本来有三个哥哥，都不幸早死。继承先祖的后代，在孙子辈里只有你，在儿子辈里只有我。子孙两代各剩一人，孤孤单单。嫂嫂曾经抚摸着你指着我说："韩氏两代，就只有你们两个了！"那时你比我更小，当然记不得了；我当时虽然能够记事，但也还不能体会她话中的悲凉啊！

我十九岁时，初次来到京城。四年以后，才回去看你。又过了四年，我去河阳凭吊祖先的坟墓，碰上你护送嫂嫂的灵柩来安葬。又过了两年，我在汴州辅佐董丞相，你来看望我，只住了一年，你请求回去接妻子儿女。第二年，董丞相去世，我离开汴州，你没能来成。这一年，我在徐州任职，派去接你的人刚动身，我就被免职，你又没来成。我想，你跟我在东边的汴州、徐州，也是客居，不可能久住；从长远考虑，还不如我回到西边去，等在那里安下家再接你来。唉！谁能料到你竟突然离我而去了呢？

当初，我和你都年轻，总以为虽然暂时分别，终究会长久在一起的。因此我离开你而旅居长安，以寻求微薄的俸禄。假如知道会这样，即使让我做高官厚禄的公卿宰相，我也不愿离开你一天而去赴任啊！

去年，孟东野到你那里去时，我写给你的信中说："我年纪还不到四十岁，但视力模糊，头发花白，牙齿松动。想起各位父兄，都在健康强壮的盛年早早去世，像我这样衰弱的人，难道还能长活在世上吗？我不能离开(职守)，你又不肯来，恐怕我早晚一死，你就会有无穷无尽的忧伤。"谁知道年轻的却先死了，而年老的反而还活着，强壮的早早死去，而衰弱的反而还活在人间呢？

唉！是真的这样呢？还是在做梦呢？还是这传来的消息不可靠呢？如果是真的，为什么我哥哥有(那么)美好的品德反而早早地绝后了呢？你(那么)纯正聪明却不能承受他的恩泽呢？难道年轻强壮的反而要早早死去，年老衰弱的却应活在世上吗？实在不敢把它当做真的啊！如果是梦，传来的噩耗不是真的，可是东野的来信，耿兰的报丧，却又为什么在我身边呢？唉！这是真的啊！我哥哥有美好的品德竟然早早地失去了后代，你纯正聪明，本来是应该继承家业的，现在却不能承受你父亲的恩泽了。这正是所谓苍天确实难以揣测，而神意实在难以知道啊！也就是所谓天理不可推求，而寿命的长短亦无法预知啊！

我从今年以来，花白的头发已经全要变白了，松动的牙齿，也要脱落了，身体越来越衰弱，精神也越来越差了，过不了多久就要随你而去了。如果死后有灵，那么我们又能分离多久呢？即使没有灵，我也不能悲痛多少时间了，而(死后)不悲痛的时间却是无穷无尽的。

你的儿子才十岁,我的儿子才五岁,年轻强壮的尚不能保全,像这么大的孩子,又怎么能希望他们成人立业呢?啊,悲痛啊,真是悲痛!

你去年来信说:“近来得了软脚病,时常疼得厉害。”我说:“这种病,江南人常常得。”没有当做值得忧虑的事。唉,(谁知道)你竟然会因此而丧了命呢?还是由于别的病而导致这样的不幸呢?

你的信是六月十七日写的。东野说你是六月二日死的,耿兰报丧时没有说日期。大概是东野的使者不知道向你的家人问明日期,而耿兰报丧竟不知道应该告诉日期?还是东野给我写信时,才去问使者,使者胡乱说个日期应付呢?是这样呢?还是不是这样呢?

现在我派建中来祭奠你,安慰你的孩子和你的乳母。他们如果有粮食能够守丧到丧期终了,就等到丧期结束后再把他们接来;如果不能守到丧期终了,就马上把他们接来。剩下的奴婢,叫他们一起守丧。如果我有能力迁葬,最后一定把你安葬在祖坟旁,这样才算了却我的心愿。

唉,你患病我不知道时间,你去世我不知道日子,活着的时候不能住在一起互相照顾,死的时候没有抚尸痛哭,入殓时没在棺前守灵,下棺入葬时又没有亲临你的墓穴。我的行为辜负了神明,才使你这么早死去,我对上不孝,对下不慈,既不能与你相互照顾着生活,又不能和你一块死去。一个在天涯,一个在地角。你活着的时候不能和我形影相依,死后魂灵也不在我的梦中显现,这都是我造成的灾难,又能抱怨谁呢?天哪,(我的悲痛)哪里有尽头呢?

从今以后,我已经没有心思奔忙在世上了!还是回到老家去置办几顷地,度过我的余年。教养我的儿子和你的儿子,希望他们成才;抚养我的女儿和你的女儿,等到她们出嫁,(我的心愿)如此而已。

唉!话有说完的时候,而哀痛之情却不能终止,你知道呢?还是不知道呢?悲哀啊!请享用祭品吧!

【赏析】

韩愈(768—824),唐代文学家、哲学家。字退之,河南河阳(今河南孟县)人。郡望昌黎,世称韩昌黎。晚年任吏部侍郎,又称韩吏部。谥号“文”,又称韩文公。

他的碑志文“随事赋形,各肖其人”,创造性地把《左传》和《史记》的传记手法运用于碑志,塑造了一大批栩栩如生的人物形象,使碑志这种历来枯燥无味的文体增辉生色,其中有的作品已成为优秀的传记文学。如《柳子厚墓志铭》等。

古人说:“读诸葛亮《出师表》而不堕泪者,其人必不忠;读李密《陈情表》而不堕泪者,其人必不孝;读韩退之《祭十二郎文》而不堕泪者,其人必不友。”《祭十二郎文》是一篇千百年来传诵不衰、影响深远的祭文名作,凡读过此文的人都不能不随作者之祭而有眼涩之悲。

韩愈写此文的目的不在于称颂死者,而在于倾诉自己的痛悼之情,寄托自己的哀思。这主要表现在三个方面:一是强调骨肉亲情关系;二是突出侄儿老成之死实出意外;三是表达作者自身宦海沉浮之苦和对人生无常之叹,并以此深化亲情。作者原以为两人都还年轻,便不以暂别为念,求食求禄,奔走仕途,因而别多聚少,而今铸成终身遗憾。作者求索老成的死因和死期,却堕入乍信乍疑、如梦如幻的迷境,深感生命瓢忽,倍增哀痛。

祭文原本偏重于抒发对死者的悼念哀痛之情,一般是结合对死者功业德行的颂扬而展开的。本文一反传统祭文以铺排郡望、藻饰官阶、历叙生平和歌功颂德为主的固定模式,主要记家常琐事,表现自己与死者的密切关系,抒写难以抑止的悲哀,表达刻骨铭心的骨肉亲情。形式上则破骈为散,采用自由多变的散体。全文有吞声呜咽之态,无夸饰艳丽之辞,为后世欧阳修《陇冈阡表》、归有光《项脊轩志》、袁枚《祭妹文》等开辟新径。这种自由化的写作形式,使作者如同与死者对话,边诉边泣,吞吐呜咽,交织着悔恨、悲痛和自责之情,因而具有震撼人心的力量。

这篇祭文像一只无形的手,紧紧拥抱住了它的读者,这要得力于作者高超的语言文字技巧。全文用散文句调和平易晓畅的家常生活语言,长长短短,错错落落,奇偶骈散,参差骈散,行于所当行,止于不得不止;疑问、感叹和陈述等各种句式,反复、重叠、排比和呼告等多种修辞手法,任意调遣,全依感情的需要。作者取与死者促膝谈心的形式,呼“汝”唤“你”,似乎死者也能听到“我”的声音,显得异常自然而真切。祭文情真意切,令人读之潸然泪下。

**实例 3《祭石曼卿文》(宋·欧阳修)**

维

治平四年七月日,具官欧阳修,谨遣尚书都省令史李敭,至于太清,以清酌庶羞之奠,致祭于亡友之墓下,而吊之以文曰:

呜呼曼卿!生而为英,死而为灵。其同乎万物生死,而复归于无物者,暂聚之形。不与万物共尽,而卓然其不朽者,后世之名。此自古圣贤莫不皆然,而著在简册者,昭如日星。

呜呼曼卿!吾不见子久矣,犹能仿佛子之平生。其轩昂磊落,突兀峥嵘,而后埋藏于地下者,意其不化为朽壤,而为金玉之精。不然,生长松之千尺,产灵芝而九茎。奈何荒郊烟野蔓,荆棘纵横,风凄露下,走磷飞萤。但见牧童樵叟,歌吟而上下,与夫惊禽骇兽,悲鸣踯躅而咿嘤。今固如此,更千秋而万岁兮,安知其不穴藏狐貉与鼯鼪?此自古圣贤,亦皆然兮,独不见夫累累乎旷野与荒城!

呜呼曼卿!盛衰之理,吾固知其如此。而感念畴昔,悲凉凄怆,不觉临风而陨涕者,有愧夫太上之忘情。

尚飨!

【译文】

在英宗治平四年七月某日,备具官爵履历的欧阳修,差遣尚书都省令史李敭到太清之下,以清酒和各种美味的菜肴作奠仪,致祭于亡友石曼卿的墓前,并作文章吊祭说:

唉曼卿!在世时是英雄,死后成为神灵。同万物一道生死,最后又回归到无物的境地的,是由精气暂时相聚的形体;不与万物一道灭亡,卓越挺立而永垂不朽的,是给后世留下的英名。自古圣贤皆如此,留名于史册,像日月星辰一样明亮。

唉曼卿!我没有看见你已经很久了,还能仿佛记得你生前的容貌。你气宇轩昂,襟怀坦荡,光明磊落,高大英俊,埋葬在地下的遗体,想来不会腐朽成泥,而会变成金玉的精华。如果不是这样,就会长成高达千尺的松树,产出一株九茎灵芝。无奈荒烟野草,藤蔓缠绕,荆棘纵横,风雨凄凉,霜露下降,磷火飘动,飞萤明灭;只见牧童与老樵夫唱着山歌,上上下下;惊恐的飞禽与害怕的野兽,前后徘徊,发出悲切的鸣叫呼声。现在已经是这样,再过了千秋万岁,怎知道在穴洞里面,不会深藏着狐狸貉子、鼯鼠和黄鼠狼?而自古圣贤皆如此,难道你看不到那累累相连的旷野和荒城吗!

唉曼卿!古今盛衰的道理,我本来就知道是这样的,而思念从前的情景,悲凉凄惨,不知不觉临风流泪,对"太上忘情"这句话很有些惭愧。希望你来享用这祭品!

【赏析】

这是作者欧阳修为悼念诗友石曼卿而作的一篇祭文。作者避免了一般祭文的呆板格式,内容不是为死者作平生概括,而是通过三呼曼卿,先称赞其声名不朽,再写其死后凄凉,特别是渲染墓地的悲凉景象,表达出作者对死者强烈的哀悼之情。文章大体押韵,句式灵活,情调凄婉,体现出作者真挚的感情。

**实例 4《祭欧阳文忠公文》(宋·王安石)**

夫事有人力之可致,犹不可期,况乎天理之冥漠,又安可得而推!

惟公生有闻于当时,死有传于后世,苟能如此足矣,而亦又何悲!如公器质之深厚,知识之高远,而辅学术之精微,故充于文章,见于议论,豪健俊伟,怪巧瑰琦。其积于中者,浩如江河之停蓄;其发于外者,烂如日月之光辉。其清音幽韵,凄如飘风急雨之骤至;其雄辞闳辩,快如轻车骏马之奔驰。世之学者,无问识与不识,而读其文,则其人可知。

呜呼!自公仕宦四十年,上下往复,感世路之崎岖;虽屯邅困踬,窜斥流离,而终不可掩者,以其公议之是非。既压复起,遂显于世;果敢之气,刚正之节,至晚而不衰。

方仁宗皇帝临朝之末年,顾念后事,谓如公者,可寄以社稷之安危;及夫发谋决策,从容指顾,立定大计,谓千载而一时。功名成就,不居而去,其出处进退,又庶乎英魄灵气,不随异物腐散,而长在乎箕山之侧与颍水之湄。

然天下之无贤不肖,且犹为涕泣而歔欷。而况朝士大夫,平昔游从,又予心之所向慕而瞻依!

呜呼!盛衰兴废之理,自古如此,而临风想望,不能忘情者,念公之不可复见而其谁与归!

**【译文】**

人的力量能够做到的事情,还不一定成功,何况天理渺茫不可捉摸,又怎么能推测知晓呢!

先生生时,闻名于当代;先生死后,有著述流传后世。有这样的成就已经可以了,我们还有什么可悲切的呢!先生具有深厚的才气,高远的见识,加以精微的学术功力,因此作为文章,发为议论,豪迈雄伟,奇巧精妙。胸中的才力,浩大有如江水的积储;发为文章,明亮有如日月的光辉。清亮幽雅的韵调,凄凄切切如急雨飘风的突然来到;雄伟宏广的文辞,明快敏捷如轻车骏马的奔驰。世上有学问的人,不问他是否熟识先生,只要读到先生的著作,就能知道先生的为人。

唉!先生做官四十年来,升升降降,调出调进,使人感叹仕途的崎岖不平。虽然处境艰难困苦,颠沛流离,屡遭放逐,但到底不会埋没无闻,因为是是非非,自有公论。几经压抑,再又起用,就名闻全国。先生果敢刚正的气节,到老年还是保持不衰。

仁宗皇帝在朝的最后几年,考虑到他身后皇位继承的大事时曾说,像先生这样的人才,可以把决定国家前途安危的大事委托给他。后来确定方针,从容行动,当机立断,辅助当今皇上即位,真可说是千载难逢的大事一朝决定。功成名就,却不自居有功反而请求退职,这样高尚的品德和美好的名声决不会随着躯体消灭,而会长留在箕山之旁与颍水之滨。

现今全国上下的人士,都在为先生的逝去而哭泣哽咽,何况我是同朝的士大夫,长期交游往来,失去的又是我向来仰慕而亲近的人呢!

啊!事物兴盛衰废的规律,自古以来就是如此,而伫立风中怀念,情感上不能忘却,就是因为从此再也见不到先生了,我将还能和谁在一起呢?

**【赏析】**

这篇祭文是王安石在京为相时,忽闻退休居家的欧阳修病逝,悲痛难忍而写就的。欧阳修对王安石有知遇之恩,作者曾感慨"非欧公无足以知我"。后以政治见解不同,也有过意见分歧。作者得知欧阳修去世的消息,不能忘怀于欧公,写下这篇表达无比崇敬和绵绵哀思的祭文。本文展示了欧公人生境界,推崇欧公文学成就,赞颂欧公道德人格,肯定欧公政治作为,直抒对欧公的敬仰之情。

这篇文章没有像一般祭文,表达形式单一,而是综合运用叙述、描写、议论和抒情等多种表达手段,酣畅淋漓地展示自己的思想感情。大处着眼,高瞻远瞩,全面揭示欧阳修的成就和贡献,选材构思有创意。明代茅坤认为,在所有为欧阳修写的祭文中,本文数第一。

**实例5《瘗[1]旅文》(明·王阳明)**

维

正德四年秋月三日,有吏目云自京来者,不知其名氏,携一子一仆,将之任,过龙场,投宿土苗家。予从篱落间望见之,阴雨昏黑,欲就问讯北来事,不果。明早,遣人觇之,已行矣。薄午,有人自蜈蚣坡来,云:"一老人死坡下,傍两人哭之哀。"予曰:"此必吏目死矣。伤哉!"薄暮,复有人来云:"坡下死者二人,傍一人坐叹。"询其状,则其子又死矣。明早,复有人来云:"见坡下积尸三焉。"则其仆又死矣。呜呼伤哉!

念其暴骨无主,将二童子持畚、锸往瘗之,二童子有难色然。予曰:"嘻!吾与尔犹彼也!"

二童悯然涕下,请往。就其傍山麓为三坎,埋之。又以只鸡、饭三盂,嗟吁涕洟而告之曰:"呜呼伤哉!繄何人?繄何人?吾龙场驿丞余姚王守仁也。吾与

[1]瘗(yì):掩埋,埋葬。

尔皆中土之产,吾不知尔郡邑,尔乌为乎来为兹山之鬼乎?古者重去其乡,游宦不逾千里。吾以窜逐而来此,宜也。尔亦何辜乎?闻尔官吏目耳,俸不能五斗,尔率妻子躬耕可有也,乌为乎以五斗而易尔七尺之躯?又不足,而益以尔子与仆乎?呜呼伤哉!尔诚恋兹五斗而来,则宜欣然就道,乌为乎吾昨望见尔容蹙然,盖不胜其忧者?夫冲冒霜露,扳援崖壁,行万峰之顶,饥渴劳顿,筋骨疲惫,而又瘴疠侵其外,忧郁攻其中,其能以无死乎?吾固知尔之必死,然不谓若是其速,又不谓尔子、尔仆,亦遽然奄忽也。皆尔自取,谓之何哉?

吾念尔三骨之无依而来瘗耳,乃使吾有无穷之怆也。呜呼伤哉!纵不尔瘗,幽崖之狐成群,阴壑之虺如车轮,亦必能葬尔于腹,不致久暴尔。尔既已无知,然吾何能为心乎?自吾去父母乡国而来此,三年矣,历瘴毒而苟能自全,以吾未尝一日之戚戚也。今悲伤若此,是吾为尔者重,而自为者轻也,吾不宜复为尔悲矣。吾为尔歌,尔听之!

歌曰:'连峰际天兮飞鸟不通,游子怀乡兮莫知西东。莫知西东兮维天则同,异域殊方兮环海之中。达观随寓兮,奚必予宫?魂兮魂兮无悲以恫!'

又歌以慰之曰:'与尔皆乡土之离兮,蛮之人言语不相知兮。性命不可期,吾苟死于兹兮,率尔子仆,来从予兮。吾与尔遨以嬉兮,骖紫彪而乘文螭兮,登望故乡而嘘唏兮。吾苟获生归兮,尔子尔仆尚尔随兮,无以无侣悲兮!道傍之冢累累兮,多中土之流离兮,相与呼啸而徘徊兮。餐风饮露,无尔饥兮!朝友麋鹿,暮猿与栖兮。尔安尔居兮,无为厉于兹墟兮!'"

**【译文】**

在大明正德四年秋季某月初三日,有一名吏目从京城来到这里,不知他姓甚名谁。身边带着一个儿子和一个仆人,将要上任,路过龙场,投宿在一户苗族人家。我从篱笆中间望见他,当时阴雨昏黑,想靠近他打听北方的情况,没有实现。第二天早晨,派人去探视,他已经走了。近午时刻,有人从蜈蚣坡那边来,说:"有一个老人死于坡下,旁边两人哭得很伤心。"我说:"这一定是吏目死了。可悲啊!"傍晚,又有人来说:"坡下死了两个人,旁边一人坐着叹息。"问明他们的情状,方知他的儿子又死了。第二天,又有人来说:"看到坡下堆了三具尸体。"那么,他的仆人又死了。唉,令人伤心啊!想到他们的尸骨暴露在荒野,无人认领,于是我就带着两个童仆,拿着畚箕和铁锹,前去埋葬他们。两名童仆脸上流露出为难的情绪。我说:"唉,我和你们,本像他们一样啊。"两名童仆怜悯地淌下眼泪,要求一起去。于是在旁边的山脚下挖了三个坑,把他们埋了。随即供上一只鸡、三碗饭,一面叹息,一面流着眼泪,向死者祭告说:

“唉,悲伤啊!你是什么人,什么人啊?我是此地龙场驿的驿丞、余姚王守仁呀。我和你都生长在中原地区,我不知你的家乡是何郡何县,你为什么要来做这座山上的鬼魂啊?古人不会轻率地离开故乡,外出做官也不超过千里。我是因为流放而来此地,理所应当。你又有什么罪过而非来不可呢?听说你的官职,仅是一个小小的吏目而已,薪俸不过五斗米,你领着老婆孩子亲自种田就会有了。为什么竟用这五斗米换取你堂堂七尺之躯?又为什么还觉得不够,再加上你的儿子和仆人啊?哎呀,太悲伤了!你如果确实是为留恋这五斗米而来,那就应该欢欢喜喜地上路,为什么我昨天望见你皱着额头、面有愁容,似乎承受不起那深重的忧虑呢?一路上常冒着雾气露水,攀援悬崖峭壁,走过万山的峰顶,饥渴劳累,筋骨疲惫,又加上瘴疠侵其外,忧郁攻其中,还能免于一死吗?我本来知道你会必死,可是没有想到会如此之快,更没有想到你的儿子、你的仆人也会很快地死去啊。都是你自己找来的呀,还能说什么呢?我不过是怜念你们三具尸骨无所归依才来埋葬罢了,却引起我无穷的感怆。唉,悲痛啊!纵然不葬你们,那幽暗的山崖上的成群狐狸,阴深山谷中粗如车轮的毒蛇,也一定能够把你们葬在腹中,不致长久地暴尸于野。你已经没有一点知觉,但我又怎能安心呢?自从我离开父母之乡来到此地,已经三个年头。历尽瘴毒而能勉强保全自己的生命,主要是因为我没有一天怀有忧戚的情绪啊。今天忽然如此悲伤,乃是我因为你的遭遇而太过悲痛,而忘记了自身。我不应该再为你悲伤了!我来为你唱歌,你请听着。

歌词曰:‘连绵的山峰高接云天啊,飞鸟不通。怀念家乡的游子啊,不知西东。不知西东啊,顶上的苍天却一般相同。地方纵然相隔甚远啊,都在四海的环绕之中。想得开的人儿到处为家,又何必守住那旧居一栋?魂灵啊,魂灵啊,不要悲伤,不要惊恐!’

再唱一只歌来安慰你:‘我与你都是离乡背井的苦命人啊,蛮人的语言谁也听不懂,性命没指望啊,前程一场空。假使我也死在这地方啊,请带着你子你仆紧相从。我们一起遨游同嬉戏,其乐也无穷。驾驭紫色虎啊,乘坐五彩龙;登高望故乡啊,放声叹息长悲恸。假使我有幸能生还啊,你尚有儿子仆人在身后随从;不要以为无伴侣啊,就悲悲切切常哀痛。道旁累累多枯冢啊,中原的游魂卧其中,与他们一起呼啸,一起散步从容。餐清风饮甘露啊,莫愁饥饿腹中空。麋鹿朝为友啊,到晚间再与猿猴栖一洞。安心守分居墓中啊,可不要变成厉鬼村村寨寨乱逞凶!’”

【赏析】

王阳明(1472—1529),明代哲学家、思想家。原名云,更名守仁,字伯安。出生在浙江余姚,后迁居绍兴,曾在绍兴东南的阳明洞筑室读书,自号阳明子,故学者称他为阳明先生。弘治十二年(1499)中进士。历任刑部、兵部主事,南京太仆寺少卿、兵部尚书等职。明朝正德年间,王阳明因营救被宦官刘瑾迫害的正直人士而被贬为贵州龙场驿丞。有一天他掩埋了三个客死异乡的陌生人,并写下了这篇感情真挚的祭文。

祭文中,作者对三个客人为了微薄的俸禄来到这荒僻之地,最终倒毙野地的遭遇表现了无限的同情,同时也抒发了自己沦落天涯的抑郁怨愤之情。

作者在文中所表现出的情感,是一种纯洁高尚的诗人情怀。文中所祭之人是三位不知姓名的过路者。阳明出于同情心,率二童子将其埋葬以免其暴骨于野,然后又为文以祭之。在哀悼死者的情感里,也包含着自悼的成分,他对不欲前往埋葬的两位童子说"吾与尔犹彼也",引得二童"悯然涕下"。当然主要还是对于不幸者的同情与安慰,如文中所言:"吾念尔三骨之无依而来瘗尔,乃使吾有无穷之怆也,呜呼痛哉!纵不尔瘗,幽崖之狐成群,阴壑之虺如车轮,亦必能葬尔于腹,不致久暴尔。尔既已无知,然吾何能为心乎?自吾去父母乡国而来此,三年矣,历瘴毒而苟能自全,以吾未尝一日之戚戚也。今悲伤若此,是吾为尔者重而自为者轻也。"可以说同病相怜是引发其行为的原因,而为文致祭则是其强烈同情心的体现。

我们听一听阳明为死者所作的挽歌,便会更加体会到其视人若已的仁人之心:"连峰际天兮,飞鸟不通;游子怀乡兮,莫知西东。莫知西东兮,维天则同。异域殊方兮,环海之中;达观随寓兮,奚必予宫?魂兮魂兮,无悲以恫。"最后,阳明用自己达观的人生态度来安慰死者,说尽管在这崇山峻岭的隔绝之区,但以天之角度视之,则广袤的异域殊方又无不处于环海之一国,那么又何必一定要死于自己家中?又何必为不能死于家中而悲伤恐惧?其实,从另一面讲,正是这种异域殊方同处环海之中的宽阔胸襟,方使阳明有了仁者的同情之心。

作者之所以能够拥有如此丰满深厚的情感世界,当然与其致良知的心学有密切的联系。他曾经说过:"所幸天理之在人心终有所不可泯,而良知之明万古一日,则其闻吾拔本塞源之论,必有恻然而悲,戚然而痛,愤然而起,沛然若决江河而有所不可御者矣!"(《答顾东桥书》)良知的此种特性,实际上就是对他人发自内心深处的真诚关注,用儒学术语讲乃是万物一体之仁的发露。

然而,仅有此儒者仁人之心,对于诗人的审美情感的构成还是不够的。因为审美情感是一种超功利的心灵境界,是只有诗人才具有的独特气质,它不是要为对象提供实用性的帮助,自身更不打算从中得到任何好处与回报,但却又是发自诗人心底的最真诚、最纯洁的关怀与体贴。就像作者这样,他在理性上当然知道自己对无名氏的吏目诸人的悼念安慰没有任何实际的价值,既不可能使之死而复生,又不能使之在天获知,但他依然不能控制自我的情感冲动,必欲一吐而后快,这便是审美的情感,是一种虽无实用却能够深深打动读者的艺术力量。

**实例6《诸葛亮吊周瑜》(蜀汉·诸葛亮)**

呜呼公瑾,不幸夭亡!修短故天,人岂不伤?

我心实痛,酹酒一觞;君其有灵,享我烝尝!

吊君幼学,以交伯符;仗义疏财,让舍以民。

吊君弱冠,万里鹏抟;定建霸业,割据江南。

吊君壮力,远镇巴丘;景升怀虑,讨逆无忧。

吊君丰度,佳配小乔;汉臣之婿,不愧当朝。

吊君气概,谏阻纳质;始不垂翅,终能奋翼。

吊君鄱阳,蒋干来说;挥洒自如,雅量高志。

吊君弘才,文武筹略;火攻破敌,挽强为弱。

想君当年,雄姿英发;哭君早逝,俯地流血。

忠义之心,英灵之气;命终三纪,名垂百世。

哀君情切,愁肠千结;惟我肝胆,悲无断绝。

昊天昏暗,三军怆然;主为哀泣,友为泪涟。

亮也不才,丐计求谋;助吴拒曹,辅汉安刘;

掎角之援,首尾相俦;若存若亡,何虑何忧?

呜呼公瑾!生死永别!朴守其贞,冥冥灭灭。

魂如有灵,以鉴我心;从此天下,更无知音!

呜呼痛哉!伏惟尚飨。

**【赏析】**

据《三国演义》记载:周瑜临死前仰天长叹曰:“既生瑜,何生亮!”连叫数声而亡,寿三十六岁。周瑜死后,诸葛亮对刘备说:“亮观天象,将星聚于东方。亮当以吊丧为由,往江东走一遭,就寻闲士佐助主公。”玄德曰:“只恐吴中将士加害于先生。”孔明曰:“瑜在之日,亮犹不惧;今瑜已死,又何患乎?”乃与赵云引五百军,具祭礼,下船赶巴丘吊丧。诸葛亮径至柴桑,鲁肃以礼迎接。周瑜老部将程普等人持剑欲杀诸葛亮，被赵云以剑挑落，诸葛亮拾起落剑还给程普。诸葛亮设祭物于灵前，亲自奠酒，跪于地下，读祭文曰："呜呼公瑾，不幸夭亡！修短数天，人岂不伤？我心实痛，酹酒一觞；君若有灵，享我烝尝！"短短数语，真诚感人，不但一下把众人愤怒、敌对和责怪的强烈情绪缓和了大半，还使众人自然而然地随之转入凭吊周瑜、哀悼大都督的悲痛氛围之中。

紧接着是转入祭文第二部分——正文，从周瑜的幼学、弱冠、壮力、丰度、气概和弘才等不同方面高度概括周瑜短暂而辉煌的一生。"吊君幼学，以交伯符；仗义疏财，让舍以居。吊君弱冠，万里鹏抟；定建霸业，割据江南。吊君壮力，远镇巴丘；景升怀虑，讨逆无忧。吊君丰度，佳配小乔；汉臣之婿，不愧当朝。吊君气概，谏阻纳质；始不垂翅，终能奋翼。吊君鄱阳，蒋干来说；挥洒自如，雅量高志。吊君弘才，文武筹略；火攻破敌，挽强为弱。"这一节祭文思路清晰，立意赞美，层次分明，用词简约精练、非常老到，起到了点石成金、嘤鸣求友而引起双方强烈共鸣的作用，因而让在场的人无不为之动容和钦佩。充分显示了诸葛亮出众的政治才华和精妙的外交能力。

祭文的第三部分，则充分描述、渲染周瑜之死给人们带来的巨大悲痛及哀悼之情。"想君当年，雄姿英发；哭君早逝，俯地流血。忠义之心，英灵之气；命终三纪，名垂百世，哀君情切，愁肠千结；惟我肝胆，悲无断绝。昊天昏暗，三军怆然；主为哀泣，友为泪涟。"这一节既痛惜了周瑜的英年早逝，又渲染了现场的哀悼气氛，三军悲怆，主人哀泣，朋友洒泪，同时为下一步提出蜀吴联合、结盟同心埋下了伏笔，提供了铺垫。

第四部分，写孔明与周瑜的相识、相知、合作，以及孔明的哀恸之情。"亮也不才，丐计求谋；助吴拒曹，辅汉安刘。掎角之援，首尾相俦；若存若亡，何虑何忧？呜呼公瑾！生死永别！朴守其贞，冥冥灭灭。魂如有灵，以鉴我心；从此天下，更无知音！呜呼痛哉！伏惟尚飨。"孔明祭毕，伏地大哭泪如涌泉，哀恸不已。既阐述了周瑜助吴拒曹、辅汉安刘的杰出贡献，恰如其分地表达了"亮也不才，丐计求谋"的自谦，又是对周瑜"既生亮，何生瑜"感叹的巧妙回应。

可以说，孔明过江吊丧活动达到了三个目的：一是显示了才华。很自然地表达了哀悼之情，祭文言词华丽，描述准确，表达到位，在东吴君臣面前充分展示了蜀相的学富五车和文韬武略。二是展示了人格。在诸葛亮祭拜后，众将相谓曰："人尽道公瑾与孔明不睦，今观其祭奠之情，人皆虚言也。"鲁肃见诸葛亮如此悲切，亦为感伤，自思曰："孔明自是多情，乃公瑾量窄，自取死耳。"可见，孔明是大获全胜。三是消除隔阂。本来周瑜被诸葛亮气死，这是吴国上下人所共知的事实，有“既生瑜，何生亮”的感叹为证！此时，东吴人对诸葛亮及刘备西蜀绝没有好感，周瑜部下甚至有杀诸葛亮为公瑾报仇的情绪。通过声泪俱下的哭诉和对亡人不凡事迹的列举评价，诸葛亮实现了化解仇恨、消除隔阂、继续联吴抗曹的目的。

**实例 7《诸葛亮祭泸水》(蜀汉·诸葛亮)**

维

大汉建兴三年秋九月一日，武乡侯、领益州牧、丞相诸葛亮，谨陈祭仪，享于故殁王事蜀中将校及南人亡者阴魂曰：

我大汉皇帝，威胜五霸，明继三王。昨自远方侵境，异俗起兵；纵虿尾以兴妖，盗狼心而逞乱。

我奉王命，问罪遐荒；大举貔貅，悉除蝼蚁；雄军云集，狂寇冰消；才闻破竹之声，便是失猿之势。但士卒儿郎，尽是九州豪杰；官僚将校，皆为四海英雄：习武从戎，投明事主，莫不同申三令，共展七擒；齐坚奉国之诚，并效忠君之志。何期汝等偶失兵机，缘落奸计：或为流矢所中，魂掩泉台；或为刀剑所伤，魄归长夜；生则有勇，死则成名。

今凯歌欲还，献俘将及。汝等英灵尚在，祈祷必闻：随我旌旗，逐我部曲，同回上国，各认本乡，受骨肉之烝尝，领家人之祭祀；莫作他乡之鬼，徒为异域之魂。我当奏之天子，使汝等各家尽沾恩露，年给衣粮，月赐廪禄。用兹酬答，以慰汝心。至于本境土神，南方亡鬼，血食有常，凭依不远；生者既凛天威，死者亦归王化，想宜宁帖，毋致号啕。聊表丹诚，敬陈祭祀。呜呼哀哉！

伏惟

尚飨

【赏析】

这是《三国演义》中诸葛亮七擒孟获，军队受阻泸水时作的一篇祭文。这篇祭泸水文，言辞利落简洁，目的鲜明，很能说服人(鬼)。

开篇就宣扬国威圣主，用气势镇住对方。声明我来打仗是以正伐邪，你如果是我打仗造成的冤魂，一来你要认命，二来你报不了仇。紧接着描写大军南下，摧枯拉朽，势如破竹的战事，继续宣扬圣主国威。

然后转入正题，肯定了牺牲的将士的功勋，称其皆是俊杰，声称这次战事成功，是大家共同努力的结果。在荣誉上对牺牲者进行了安抚。

最后祈祷亡者魂魄归故乡，接受家人的祭祀；并告知亡魂，对于他们的妻子儿女，皇帝会给予他们物质上的照顾，可以无忧了，放心去吧。同时也宣教于的其他鬼魂,要凛于我的国威,不得作乱。

**实例 8《祭妹文》(清·袁枚)**

乾隆丁亥冬,葬三妹素文于上元之羊山,而奠以文曰:呜呼!汝生于浙而葬于斯;离吾乡七百里矣。当是时虽觭梦幻想,宁知此为归骨所耶?

汝以一念之贞,遇人仳离,致孤危托落。虽命之所存,天实为之。然而累汝至此者,未尝非予之过也。予幼从先生授经,汝差肩而坐,爱听古人节义事;一日长成,遽躬蹈之。呜呼!使汝不识诗书,或未必坚贞若是。余捉蟋蟀,汝奋臂出其间;岁寒虫僵,同临其穴。今予殓汝葬汝,而当日之情形,憬然赴目。予九岁憩书斋,汝梳双髻,披单缣来,温缁衣一章。适先生奓入户,闻两童子音琅琅然,不觉莞尔,连呼则则。此七月望日事也。汝在九原,当分明记之。予弱冠粤行,汝掎裳悲恸。逾三年,予披宫锦还家,汝从东厢扶案出,一家瞠视而笑;不记语从何起,大概说长安登科,函使报信迟早云尔。凡此琐琐,虽为陈迹,然我一日未死,则一日不能忘。旧事填膺,思之凄梗,如影历历,逼取便逝。悔当时不将嫛婗情状,罗缕纪存。然而汝已不在人间,则虽年光倒流,儿时可再,而亦无与为证印者矣。

汝之义绝高氏而归也,堂上阿奶,仗汝扶持;家中文墨,眴汝办治。尝谓女流中最少明经义,谙雅故者;汝嫂非不婉嫕,而于此微缺然。故自汝归后,虽为汝悲,实为予喜。予又长汝四岁,或人间长者先亡,可将身后托汝,而不谓汝之先予以去也。前年予病,汝终宵刺探,减一分则喜,增一分则忧。后虽小差,犹尚殗殜,无所娱遣,汝来床前,为说稗官野史可喜可愕之事,聊资一欢。呜呼!今而后,吾将再病,教从何处呼汝耶?

汝之疾也,予信医言无害,远吊扬州。汝又虑戚吾心,阻人走报;及至绵惙已极,阿奶问望兄归否?强应曰:"诺。"已予先一日梦汝来诀,心知不祥,飞舟渡江。果予以未时还家,而汝已辰时气绝。四肢犹温,一目未瞑,盖犹忍死待予也。呜呼痛哉!早知诀汝,则予岂肯远游?即游,亦尚有几许心中言,要汝知闻,共汝筹画也。而今已矣!除吾死外,当无见期。吾又不知何日死,可以见汝;而死后之有知无知,与得见不得见,又卒难明也。然则抱此无涯之憾,天乎?人乎?而竟已乎!

汝之诗,吾已付梓;汝之女,吾已代嫁;汝之生平,吾已作传;惟汝之窀穸,尚未谋耳。先茔在杭,江广河深,势难归葬,故请母命而宁汝于斯,便祭扫也。其旁葬汝女阿印;其下两冢,一为阿爷侍者朱氏,一为阿兄侍者陶氏。羊山旷渺,南望原隰,西望栖霞,风雨晨昏,羁魂有伴,当不孤寂。所怜者,吾自戊寅年读汝哭侄诗后，至今无男，两女牙牙，生汝死后，才周晬耳。予虽亲在，未敢言老，而齿危发秃，暗里自知，知在人间，尚复几日！阿品远官河南，亦无子女，九族无可继者。汝死我葬，我死谁埋？汝倘有灵，可能告我？

呜呼！身前既不可想，身后又不可知；哭汝既不闻汝言，奠汝又不见汝食。纸灰飞扬，朔风野大，阿兄归矣，犹屡屡回头望汝也，呜呼哀哉！呜呼哀哉！

【译文】

乾隆丁亥年冬季，安葬我的三妹素文于上元县羊山，作文祭奠她说：

唉！你生在杭州，却安葬在这里，距离我们家乡七百里远。当你初生的时候，即使做过奇离的梦，有过虚幻的想象，又怎么料到这里是你埋葬骸骨的地方呢？

你坚持贞节，却遭人离弃，以致孤独忧伤，困苦失意。虽然是命中注定，也是上天不公造成的这种不幸；但是连累你到这种地步，未尝不是我的过错啊。我小时候听先生讲授经书，你同我并肩坐着，喜欢听古人讲求节操的事例；一旦长大成人，就亲自付诸实践。唉！假使你不懂得诗书，也许未必这样苦守贞节啊。

(记得儿时)，我捉蟋蟀，你举着手臂出现在那里；天冷时蟋蟀冻僵了，我们一同到它的穴边。今天我装殓你安葬你，当日的情景便清楚地呈现在眼前。我九岁时，(有一次)在书斋休息，你梳着成对的发髻，披着细绢单衣过来，和我(一起)温读《缁衣》一章，正好先生开门进来，听到两个童子书声琅琅，不觉微微含笑，连连发出"啧啧"的赞叹声。这是七月望日的事，你在地下应当清楚地记得这一情景。我刚成年到广西去，你牵着我的衣裳伤心大哭。过了三年，我中进士还家，你从东边厢房扶着几案出来，全家睁眼看着欢笑，不记得当时话题从何说起，大概是说在长安考中进士，递信人报信的迟早的情况，如此等等。所有这些琐事，虽然已经成为陈迹，然而我一天没死，就一天不能忘掉。过去的事充满心胸，一想起它们就悲伤哽咽，就像影子一样清清楚楚，逼近捕捉时，却消失得无影无踪。我后悔当时没有将童稚时的情况，详细地记录保存下来。然而你已经不在人间，即使光阴倒流，儿童时代可以再次出现，也没有给它印证的人了。

你秉持道义与高氏离婚回来后，堂上阿母依靠你扶持，家中文字方面的事务也靠你办理。我曾经说过女人中很少有明晓经书的旨意和熟悉典故的，你嫂子柔顺娴静，但是在这方面稍有欠缺。所以自你回来后，虽然替你悲伤，其实又替我自己高兴。我比你大四岁，假若按人世间年长的先死亡的常例，我可以将身后之事托付给你,却不料你在我之前离开了人世啊! 前年我患病时,你通宵探问,病情减一分就高兴,增加一分就担忧。后来虽然病情稍稍好一些,还是半坐半卧,没有什么可以娱乐消遣。你来到床前,替我讲小说野史上的使人高兴和惊讶的故事,姑且给我一点欢乐。唉! 今后我若再患病,叫我向哪里呼唤你啊!

你患病时,我听信医生说没有危险的话,远远地到扬州吊唁友人。你又怕我为你心忧,阻止别人赶来告知(你的病情)。等到病情发展到气息奄奄,阿母问你是否盼望哥哥回来,你才勉强答应一声“好”。我已经先一天梦见你来永诀,心知不祥,飞舟渡过长江。果然,我在未时回到家中,而你在辰时已经气绝。四肢还温热,一只眼睛还没有闭,你还在挣扎着不死等我啊! 唉,悲痛啊! 早知道会和你永别,我怎么肯远行!即使要远行,也还有很多心里话要让你听到、了解,(有很多事)要和你一同商量啊!可是现在(一切都)晚了!除了我死之外,我们再也没有相见的日子。我又不知哪一天死,可以见到你,并且死后有没有知觉,能不能和你相见,也终究难以明了。这样说来,我终将抱着这无边无际的遗憾,是天意呢,还是人事呢,却竟至如此!

你的诗稿,我已经付印;你的女儿,我已经代你嫁了;你的生平,我已经作传;只有你的墓穴还没有筹划。祖先的坟墓在杭州,江广河深,势必难以运回家乡安葬,所以请得母亲的吩咐权且把你安葬在这里,为的是便于祭吊扫墓。你墓旁葬着你的女儿阿印。下首两座坟墓,一座是阿爷的侍妾朱氏,一座是阿兄的侍妾陶氏,羊山空旷辽阔,朝南可望见低湿的原野,朝西可望见栖霞山,刮风下雨,早晨黄昏,你寄居他乡的魂灵也有个伴侣,应当不会孤单寂寞。可怜的是,我自从戊寅年读你写的哭侄诗后,至今没有男孩,两个女孩正在牙牙学语,出生在你死后,不过刚刚周岁。我虽然母亲健在不敢说自己年老,但是牙齿动摇,头发掉光,暗中揣度自己在人世间还能有几天啊! 阿品远远地在河南做官,也没有子女,九族中没有可以继承的人。你死了我埋葬,我死了叫谁埋葬?你如果有灵,能不能告诉我?

唉! 你身前的事既已不堪回首,你身后的事又不能知道,哭你听不到你答话,祭奠你又见不到你吃祭品,纸灰飞扬,北风猛烈。你的哥哥回去了,还屡屡回头望你呀。唉,悲伤啊! 唉,悲伤啊!

【赏析】

袁枚(1716—1797),字子才,号简斋,别号随园老人,钱塘人。他以诗闻名,创性灵说,作品大多抒发其闲情逸致。又能文,其文别具特色,是描写景物,叙事记人的散文高手。这篇《祭妹文》是我国文学史上哀祭散文的珍品,表现了兄妹之间深挚的情感。另外作者的痛伤不单单是因为对胞妹的挚爱,还饱含着对她的同情和怜悯,对邪恶不公的愤懑,对自己未尽职责的无限悔恨,这使得文章蕴涵了丰富的思想内容,增强了震撼读者的心灵力量。被祭的袁素文是袁枚的三妹,名机,字素文,别号青琳居士。素文未出生时,其父母曾与高姓指腹为婚,高氏子成人后,却是市井无赖,极多劣迹。高氏提出了解除婚约,但袁素文囿于封建礼教,竟执意不肯。婚后,素文备受凌辱,终因不堪肆虐而返居娘家。自此忍辱含垢,年仅四十岁便凄楚谢世。

祭文通常有固定的格式, 其内容和形式都容易公式化, 为后人传诵的不多。但袁枚的《祭妹文》却不拘格式,写得情真意切,生动感人,为后人传诵。

《祭妹文》按照时间的先后顺序,从素文墓地入笔到病根祸源的交代,从野外同捉蟋蟀到书斋共读诗经,从胞妹送哥眼泪流到把盏喜迎兄长归,从离家出嫁到中道归返,从侍奉母亲以示其德到关爱长兄以显其情,从素文之死到后事料理,情节层层推进,感情波起浪涌,叙事历历可见,抒情句句见心,文情并茂,浑然一体。

文章起笔交待亡妹所葬之地、祭奠时间和祭者身份等,随而"呜呼"一转,直呼亡妹,为全文奠定了凄切哀婉的悲怆基调。接着,简洁叙述妹妹的死因:"以一念之负,遇人仳离,致孤危托落",意为素文早亡其根源是少年常听先生授经,"爱听古人节义事",说明是封建诗书中的腐朽观念侵害了素文,使她饱受苦难,英年早逝。

接下来,作者追忆与素文共度的难忘时光。童年相伴读书,"差肩而坐",温馨之情溢于言表;同捉蟋蟀,同葬蟋蟀,则体现了妹妹性情温厚善良。其描述真实生动,一个天真活泼善良的孩童突现于眼前。这本不为奇,妙就妙在作者把追忆与现实联系起来,当年兄妹同葬蟋蟀,今日孤兄独葬亡妹,物换星移,今非昨是,岂能不让人潸然泪下?年长些时,袁枚远行广西,妹妹不忍与哥哥分离,掎裳拽衣,不禁放声大哭。当年有妹送兄行,今日唯独兄送妹归,岂不痛哉!袁枚考中进士,衣锦还家,妹妹惊喜万分,扶案而出,家人瞠视而笑。妹妹为哥哥中考得官的欣喜之情,和盘托出,手足之情可见一斑。往日种种琐事,如影历历,仿佛就发生在昨天。"然而汝已不在人间,则虽年光倒流,儿时可再,而亦无与为证印者矣",读到此,读者不禁为作者遗失的童年往事和已生死相隔的亡妹而潸然泪下。

随后,记妹妹归返母家的种种情形:服侍母亲,治办文墨,袁枚染病在床,妹妹终宵刺探,还想方设法让哥哥高兴,兄妹情深,不必细言。

而后,记妹妹病危和亡逝的情况。素文病入膏肓,大限将至,但不让人给哥哥报信,以宽兄长之心。忍死待兄归,然而终等不及哥哥归来含憾而终,死不瞑目。袁枚已预感不祥,急赶归家,在妹妹逝去几小时后才赶到家中,其时素文四肢尚温,却未能与之说上一句心中话,只怪自己轻信医言,远吊扬州,自责之情溢于言表。一句“呜呼痛哉”,把对亡妹的思念、同情、内疚和哀痛统统浓缩在伤心欲绝的悲叹中。

最后,简述妹妹亡后料理事宜。并随感而发:“汝死我葬,我死谁埋?汝倘有灵,可能告我?”末段,作者把视线拉回到眼前,回到祭奠的墓地。“哭汝既不闻汝言,奠汝又不见汝食”,逝者已逝,生者却是何等凄切哀伤啊!“纸灰飞扬,朔风野大,阿兄归矣,犹屡屡回头望汝也。呜呼哀哉!呜呼哀哉!”对妹妹的怀念和挚爱之情表达得可谓淋漓尽致。读到此结尾,就是不想哭也不得不泪垂啊!

作者写得有灵性又不事雕琢。作者在回忆童年与妹同度之琐事时,信手拈来,清灵隽永;悲悼亲人之遽然长逝又字字玑珠,句句血泪,真挚动人,感人肺腑。他在叙事中寄寓哀痛,行文中饱含真情,同时还穿插些许景物描绘,从而使痛惜、哀伤、悔恨和无可奈何之情有机地揉和在一起,具有摧人痛断肝肠的艺术感染力。《祭妹文》是一篇不可多得的真情之作。

### 3.2.2 近现代祭文概说及选录赏析

近现代祭文传承了古代祭文情真意切、隐恶扬善的基本风格,在内容和形式上更加广泛自由,丰富多彩。在行文上亦古亦新、半文半白或自由抒写,完全处于多元化的创作格局。在文体上既包括从古代沿袭下来的韵文和散体,也包括现代散文、随笔和诗歌等。

这部分祭文大都具有鲜明的时代特色,一般不受任何文体和格式的限制,陈哀述悲要么迂回曲折,要么直入主题。有的以情境细节烘托渲染,有的以爱心深情为主线直抒胸臆,有的明借哀悼亡故却暗隐针砭时弊,有的虚看凭吊古人古迹实则哀叹时事人生。短仅百字左右,如闻一多《祭母文》中的《香港》、《澳门》以及近现代人祭奠黄帝陵的短文;长已过万言,如当代作家梁衡的《大无大有周恩来——纪念周恩来诞辰一百周年》和师克强的《祭母文》。

近现代祭文从时空上离我们很近也很亲切,许多祭文借鉴了前人的创作经验,同时结合了时代特点,通俗易懂,雅俗共赏,是广大爱好者学习和借鉴的体例。因此,这部分内容选录广泛,在赏析时可根据个人水平和喜好见仁见智。

**实例 1《祭黄帝陵文》(毛泽东)**

维

中华民国二十六年四月五日，苏维埃政府主席毛泽东、人民抗日红军总司令朱德敬派代表林祖涵，以鲜花时果之仪致祭于我中华民族始祖轩辕黄帝之陵。而致词曰：

赫赫始祖，吾华肇造；胄衍祀绵，岳峨河浩。聪明睿知，光被遐荒；建此伟业，雄立东方。世变沧桑，中更蹉跌；越数千年，强邻蔑德。琉台不守，三韩为墟，辽海燕冀，汉奸何多！以地事敌，敌欲岂足；人执笞绳，我为奴辱。懿维我祖，命世之英，涿鹿奋战，区宇以宁。岂其苗裔，不武如斯，泱泱大国，让其沦胥。东等不才，剑屦俱奋，万里崎岖，为国效命。频年苦斗，备历险夷，匈奴未灭，何以家为。各党各界，团结坚固，不论军民，不分贫富。民族阵线，救国良方，四万万众，坚决抵抗。民主共和，改革内政，亿兆一心，战则必胜。还我河山，卫我国权，此物此志，永矢勿谖。经武整军，昭告列祖，实鉴临之，皇天后土。

尚飨

1937 年 3 月

**【译文】**

黄帝声名赫赫，是我们的始祖；他缔造了我们中华民族，他的子子孙孙繁衍生息，香火绵延不断；在中华大地上，五岳高耸，黄河奔流，这正是我们伟大民族的象征。黄帝聪明智慧，其光辉覆被大地，就连极荒远的地方也照耀得到；他建立了缔造中华民族这一伟大功业，并使之雄立在世界的东方。

时世在不断地变化着，其间我们中华民族也经历过挫折。过了几千年，又有日本帝国主义这个不讲道义的强邻侵略我们，先是占领我国领土台湾，接着又出兵侵略朝鲜半岛；最可恨的是在我国东北和华北等地区，还有那么一些出卖国家民族利益的汉奸败类，拿国土去侍奉敌人，哪里能够满足侵略者的欲望？这无异于当人家的奴隶，甘心受欺辱，让人家用鞭子来打，用绳子来捆。

我们的老祖宗黄帝，是著名的英雄，他曾在涿鹿与蚩尤奋战，使天下得以安定；我们作为他的子孙后代，难道到了如此不勇武的地步，这么个泱泱大国，竟让它沦亡不成？

我毛泽东之辈，虽然没有什么济世大才，但愿以挥戈披甲，驰骋万里，来为祖国效命；历经险阻，苦斗多年，不驱除侵略者，不可能有我们的家园。全国各党派无论过去和现在有任何政见和利害不同，无论各界同胞间有任何意见上或利益上的差异，无论各军队间过去和现在有任何敌对行动，都应当有‘兄弟阋于墙外御其侮'的真诚觉悟,团结起来,组成抗日民族统一战线,这是中国共产党提倡的救我中国的最好药方,其主旨在于唤起全国四万万民众,坚决抵抗日本帝国主义的侵略;只要建立民主共和国,按中国共产党提出的五项要求进行内政改革,使全国民众团结一心,我们与日本侵略者作战就一定能取得胜利。

面对民族存亡的大局,我们发誓永远不会忘记自己的使命:收复日本侵略者占领的我国领土,捍卫我们的国家主权。面对列祖列宗的英灵,我们决心整军备战,共赴国难,这是我们发自肺腑的誓言。请大地明察,请苍天作证,我们黄帝子孙的一片赤诚。列祖列宗,请享用祭品吧!

【赏析】

这篇祭文由毛泽东起草,作于1937年3月。同年4月5日,林伯渠受毛泽东和朱德的委派,在陕西省黄陵县黄帝陵祭陵仪式上宣读此祭文。这篇祭文,实际上是毛泽东代表中国共产党发布的号召全民族抗战的宣言书,也是中国共产党及其领导的军民誓为抗日救亡之先驱的"出师表"。

这篇以自誓明志为主要内容的祭文,采用的是中国最为古老的、风格古朴苍劲、语势铿锵有力的文体——四言体。全文用字造语简明庄重,风格古健朴茂,无论是颂祖责今,还是自誓明志,作者运笔皆简劲有力,每以寥寥数语,表达一段丰富的内容。为了有效地表达情感,毛泽东在祭文中用了很多的感叹句、诘问句,如"辽海燕冀,汉奸何多!""以地事敌,敌欲岂足?""岂有苗裔,不武如斯;泱泱大国,让其沦胥"等等,强烈地表达了心中的忧愤之情和坚定自信、慷慨凛然的民族豪情。

整篇祭文响彻着团结抗日的时代强音,具有强烈的爱国主义的感染力,读来令人慷慨激昂,肃穆奋然。

**实例2《大无大有周恩来——纪念周恩来诞辰一百周年》(梁衡)**

今年是周恩来诞辰百年,他离开我们已经二十二年。但是他的身影却时时在我们身边,至今,许多人仍是一提总理双泪流,一谈国事就念总理。陆放翁诗:"何方可化身千亿,一树梅前一放翁。"是什么办法化作总理身千亿,人人面前有总理呢?难道世界上真的有什么灵魂的永恒?伟人之魂竟是可以这样地充盈天地、浸润万物吗?就像老僧悟禅,就如朱子格物,自从一九七六年一月国丧以来,我就常穷思默想这个费解的难题。二十多年了,终于有一天我悟出了一个理:总理这时时处处的"有",原来是因为他那许许多多的"无",那些最不该,最让人想不到、受不了的"无"啊。

总理的惊人之无有六。

一是死不留灰。

周恩来是中国历史上第一个提出死后不留骨灰的人。总理去世的时候，正是中国政治风云变幻的日子，林彪集团被粉碎不久，“四人帮”集团正自鸣得意，中国上空乌云压城，百姓肚里愁肠千结。一九七六年新年刚过，一个寒冷的早晨突然广播里传出了哀乐。人们噙着泪水，对着电视一遍遍地看着那个简陋的遗体告别仪式……过了几天，报上又公布了总理遗体到八宝山火化的消息，并且遵总理遗嘱不留骨灰。许多人都不相信这个事实……直到多少年后，我们才清楚，这确实是总理遗愿。一月十五日下午追悼会结束后，邓颖超就把家属召集到一起，说总理在十几年前就与她约定死后不留骨灰。灰入大地，可以肥田。当晚，邓颖超找来总理生前党小组的几个成员帮忙，一架农用飞机在如磐的夜色中冷清地起飞，飞临天津这个总理少年时代生活和最早投身革命的地方，又沿着渤海湾飞临黄河入海口，将那一捧银白的灰粉化入海空，也许就是这一撒，总理的魂魄就永远充满人间，贯通天地。

但人们还是不能接受这一事实。多少年后还是有人提问，难道总理的骨灰就真的一点也没有留下吗？中国人和世界上大多数民族都习惯修墓土葬，这对生者来说，可以寄托哀思，对死者来说则希望还能长留人间。多少年来，越有权的人就越下力气去做这件事。中国的十三陵，印度的泰姬陵，埃及的金字塔，还有一些埋葬神父的大教堂，我都看过。共产党人是无神论者，又以解放全人类为己任，当然不会为自己的身后事去费许多神。所以一解放，毛泽东就带头签名火葬，以节约耕地，但彻底如周恩来这样连骨灰都不留的却还是第一人。你看一座八宝山上，不就是存灰为记吗？历史上有多少名人，死后即使无尸，人们也要为他修一个衣冠冢。老舍先生的追悼会上，骨灰盒里放的是一副眼镜，一支钢笔。纪念死者总得有个念物，有个引子啊。

没有灰，当然也谈不上埋灰之处，也就没有碑和墓，欲哭无泪，欲祭无碑，魂兮何在，无限相思寄何处？中外文学史上有许多名篇都是碑文、墓志和在名人墓前的凭吊之作，有许多还发挥出炽热的情和永恒的理。如韩愈为柳宗元写的墓志痛呼：“士穷乃见节义”，如杜甫在诸葛亮祠中所叹：“出师未捷身先死，长使英雄泪满襟”，都成了千古名言。明代张溥著名的《五人墓碑记》“扼腕墓道，发其志士之悲”简直就是一篇正义对邪恶的宣言。就是空前伟大如马克思这样的人，死后也有一块墓地，恩格斯在他墓前的演说也选入马恩文选，成了国际共运的重要文献。马克思的形象也因这篇文章更加辉煌。为伟人修墓立碑已成中国文化的传统，中国百姓的习惯，你看明山秀水间，市井乡村里，还有那些州县府志的字里行间，有多少知名的、不知名的古人墓、碑、庙、祠、铭、志，怎么偏偏轮到总理，这个前代所有的名人加起来都不足抵其人格伟大的人，就连一个我们可以为之扼腕、叹息、流泪的地方也没有呢？于是人们难免生出一丝丝的猜测，有的说是总理英明，见“四人帮”猖狂，政局反复，不愿身后有伍子胥鞭尸之事；有的说是总理节俭，不愿为自己的身后事再破费国家钱财。但我想，他主要的就是要求一个干净。生时鞠躬尽瘁，死后不留麻烦。他是一个只讲奉献，献完转身就走的人，不求什么纪念的回报和香火的馈饷。……一个曾叫世界天翻地覆的英雄，一个为民族留下了一个共和国的总理，却连一点骨灰也没有留下，这强烈的反差，让人一想，心里就有如坠落千丈似的空茫。

总理的二无是生而无后。

中国人习惯续家谱，重出身，爱攀名人之后也重名人之后。刘备明明是个编席卖履的小贩，却攀了个皇族之后，被尊为皇叔，诸葛亮和关、张、赵、马、黄等一批文臣武将，就捧着这块招牌，居然三分天下。一般人有后无后还是个人和家族的事，名人无后却成了国人的遗憾。不孝有三，无后为大。纪念古人也有三：故居、墓地、后人，后人为大。虽然后人不能尽续其先人的功德才智，但对世人来说，有一条血缘的根传下来，总比无声的遗物更惹人怀旧。人们尊其后，说到底还是尊其本人。这是一种纪念，一种传扬。对越是功高德重为民族做出牺牲的逝者，人们就越尊重他们的后代，好像只有这样才能表达对他们的感激，赎回生者的遗憾。总理并不脱俗，也不寡情。我在他的绍兴祖居，亲眼见过抗战时期他和邓颖超回乡动员抗日时，恭恭敬敬地续写在家谱上的名字。他在白区经常做的一件事，就是搜求烈士遗孤，安排抚养。他常说：不这样我怎么对得起他们的父母？他在延安时亲自安排将瞿秋白、蔡和森、苏兆征、张太雷、赵世炎、王若飞等烈士的子女送到苏联好生教育、看护，并亲自到苏联与斯大林谈判，达成了一个谁也想不到的协议：这批子弟在苏联只求学，不上前线(而苏联国际儿童院中其他国家的子弟，有二十一名牺牲在战争前线)。这恐怕是当时世界上两个最大的人物达成的一个最小的协议。总理何等苦心，他是要为烈士存孤续后啊。六七十年代，中日民间友好往来，日本著名女运动员松崎君代，多次受到总理接见。当总理知道她婚后无子时，便关切地留她在京治病，并说有了孩子可要告诉一声啊。一九七六年总理去世，她悲呼道：“周先生，我们已经有了孩子，但还没有来得及告诉您！”确实子孙的繁衍是人类最实际的需要，是人最基本的情感。但是天何不公，轮到总理却偏偏无后，这怎么能不使人遗憾呢？

是残酷的地下斗争和战争夺去邓颖超同志腹中的婴儿，以后又摧残了她的健康。但是以总理之权、之位、之才和他的倾倒多少女性的风采，何愁不能再建家室，传宗接代呢?这在解放初党的中高级干部中不乏其人，并几乎成风。但总理没有。他以倾国之权而坚守平民之德。后来有一个厚脸皮的女人写过一本书，称她自己就是总理的私生女，这当然经不起档案资料的核验。举国一阵哗然之后，如风吹黄叶落，复又秋阳红。但人们在愤怒之余心里仍然隐隐存着一丝的惆怅。特别是眼见和总理同代人的子女，或又子女的子女，不少都官居高位名显于世，不禁又要黯然神伤。中国人的传统文化是求全求美的，如总理这样的伟人该是英雄美人、父英子雄、家运绵长的啊。然而，这一切都没有。这怎么能不在国人心中凿下一个空洞呢?人们的习惯思维如列车疾驶，负着总理的三无是官而不显。

千百年来，官和权是连在一起的。在某些人看来，官就是显赫的地位，就是特殊的享受，就是人上人，就是福中福。官和民成了一个对立的概念，也有了一种对立的形象。但周恩来作为一国总理则只求不显。在外交、公务场合他是官，而在生活中，在内心深处，他是一个最低标准甚至不够标准的平民。他是中国有史以来第一个平民宰相，是世界上最平民化的总理。一次他出国访问，内衣破了送到我驻外使馆去缝洗。大使夫人抱着这一团衣服时，泪水盈眶，她怒指着工作人员道:“原来你们就这样照顾总理啊! 这是一个大国总理的衣服吗?”总理的衬衣多处打过补丁，领子和袖口已换过几次，一件毛巾睡衣本来白底蓝格，但早已磨得像一件纱衣。后来我见过这件睡衣，瞪大眼睛也找不出原来的纹路。这样寒酸的行头，当然不敢示人，更不敢示外国人。所以总理出国总带一只特殊的箱子，不管住多高级的宾馆，每天起床，先由我方人员将这套行头收入箱内锁好，才许宾馆服务生进去整理房间。人家一直以为这是一个最高机密的文件箱呢。这专用箱里锁着一个平民的灵魂。而当总理在国内办公时就不必这样遮挡“家丑”了，他一坐到桌旁，就套上一副蓝布袖套，那样子就像一个坐在包装台前的女工。许多政府工作报告，国务院文件和震惊世界的声明，都是在这蓝袖套下写出的啊。只有总理的贴身人员才知道他的生活实在太不像个总理。总理一入城就在中南海西花厅办公，一直住了二十五年。这是座老平房，又湿又暗，工作人员多次请示总理，总理都不准维修。终于有一次，工作人员趁总理外出时将房子小修了一下，于是《周恩来年谱》便有了这一段记载:一九六零年三月六日，总理回京，发现房已维修，当晚即离去暂住钓鱼台，要求将房内的旧家具(含旧窗帘)全部换回来，否则就不回去住。工作人员只得从命。一次，总理在杭州出差，临上飞机时地方上送了一筐南方的时鲜蔬菜，到京时被他发现，就严厉批评了工作人员，并命令折价寄钱去。一次，总理在洛阳视察，见到一册碑帖，问秘书身上带钱没有，见没带钱，就摇摇头走了。总理从小随伯父求学，伯父的坟迁移，他不能回去，先派弟弟去，临行前又改派侄儿去，为的是尽量不惊动地方。一国总理啊，他理天下事，管天下财，住一室，食一蔬，用一物，办一事算得了什么？多少年来，在人们的脑子里，做官就是显耀。你看，封建社会的官帽，不是乌纱便是红顶，官员出行，或鸣锣开道，或静街回避，不就是要一个"显"字？这种显耀或为显示权力，或为显示财富，总之是要显出高人一等。古人一考上进士，就要鸣锣报喜，一考上状元就要骑马披红走街，一当上官就要回乡到父老面前转一圈。所谓衣锦还乡，为的就是显一显。刘邦做了皇帝后，曾痛痛快快地回乡显示过一回，元散曲名篇《高祖还乡》即挖苦此事。你看那排场："红漆了叉，银铮了斧，甜瓜苦瓜黄金镀，明晃晃马镫枪尖上挑，白雪雪鹅毛扇上铺。这几个乔人物，拿着些不曾见的器仗，穿着些大作怪的衣服。"西晋时有个石崇官做到个荆州刺史，也就是地委书记吧，就敢于同皇帝司马昭的小舅子王恺斗富。他平时生活，"丝竹尽当时之精，庖膳穷水陆之珍"；招待客人，以锦围步幛五十里，以蜡烧柴做饭，王恺自叹不如。现在这种显弄之举更有新招，比座位，比上镜头，比好房，比好车，比架子。一次一位县级小官到我办公室，身披呢子大衣，刚握完手突然后面蹿上一小童，双手托举一张名片。原来这是他的跟班，连递名片也要秘书代劳，这个架子设计之精，我万没有想到。刚说几句话又抽出"大哥大"，向千里之外的穷乡僻壤报告他现已到京，正在某某办公室，连我也被他编入了显耀自己的广告词。我不知他在地方上有多大政绩，为百姓办了多少实事，看这架子心里只有说不出的苦和酸。想总理有权不私，有名不显，权倾一国，两袖清风，这种近似残酷的反差随着岁月的增加，倒叫人更加不安和不忍了。

总理的四无是党而不私。

列宁讲：人是分为阶级的，阶级是由政党来领导的，政党是由领袖来主持的。大概有人类就有党，除政党外还有朋党、乡党等小党。毛泽东同志就提到过党外有党，党内有派。同好者为党，同利者为党，在私有制的基础上，结党为了营私，党成了求权、求荣、求利的工具。项羽、刘邦为楚汉两党，汉党胜，建刘汉王朝，三国演义就是曹、孙、刘三党演义。朱元璋结党扯旗，他的对立面除元政权这个执政党外，还有张士诚、陈友谅各在野党，结果朱党胜而建朱明王朝。只有共产党成立以后才宣布，它是专门为解放全人类而做牺牲的党，除了人民利益,国家民族利益,党无私利,党员个人无私求。无数如白求恩、张思德、雷锋、焦裕禄这样的基层党员,都做到了入党无私,在党无私。但是当身处要位甚至领袖之位,权握一国之财,而要私无一点,利无一分,却是最难最难的。权用于私,权大一分就私大一丈,失之毫厘差以千里,做无私的战士易,做无私的官难,做无私的大官更难。像总理这样军政大权在握的人,权力的砝码已经可以使他左偏则个人为党所用,右偏则党为个人所私,或可为党员,或可为党阀了。王明、张国焘不都成了党阀吗?而总理的可贵正在党而不私。一九七四年,康生被查出癌症住院治疗。周恩来这时也有绝症在身,还是拖着病体常去看他。康一辈子与总理不合,总理每次一出病房他就在背后骂。工作人员告诉总理,说既然这样您何必去看他。但总理笑一笑,还是去。这种以德报怨,顾全大局,委曲求全的事,在他一生中举不胜举。周总理同胞兄弟三人,他是老大,老二早逝,他与三弟恩寿情同手足。恩寿解放前经商,为我党提供过不少经费。解放后安排工作到内务部,总理指示职务要安排得尽量低些,因为他是我弟弟。后恩寿胃有病,不能正常上班,总理又指示要办退休,不上班就不能领国家工资。曾山部长执行得慢了些,总理又严厉批评说:“你不办,我就要给你处分了。”“文革”中总理尽全力保护救助干部。一次范长江的夫人沈谱(著名民主人士沈均儒之女)找到总理的侄女周秉德,希望能向总理转交一封信,救救长江。周秉德是沈均儒长孙儿媳,沈谱是她丈夫的亲姑姑。范长江是我党新闻事业的开拓者,又是沈老的女婿,总理还是他的入党介绍人。以这样深的背景,周秉德却不敢接这封信,因为总理有一条家规:任何家人不得参与公事。如果说总理要借在党的力量谋大私,闹独立,闹分裂,篡权的话,他比任何人都有更多的机会,更好的条件。但是他恰恰以自己坚定的党性和人格的凝聚力,消除了党内的多次磨擦和四次大的分裂危机。五十年来他是党内须臾不可缺少的凝固剂。第一次是红军长征时,这时周恩来身兼五职,是中央三人团(博古、李德、周恩来)成员之一;中央政治局常委、书记处书记、军委副主席、红军总政委。在遵义会议上,只有他才有资格去和博古、李德争吵,把毛泽东请了回来。王明派对党的干扰基本排除了(彻底排除要到延安整风以后),红一、四方面军会师后又冒出个张国焘。张兵力远胜中央红军,是个实力派。有枪就要权,不给权就翻脸,党和红军又面临一次分裂。这时周恩来主动将自己担任的红军总政委让给了张国焘。红军总算统一,得以顺利北进,扎根陕北。第二次是“大跃进”和三年困难时期。……他修订规划时,又小心地坚持原则,实事求是。他藏而不露地将“十五年赶上英国”,改为“十年或者更多的一点时间”,加了九个字。将“在今后十年或者更短的时间内实现全国农业发展纲要”一句删去了“或者更短的时间内”八个字，不要小看这一加一减八九个字，果然，一年以后，经济凋敝，毛泽东说：国难思良将，家贫思贤妻，搞经济还得靠恩来、陈云，多亏恩来给我们留下三年余地。第三次是“文革”中，林彪骗取了毛主席信任。这时作为二把手的周恩来再次让出了自己的位置。他这个当年黄埔军校的政治部主任，毕恭毕敬地向他当年的学生，现在的副统帅请示汇报，在天安门城楼上、在大会堂等公众场合为之领坐引路。林彪的威望，或者就以他当时的投机表现、身体状况，总理自然知道他是不配接这个班的，但主席同意了，党的代表大会通过了，他只有服从。果然，九大之后只有两年多，林彪自我爆炸，总理连夜坐镇大会堂，弹指一挥，将其余党一网打尽，为国为党再定乾坤。让也总理，争也总理，一屈一伸又弥合了一次分裂。第四次，林彪事件之后总理威信已到绝高之境，但“四人帮”的篡权阴谋也到了剑拔弩张的境地。这时已经不是拯救党的分裂，而是拯救党的危亡了，总理自知身染绝症，一病难起，于是他在抓紧寻找接班人，寻找可以接替他与“四人帮”抗衡的人物，他找到了邓小平。一九七四年十二月，他不顾危病在身飞到韶山与毛泽东商量邓小平的任职。小平一出山，双方就展开拉锯战，这时总理躺在医院里，就像诸葛亮当年卧病军帐之中，仍侧耳静听着帐外的金戈铁马声。“四人帮”唯一忌惮的就是周恩来还在世。当时主席病重，全党的安危系于周恩来一身，他生命延缓一分钟，党的统一就能维持一分钟。他躺在床上，像手中没有了弹药的战士，只能以重病之躯扑上去堵枪眼了。癌症折磨得他消瘦、发烧，常处在如针刺刀割般的疼痛中，后来连大剂量的镇痛、麻醉药都不起作用。但是他忍着，他知道多坚持一分钟，党的希望就多一分。因为人民正在觉醒，叶帅他们正在组织反击。他已到弥留之际，当他清醒过来时，对身边的人员说：“你去给中央打一个电话，中央让我活几天，我就活几天！”就这样一直撑到一九七六年一月八日。当时消息还未正式公布，但群众一看医院内外的动静就猜出大事不好。这天总理的保健医生外出办事，一个熟人拦住问：“是不是总理出事了，真的吗？”他不敢回答，稍一迟疑，对方转身就走，边走边哭，终于放声大哭起来。九个月后，百姓心中的这股怨气，一举掀翻了“四人帮”。总理在死后又一次救了党。宋代欧阳修写过一篇著名的《朋党论》，指出有两种朋党，一种是小人之朋，“所好者禄利，所贪者财货”；一种是君子之朋，“所守者道义，所行者忠信，所惜者名节”。而只有君子之朋才能万众一心。“周武王之臣，三千人为一大朋”，以周公为首。这就是周灭商的道理。周恩来在重庆时就被人称周公，直到晚年，他立党为公，功同周公的形象更加鲜明。“周公吐哺，天下归心。”周公只不过是“一饭三吐哺”，而我们的总理在病榻上还心忧国事，“一次输液三拔针”啊。如此忧国，如此竭诚，怎么能不天下归心呢？

总理的五无是劳而无怨。

周总理是中国革命的第一受苦人。上海工人起义，“八一”起义，万里长征，三大战役，这种真刀真枪的事他干；地下特科斗争，国统区长驻虎穴，这种生死度外的事他干；解放后政治工作、经济工作、文化工作，这种大管家的烦人杂事他干；“文化革命”中上下周旋，这种在夹缝中委曲求全的事他干。他人生的最后一些年头，直到临终，身上一直佩着的一块徽章，是“为人民服务”。如果计算工作量，他真正是党内之最。周恩来是一九七四年六月一日住进医院的，据资料统计，一至五月共一百三十九天，他每天工作十二至十四小时有九天；十四至十八小时有七十四天；十九至二十三小时有三十八天；连续二十四小时有五天。只有十三天工作在十二小时之内。而从三月中旬到五月底，两个半月，日常工作外，他又参加中央会议二十一次，外事活动五十四次，其他会议和谈话五十七次。他像一头牛，只知道负重，没完没了地受苦，有时还要受气。一九三四年，因为王明的“左”倾路线和洋顾问李德的指挥之误，红军丢了苏区，血染湘江，长征北上。这时周恩来是军事三人团成员之一，他既要负失败之责，又要说服博古恢复毛泽东的指挥权，惶惶然，就如《打金枝》中的皇后，劝了金枝，回过头来又劝驸马。一九三八年，他右臂受伤，两次治疗不愈，只好远走苏联。医生说为了彻底好，治疗时间就要长一些。他却说时局危急，不能长离国内，只短住了六个月。最后还是落下个臂伸不直的残疾。而林彪也是治病，也是这个时局，却在苏联从一九三八年住到了一九四一年。“文化革命”中，周恩来成了救火队长，他像老母鸡以双翅护雏，防老鹰叼食一样尽其所能保护干部。红卫兵要揪斗陈毅，周恩来苦苦说服无效，最后震怒道：我就站在大会堂门口，看你们从我身上踩过去！这时国家已经瘫痪，全国除少数造反派许多人都成了逍遥派，而周恩来始终是一个苦撑派，一个苦命人。他像扛着城门的力士，放不下，走不开。每天无休止地接见，无休止地调解，饭都来不及吃，服务员只好在茶杯里调一点面糊。“文革”中干部一层层地被打倒。他周围的战友，副总理、政治局委员已被打倒一大片，连国家主席刘少奇都被打倒了，但偏偏留下了他一个。他连这种“休息”的机会也得不到啊。全国到处点火，留一个周恩来东奔西跑去救火，这真是命运的捉弄。他坦然一笑说：“我不下地狱，谁下地狱？”大厦将倾，只留下一根大柱。这柱子已经被压得吱吱响，已经出现裂纹，但他还是咬牙苦撑。由于他的自我牺牲，他的厚道宽容，他的任劳任怨，革命的每一个重要关头，每一次进退两难，都离不开他。许多时候他都左右逢源，稳定时局，但许多时候，他又只能被人们作为平衡的棋子，或者替罪的羔羊。历史上向来是一朝天子一朝臣，共产党的领导人换了多少，却人人要用周恩来。他的过人才干“害”了他，他的任劳任怨的品质“害”了他，多苦、多难、多累、多险的活，都由他去顶。

……

总理的六无是去不留言。

一九七六年元旦前后总理已经到了弥留之际。这时中央领导对总理病情已是一日一问，邓颖超同志每日必到病房陪坐。可惜总理将去之时正是中央领导核心中鱼龙混杂、忠奸共处的混乱之际。奸佞之徒江青、王洪文常假惺惺地慰问却又暗藏杀机。这时忠节老臣中还没有被打倒的只有叶剑英了。叶帅与总理自黄埔时期起便患难与共，又共同经历过党史上许多是非曲直。眼见总理已是一日三厥，气若游丝，而“四人帮”又乘危乱国，叶帅心乱如麻，老泪纵横。一日，他取来一叠白纸，对病房值班人员说，总理一生顾全大局，严守机密，肚子里装着很多东西，死前肯定有话要说，你们要随时记下。但总理去世后，值班人员交到叶帅手里的仍然是一叠白纸。

当真是总理肚中无话吗？当然不是，在会场上，在向领袖汇报时，在对“四人帮”斗争时，在与同志谈心时，该说的都说过了，他觉得不该说的，平时不多说一字，现在并不因为要撒手而去就可以不负责任，随心所欲。总理的办公室和卧室同处一栋，邓颖超同志是他一生的革命知己，又同是中央高干，但总理工作上的事邓颖超自动回避，总理也不与她多讲一字。总理办公室有三把钥匙，他一把，秘书一把，警卫一把，邓颖超没有，她要进办公室必须先敲门。周总理把自己一劈两半。一半是公家的人，党的人，一半是他自己。他也有家私，也有个人丰富的内心世界，但是这两部分泾渭分明，绝不相混。周恩来与邓颖超的爱可谓至纯至诚，但也不敢因私犯公。他们两人，丈夫的心可以全部掏给妻子，但决不能搭上公家的一点东西；反过来妻子对丈夫可以是十二分的关心，但决不能关心到公事里去。总理与邓大姐这对权高德重的伴侣堪称是正确处理家事国事的楷模。诗言志，为说心里话而写。总理年轻时还有诗作，现在东瀛岛的诗碑上就刻着他那首著名的《雨中岚山》。皖南事变骤起，他愤怒地以诗愆敌：“千古奇冤，江南一叶，同室操戈，相煎何急。”但解放后，他除了公文报告，却很少有诗。当真他的内心情感之门关闭了吗？没有。工作人员回忆，总理工作之余也写诗，用毛笔写在信笺上，反复改。但写好后又撕成碎片，碎碎的，投入纸篓,宛如一群梦中的蝴蝶。除了工作,除了按照党的决定和纪律所做的事,他不愿再表白什么,留下什么。瞿秋白在临终前留下一篇《多余的话》将一个真实的“我”剖析得淋漓尽致,然后昂然就义,舍身成仁。坦白是一种崇高。周恩来在临终前只留下一叠白纸。“菩提本无树,明镜亦非台”,本来就无我,我复何言哉？不必再说,又是一种崇高。

周恩来的六个“大无”,说到底是一个无私。公私之分古来有之,但真正的大公无私自共产党始。一九九八年是周恩来诞辰一百周年,也是划时代的《共产党宣言》发表一百五十周年。是这个《宣言》公开提出要消灭私有制,要求每个党员只有解放全人类才能最后解放自己。我敢大胆说一句,一百五十年来,实践《宣言》精神,将公私关系处理得这样彻底、完美,达到如此绝妙之境者,周恩来是第一人。因为即使如马克思、恩格斯、列宁也没有他这样长期处于手握党权、政权的诱惑和身处各种矛盾的煎熬。总理在甩脱自我,真正实现“大无”的同时却得到了别人没有的“大有”。有大智、大勇、大才和大貌——那种倾城倾国,倾倒联合国的风貌,特别是他的大爱大德。

他爱心博大,覆盖国家、人民和整个世界。你看他大至处理国际关系,小至处理人际关系无不充满浓浓的、厚厚的爱心。美帝国主义和中国人民、中国共产党曾是积怨如山的,但是战争结束后,一九五四年周恩来第一次与美国代表团在日内瓦见面时就发出友好的表示,虽然美国国务卿杜勒斯拒绝了,或者是不敢接受,但周恩来还是满脸的宽厚与自信,就是这种宽厚与自信,终于吸引尼克松在我们立国二十一年后,横跨太平洋到中国来与周恩来握手。国共两党是曾有血海深仇的,蒋介石曾以巨额大洋悬赏要周恩来的头。当西安事变发生时,蒋介石已成阶下囚,国人皆曰可杀,连曾经向蒋介石右倾过的陈独秀都高兴地连呼打酒来,蒋介石必死无疑。但是周恩来却带了十个人,进到刀枪如林的西安城去与蒋介石握手。周恩来长期代表中共与国民党谈判,在重庆,在南京,在北平。到最后,这些敌方代表竟为他的魅力所吸引,投向了中共。只有团长张治中说,别人可以留下,从手续上讲他应回去复命。周却坚决挽留,说西安事变已对不起一位姓张的朋友(张学良),这次不能重演悲剧,并立即通过地下党将张的家属也接到了北平。他的爱心征服了多少人,温暖了多少人,甚至连敌人也不得不叹服。宋美龄连问蒋介石,为什么我们就没有这样的人。美方与他长期打交道后,甚至后悔当初不该去扶植蒋介石。至于他对人民的爱,革命队伍内同志的爱,更是如雨润田,如土载物般地浑厚深沉。曾任党的总书记、犯过“左”倾路线错误的博古,可以说是经周恩来亲手“颠覆”下台的,但后来他们相处得很好，在重庆，博古成了周的得力助手。甚至像陈独秀这样曾给党造成血的损失，当他对自己的错误已有认识，并有回党的表示时，周恩来立即着手接洽此事，可惜未能谈成。恩格斯在马克思墓前讲话说："他可能有过许多敌人，但未必有一个私敌。"这话移来评价周恩来最合适不过。当周恩来去世时，无论东方西方，同声悲泣，整个地球都载不动这许多遗憾，许多愁。

他的大德，再造了党，再党了共和国，并且将一个共产主义者的无私和儒家传统的仁义忠信糅合成一种新的美德，为中华文明提供了新的典范。如果说毛泽东是中国共产党和中华人民共和国的缔造者，周恩来则是党和国家的养护人。他硬是让各方面的压力，各种矛盾将自己压成了粉，挤成了油，润滑着党和共和国这架机器，维持着它的正常运行。五十年来他亲手托起党的两任领袖，又拯救过共和国的三次危机。遵义会议他扶起了毛泽东，"文革"后期他托出邓小平。作为两代领袖，毛邓之功炳彪史册，而周恩来却静静地化作了那六个"无"。建国后他首治战争创伤，国家复苏；二治"大跃进"灾难，国又中兴；三抗林彪江青集团，铲除妖孽。而他在举国狂庆的前夜却先悄悄地走了，走时连一点骨灰也没有留下。

周恩来为什么这样地感人至深，感人至久呢？正是这"六无"，"六有"，在人们心中撞击、翻搅和掀动着大起大落、大跌大荡的波浪。他的博爱与大德拯救、温暖和护佑了太多太多的人。自古以来，爱民之官受人爱。诸葛亮治蜀二十七年，而武侯祠香火不断一千五百年。陈毅游武侯祠道："孔明反胜昭烈(刘备)其何故也，余意孔明治蜀留有遗爱。"遗爱愈厚，念之愈切。平日常人相处尚投桃报李，有恩必报，而一个伟人再造了国家，复兴了民族，润泽了百姓，后人又怎能轻易地淡忘了他呢？我们是唯物论者，但我心里总觉得大概有一天还是会有人来要为总理修一座庙。庙是神的殿堂，神是后人在所有的前人中筛选出来的模范，比若忠义如关公，爱民如诸葛亮。周总理无论在自身修养和治国理政方面，功德、才智、得民心等都很像诸葛亮。诸葛亮教子很严，他那篇有名的《诫子书》，教子"非淡泊无以明志，非宁静无以致远"。他勤俭持家，上书后主说，自己家有桑树八百棵，薄田十五顷，供给一家人的生活，馀再无积蓄。这两件事都常为史家称道。呜呼，总理何如？他没有后，当然也没有什么教子格言；他没有遗产，去世时，家属各分到几件补丁衣服作纪念；他没有祠，没有墓，连灰都不知落在何方。他不立言，没有一篇《出师表》可以传世。他越是这样地没有没有，后人就越感念他的遗爱；那一个个没有也就越像一条条鞭子抽在人们的心上。鲁迅说，悲剧是把人生有价值的东西撕裂给人看。是命运从总理身上一条条地撕去许多本该属于他的东西，同时也在撕裂后人的心肺肝肠。那是永远无法弥补的遗憾，这遗憾又加倍转化为深深的思念。渐渐二十二年过去了，思念又转化为人们更深的思考，于是总理的人格力量在浓缩，在定格，在突现。而人格的力量一旦形成便是超时空的。不独总理，所有历史上的伟人，中国的司马迁、文天祥，外国的马克思、列宁，我们又何曾见过呢？爱因斯坦生生将一座物理大山凿穿而得出一个哲学结论：当速度等于光速时，时间就停止；当质量足够大时它周围的空间就弯曲。那么，我们为什么不可以再提出一个"人格相对论"呢？当人格的力量达到一定强度时，它就会迅如光速而追附万物，囊括空间而护佑生灵。我们与伟人当然就既无时间之差又无空间之别了。

这就是生命的哲学。

周恩来还会伴我们到永远。

向伟大的周总理致敬！

一九九八年二月

**实例 3《祭汶川大地震死难同胞文》(李成林)**

天地玄黄，宇宙鸿荒，华夏文明，源远流长，任刀兵四起，由风雨沧桑，经百代，历万世，厚德载物，刻刻图强。

适建国近六十年，改革已三十载，神州大地，风云突变，大雪迎新岁，藏独扰圣火，火车方脱轨，巴蜀起波澜，天灾、地震、人祸接踵而至，伤者、逝者、生者涕泪泗流。

时到春末夏初，奥运圣火燎原，百姓夹道，万民欢颜。怎料得，天惊一声雷，地倾绝其维，听时不敢信，信时皆泪水。

汶川地震，地动山崩，江河倒泄，星辰黯然，十数亿炎黄失色，八万里环宇皆惊。巴蜀同胞陷水火，百里墙倒屋塌，家园不在，交通阻断，高楼倾覆，繁华难觅，唯见伤者甚众，哀者甚众，流离者甚众，失所者甚众，襁褓婴幼失父母，花甲老妪无儿女，夫失妻，妻失夫，方才仍是谈笑满庭院，转瞬已是生死两茫茫，凄凄然天地恸容，惶惶然人神共泣。

路断泥石流，雨打残垣，粮少命难继，风吹草庵，四川危难！汶川危难！同胞危难！国难当头，生命第一，大难揪心处，生死两攸关。

温总亲临，抗震救灾，胡公已至，当机立断，扶将倾大厦，挽即倒狂澜；人民子弟，壮志凌云，空降汶川，手为锄犁，辟路开山；武警部队，敢为人先，茂县青川，足为车轮，四处辗转；从成都到绵阳，从彭州到北川，志愿者各司其职，排忧解难；血肉撕开生死路，舟车运来救命钱；救灾物资纷纷至，幸存同胞泪涟涟。

断壁间，听闻呼吸声，每有同胞出残垣，山路中，遥见灯火闪，定是山中百姓向外迁，常闻慈母弱体护儿女，常见战士赴危难，危难之中，中华美德张扬，人间情爱彰显。

一方有难，八方驰援，救人救灾，刻不容缓，世界关注，九州心牵，上至国家领导，下到普通人员，为官者，为民者，为师者，为学者，为商者，为工者……七十二行，行行心系灾区，在京者，在津者，在沪者，在港者，在澳者，在川者……三十余省，省省慷慨捐款，灾后重建，任重道远。死何以堪？情何以堪？痛何以堪？

数万人觞，国之大难，是为国哀，全民悼念，祈佑中华，设祭为坛，炎黄同心，共渡难关。前有仆者，后有继者，擦干眼泪，重建家园，民族魂魄，意志弥坚，同创和谐，共谋发展。是为此文，以飨死难！

**实例 4《寄往天堂的祝福——献给海子的祭歌》(时维超)**

海子走了，他的身躯被呼啸的列车轧成了两段，他的灵魂在一片血红中缓缓地飞升。上帝的祭坛上，一只洁白的羔羊静卧，身边是一本染成血红的圣经。上帝俯身望望那片灯红酒绿的乐土，在胸前轻轻划着十字，喃喃地说了一声："我的孩子！"

五千多个日日夜夜足以消磨掉一切血肉与白骨，对于神秘的海子，人们的记忆也早已淡漠。在中国政法大学拥挤的校园里，没有任何一点痕迹能够提醒我，这儿曾活着一位天才的诗人。人们都在忙着各自的事情，哪有闲心怀念一个早已化作灰土的死者？只有在未名湖畔，每年的三月二十六日，他的母校还在用上千朵闪闪的烛光，抚慰着这个儿子的亡魂。

一片贫瘠的土地上孕育出了最鲜艳的花朵，一个低贱的躯体里存活着最高尚的灵魂。在怀宁城外一个贫穷的小山村，当一个八岁的孩子，把仅有的一只窝头偷偷塞给两个眼巴巴的弟弟，忍住饥饿走向村里的学堂；当一个十二岁的少年，把盐腌的两棵白菜慢慢塞进一只大肚子的瓶口，不顾疲劳赶往求学的县城，只有上帝知道，这个衣衫褴褛的苦孩子，即将成长为二十世纪末中华大地上最杰出的诗人！当他怀着美丽的梦幻从高家查湾一步跨进了燕园，他对母亲与兄弟的爱也一下子得到了升华，洒向那普天下的芸芸众生。贫穷与苦难没有扭曲他的灵魂，母亲的眼泪漂白了他的良心。苦难深重的中国农民啊，你不仅养活了这片土地上数亿具鲜活的躯体，你也养育出一种最纯洁的精神！

如潮而来的工业化把原本单调的世界染得五彩缤纷，城市贪婪地蚕食着农村，座座高楼如雨后春笋，基于宗法社会的传统道德慢慢化成齑粉。历经十年“文革”的禁锢，道德与法律的约束突然空前地放松。从历史的一个极端到另一个极端，只有短短二十个年轮。

社会的剧烈转型，使金钱、权势和性从幕后走上了前台。从七十年代的狂热到八十年代的迷惘，再到九十年代的放纵，只有很少的人还在固守着传统。只有几个可怜的殉道者痛心疾首，声嘶力竭地呼唤着正义和责任。高尚，成了高尚者的墓志铭！

海子就是这样一个殉道者，他有着远远高于大众的智商，却又远比大众单纯。凭他惊人的才华与北大的背景，只要放下诗人那清高的架子，学一点钻营的技巧，要在这个充满了机遇的社会上飞黄腾达绝非难事。然而，他没有，与其说是不会，毋宁说是不愿。他宁可为理想殉身，也不愿做一个汲汲于名利的俗人。

这是一个追求完美的理想主义者，他的心灵敏感，尖锐而又脆弱。他希望这个世界像他想象的那样美好，却又远比一般人更清楚地看到世俗中的罪恶。他跟世俗社会格格不入，既没有能力按照自己的意愿改造这个社会，又绝不愿意按照这个社会的要求改变自己。于是，他只能选择逃避，把自己关在四堵冰冷的墙壁中间，沉湎于自己想象中的精神家园，偶尔，用知识分子极端的清高，鄙夷地扫一眼奔忙的人群。在他的眼中，周围是一些浅薄的庸人；在周围人的眼中，他是一个怪人，傻子，甚或一个疯子。

思想者总是孤独的，一个人的思想越是深刻，他就越难在生活中找到知己。从这个意义上来说，清醒，往往意味着痛苦！

海子就是这样一个思想者，他的思想深刻到甚至能看穿宇宙和人生，却无法让自己适应眼前的潮流；也许，他在诗中预言的一切都将在遥远的将来得到证实，但他却不能在现实中找到自己的位置。在他疏远着众人的同时，他也被众人疏远；在他蔑视众人的同时，他也被众人蔑视，但孤独的只有他自己。“爱，关怀和理解”，他有着正常人需要的一切需要，却只能在孤独中承受着孤独的痛苦。当这种痛苦危及到生命，海子试图从宗教中寻求精神的依托，以获得继续活下去的勇气。和中国传统的士大夫不同，他没有选择老庄的超脱，做现代的陶渊明；也没有选择佛教的四大皆空，做盛世的李叔同。他把眼光投向西方，企图借基督教的“博爱”达成同世俗的和解。然而，他失败了，也许他压根就没有真正相信过上帝，尽管在临死的时候怀中抱着那本《圣经》。他太执着于自己的理想了，只有死亡才能让他解脱。

临死前的两个月，海子写了一首诗《面朝大海　春暖花开》：从明天起，做一个幸福的人/喂马，劈材，周游世界/从明天起，关心粮食和蔬菜/我有一所房子，面朝大海，春暖花开/从明天起，和每一个亲人通信/告诉他们我的幸福/那幸福的闪电告诉我的/我将告诉每一个人/给每一条河每一座山起一个温暖的名字/陌生人，我也为你祝福/愿你有一个灿烂的前程/愿你有情人终成眷属/愿你在尘世获得幸福/我只愿面朝大海，春暖花开。

可怜的海子，他不想死！既是出于人类求生的本能，也是为了两鬓斑白的父母，他表现出了对生命的留恋。“从明天起，做一个幸福的人”，为了活下去，他决心和世俗妥协了，这是一个绝望的人垂死的挣扎。然而，他真能得到尘世的幸福吗？天才的诗人啊，如果放弃了自己的精神，你还能剩下什么？肉体的海子和精神的诗人，这时候已无法共存。在物质和精神无法调和的冲突中，他毅然选择了后者。“愿你在尘世获得幸福，我只愿面朝大海，春暖花开”。他宁愿离开这个世界，也不愿宽容这个世界的缺陷。这是整个人类的悲剧，却要让海子一人来承担。随着一声长鸣的汽笛，海子成了上帝祭台上的一只羔羊，向前方无限伸展的铁轨，成了他飞升天国的阶梯。

也许，他本来就不应该属于这个世界。这样一个至纯至洁的灵魂，只能属于天堂。

这只洁白无瑕的羔羊，愿你在天国获得幸福！

**实例 5《羞涩与庄严——昌耀百日祭》(周涛)**

昌耀的辞世令我异样的平静，这平静使我自觉有些接近冷漠。该发生的终于发生了。我是较早知道昌耀病情的人，也是他在病榻上挂念过的人。青海的朋友在电话里说“你能不能过来陪他几天？”我说“不必了”。我是绝不会去目睹他临终前的痛苦面容的，而愿意永久地保留他给我的印象——昌耀独有的羞涩与庄严。

我和昌耀一共只见过三次面，平时基本没有书信，偶尔有过一两次电话，将近二十年来，相忘于江湖。第一次见面是1982年的“绿风诗会”，那是一次全国近百名诗人参加的盛会，可谓群贤毕至。昌耀是一个独行的孤旅，他的存在像一个无声的预示，给兴奋喧哗的诗人节抹上一层淡淡的悲苦。当时他给我题下的留言是：“前方灶头，有我的黄铜茶炊。”可能没有人想到，正是他的颜色染就了他以后数十年间诗歌的命运。他在情感上已经是先知的。

之后的认知则完全是因为他那本《命运之书》，正是这部诗集，使我意识到大师的存在和经典的凝重。读毕掩卷，我说了这样的话：所谓昌耀，就是当今中国行吟在青海高原上的屈原！这位命运的逐臣、艺术的孤立者同样不为人理解，区别在于屈原的忠心孤愤不为楚王解，昌耀的绝世诗篇不与国人通。

潮涨潮落，云起云飞，这多年来文坛兴衰了多少一时人物，喷射了多少过时喝彩，惟有昌耀如艾青笔下的礁石，淹没了又露出来……对，纪念昌耀最好的办法就是读读艾青的那首短诗《礁石》，那是对他最真实的写照。

大约到了1997年，我去兰州开会，专程去了一趟青海，我没有去看青海湖，而是专门看昌耀。我想看看这个真实的昌耀和我头脑里用文字构成的昌耀是不是吻合。结果，比我预料的还要严丝合缝，昌耀是一个圣子圣婴，是全身最少沾染世俗油污的人，他的羞涩与庄严说明了他内心的清澈与坚忍。他就是青海湖。

他的确是羞涩的。那天我们到处找不到他，留了话，下午他骑自行车来到省军区，一见面他低声说："他们不让我进，我说找你。"然后我们到房间里坐下来，我为他削了个苹果，他始终把那个苹果擎在手里，没有咬一口。到了吃饭时间，他要回去，我坚持留他一起用饭，但是我注意到昌耀很少动箸，他只是象征性地吃了一顿饭。

后来我去了昌耀的住处，很是简陋，外间是公用办公室，里间一个小屋是他的住室。我没说话，内心有些酸楚，偌大的青海难道养不起昌耀这样一个诗人么？可他却得意地说："一下班他们都走了，两间房子都是我的了！"我望着他儿童般天真的表情，心想在人世间他是无知的，因而也是满足的。

我说："干脆我帮你调到新疆来吧，我能办到，条件要比这儿好得多。"他没料到，愣了几秒钟，两双眸子互相凝视片刻，信任和遗憾转瞬变幻。然后他说："算了，我在这儿待惯了。"这一刻，他的羞涩变为庄严，坚定而且圣洁。他知道服从命运，深懂敬畏上天的安排。任何诱惑都不可能再改变……这个诗人自身已经成为青海高原上的一座山脉。也是，昌耀怎么可能离开青海呢？他已经长在那里了，就如圣婴已经无法脱离苦难母亲的怀抱。

过了一年，我们在北京又见了面，是《人民文学》的一次颁奖活动，昌耀依然谦虚羞涩，坚定庄严。应该说昌耀式的羞涩已是当今很少见的一种神态，与种种招摇撞骗、大言不惭，应付自如、自命不凡相对照，我从那羞涩里看到了良知——被现实风尚埋在很深很深处的良知。昌耀就是这样一面镜子，青铜出镜，他的存在总能照出一种别样的东西来，他能让有心的人看出自己的脏处和异样处，因而生出一些对自己的羞愧之心，这大概就是人格。

现在，这面镜子从高处跌碎了。所幸他留下了自己的诗作——珍贵的不可再得的卓越绝响。不管他是怎么死的，我敢断言，他肯定是没有白活。有《命运之书》，一生足矣。世上有许许多多的人，许许多多的活法，但我没见过哪个人比他更接近圣人。

昌耀现在是安详的，他的灵魂因了高原而离天堂最近，他无愧于自己，更无愧于人世。假如青海湖夏季的天空中有一大朵洁白因强烈的阳光而爆裂开花的云，那一定是他在俯瞰万顷碧波了……

昌耀走好！

**实例6《五月的祭文》(朱福来　郭桂琦)**

在这里，安放着两个年轻的生命，
在这里，沉睡着一对不瞑的灵魂。
你们，在烈火中涅蘖，
你们，是民族的凤凰，
你们，是我们的儿女呀，
你们，是我们至亲至爱的人。

你们都还是那么那么的年轻，
前程是那么那么的光明。
像每个普通的年轻人一样，
你们都曾有过鲜活跳跃的生命；
像每个敬业的人一样，
你们都曾有过热情激荡的理想；
像每个朝气勃勃的孩子一样，
你们都有过天真和幼稚；
也像我们每一个人一样，
你们都有过对生活如梦如幻般的向往。

但是，这一切的一切，
随着那罪恶导弹的轰响，
瞬息间化作了乌有，
空留下洞开的门窗和溅满鲜血的白墙。
你们永远地倒在了血泊之中，
父母的悲号也没有能够将你们唤醒。
可是，我们清楚地看到，

你们并没有闭上双眼，
似乎仍不相信这一切是真的，
好像还要把凶手的相貌记牢。
你们是在质问世界，
这一切究竟是为了什么？
霸道的凶手竟然如此残暴，
他们难道就能如此逍遥？

孩子们，
我们多盼望你们再回到亲人们的身旁，
哪怕在梦中见上一面，
醒来也把它当做真的一样，
牢牢地记住，
细细地品味、回想。
你们难道真的不能回来看一看了吗？
再看看生养你们的屋舍，
再看看怀念你们的亲朋，
再看看已经欲哭无泪的爹娘。

孩子们，
我们的悲痛无法平复，
我们的哀伤永难消除。
五月八日这一天哪，
我们又怎能忘记？
朱颖，我们的好女儿，
在这里，我们要特别对你说：
爸妈不会忘记襁褓里你睡梦中的安详，
不会忘记你每天回家时灿烂的笑容，
不会忘记你不知忧愁的欢快声音，
不会忘记你充满活力的青春身影。
你的妹妹也在深深地怀念着你，
她说，

如果你身后留下了孩子，
她一定替你把他带大，让你放心。

现在，你们静静地安卧在这里，
然而，在我们看来，
这里，建起的是你们永久的家。
你们只是远远地、远远地去工作了，
因此，我们不想对你们说“安息”，
而只是想嘱咐你们：
出门小心点啊，孩子们，
不要再碰上那样的坏人。
走好啊，孩子们，
早点回来！

2000年5月7日于许杏虎、朱颖墓碑前

**实例7《祭周公盈海文》(万全琳)**

维

天运己卯年×月××日合驿乡谊、骨主婿甥、孝眷人等谨以少牢之仪致祭于新逝周公盈海之灵前曰：

呜呼周公，刚烈一生；处世为人，不卑不亢。
其父廷汉，堪舆精通；望重德高，四乡推崇。
公为长子，忍辱负重；上孝高堂，下抚子孙。
素怀大志，青年从戎；出生入死，屡建奇功。
转业公安，思乡殷殷；申请归里，无意功名。
立身社队，视若军营；认真负责，不负使命。
中年丧妻，人之不幸；公能节制，舔犊情深。
四男一女，立业立身；含辛茹苦，公之经营。
桑榆暮景，颐养时分；怎奈天祸，驾鹤飞升。
哀哀子孙，戚戚乡亲；骨主婿甥，设奠如云。
今值家祭，略表衷情；君若有知，以鉴众心。
君若有灵，不负众情；伏惟尚飨，惟此祭文。

实例 8《祭高氏先祖文》(佚名)

维

公元二零零七年,岁次丁亥,二月十八日,清明佳节之际,蓨城高氏子孙,汇集青城,谨以三牲酒醴、家馔庶馐、鲜花时果、云锦彩缎、雅乐之仪致祭于高氏历代宗祖之神位前曰:

韶光流易,已届分烟。桐花初放,柳絮将绵。追念先德,备觉怆然。礼重报本,祭礼宜虔。黄水泱泱,蓨坂逶迤。缅我祖先,炎黄高阳。继天立极,开物成务。功被生民,泽垂万世。伟哉元祖,炎帝神农。姜姓伯夷,德惠永长。嶽后吕尚,扶周称王。太公姜尚,功卓封齐。始祖高傒,佐桓称霸。王父高邑,以高为氏。高姓正始,繁衍四海。声威天下,木本水源。山东发祥,春秋勃发。英贤代出,人文蔚煌。孔门高柴,传薪四方。东汉高洪,勃海始祖。曹魏高柔,位列三公。北魏高允,五朝名相。北齐高洋,天下至尊。奠基高欢,神武皇帝。隋唐八相,威震朝纲。一家三相,世人美谈。诗人高适,文治武功。高釴之家,进士五人。北宋太后,女中尧舜。南宋临建,五王祠筑。高家杨家,将帅齐名。元代智耀,文臣楷模。明相高拱,权重威高。高正承颜,状元位高。德旸主编,永乐大典。攀龙泰斗,学本程朱。帝宠士奇,礼部雄文。启翔奇才,四杰八怪。凤翰非凡,板桥题碑。高鄂则成,琵琶红楼。梦旦创编,四角辞海。博士高鲁,天文创始。总督斌晋,治水闻名。名医斗魁,济贫救民。举人凌尉,摄总代总。跟孙俭父,一代宗师。二大中央,执委宇君。政副主席,高氏崇明。高门广被,仁雨德风。氏牆固植,清辉雅范。高姓五望,高氏七邦。国君帝王,三十有九。宰相公卿,八十晋二。名家列传,五六百人。名著数百,四库全收。书画珍品,流芳百世。祖宗雄宏,万代兴盛。文武光耀,千古垂名。

我祖可尊,原籍山东。明时登州,勃海源渊。成化己丑,追随肃王。兄弟三人,就藩戍边。家留父母,长兄五弟。三迁至陇,落籍右乡。凉州甘州,蓨城三方。殿侯之后,分枝三房。树大分枝,长发其祥。长房大林,蓨城为将。二房大海,高渠屯荒。三房大木,河州住良。胄裔锦衍,流布四方。母祖晋氏,德寿仙逝。长眠青城,人杰地灵。蓨城我祖,懿德长昭。簪缨济美,贤才辈出。五贡廿二,举人有九。梓钰振采,三甲美谈。进士鸿儒,礼部主持。知县炳辰,名盖雍梁。师策通达,重义轻财。团总拒异,颂扬立碑。鸣桂受封,才兼文武。省委健君,"文革"迫害。六世登官,创建家庙。九世秉信,重修祠堂。祖仁映楠,筑造福堂。福堂在左,以安神灵。祠堂在右,以供吾祖。中有茔门,以时祭扫。历代祖宗,德业辉煌。知学知行,孝悌耕读。克承世泽,创业垂统。子孙后裔,枝繁叶茂。继往开来，千秋其昂，发扬光大，宜增其光。寻根追本，饮水思源。今逢清明，惠风和畅。追念祖德，高山景仰。音容虽远，报本情殷。谨具菲仪，酒醴焚香。祭文通昭，告于祖堂。伏乞

列祖列宗，同格共享。恩赐子孙，降福降祥。万事如意，和谐顺畅。五谷丰登，岁岁荣昌。洪恩大德，世代不忘。祖宗神灵，来格来享。

伏惟

尚飨

某某 敬祭

×年×月×日

**实例9《祭祖(宗)文》(杜树泽)**

维

公元二零零六年二月二十六日，丙戌仲春，清明将至，和风送暖，万物复苏。靖远、会宁、平川、榆中等地杜氏同祖宗亲代表三百余人，聚于我祖可乾公安息之地榆中县园子乡魏家小岔大樱桃，立碑祭祖，并以时鲜佳品，祭我祖在天之灵曰：

昭昭日月星，悠悠三百年，绵绵黄土地，拳拳报本情。

我杜氏家族先祖，跟随明太祖朱元璋起兵，肇基南京应天府，而后又随肃王，千里迢迢，来到兰州，镇守西陲。肃王驾崩，诸臣解散，我先祖遂卜居海都塬，解甲归田，至今六百年矣。惜先祖名讳及宗族渊源失考，无以为敬，诚乃千古遗憾！

今止知有我先祖讳天雨者生二世应能、三世可乾，我宗亲族人皆为可乾公之后裔。我祖可乾公生而失怙，幼年孤苦，全赖慈母李氏艰难抚育，境遇凄楚。少年即为生存所迫，流离他乡，曾以织褐布谋生，披星戴月，餐风饮雨，备尝生活之艰辛。流落魏家小岔之时，欣蒙魏公殿选厚爱，许女为妻，遂居于斯地。夫妻恩爱，相濡以沫，勤俭持家，生育六子，耕读为本，孝悌克承，自此子孙繁衍，家道复兴，功垂不休，祖德名传。延至今日，我同宗族人广布于甘肃、青海、新疆、宁夏、陕西五省地区，枝繁叶茂，人丁昌隆，仕农工商，涉足各界，学识造诣，事业有成，可谓人才济济，无愧先祖。

参天之木，必有其根。怀山之水，必有其源。杜氏子孙虽人口众多，广布各地，然报本溯源，朝思暮想。叹世事沧桑变迁，物换星移，念先祖庐冢不存，茔墓无寻。今逢盛世，百废俱兴，社会和谐，人民安康。祖地乡亲满足我杜氏宗亲报本寻根之愿望，开明大义，慷慨襄助，我族人为祖可乾公勒石立碑之举，乃臻于

阙成。值此奉祀之节,杜氏族人特叩拜于我祖安息之地,谨献钦仰先祖勋德之诚心,慰告先祖英灵于九泉。

慎终追远,恭敬毋忘。祖德家风,百世流芳。自强不息,振家兴邦。

我辈子孙,共同理想。立碑祭祖,众归所望。乾公吾祖,永安乐壤。

虔诚致祭。

伏惟

尚飨

杜氏家族后裔　叩呈

十三世孙 杜树泽 敬撰

**实例 10《从台湾归来祭父母文》(王天福)**

维

公元一九九零年四月四日不孝男天福天涯归来，谨以清酌鲜花之仪祭告于高堂二老之坟前曰:

呜呼,高堂二老,在天之灵,魂兮来乎,听儿细诉。不孝儿天福,天涯归来,老迈还乡！五十年岁月之流逝,幽明割断满怀之相思,归而无家,省而无亲,儿情何以堪哉!

追忆民国十八年间,三年干旱,升合不收,哀鸿遍野,横尸枕藉。尊祖二翁,父伯二老,相继而饿死,伯母携幼子改嫁以活命。家中仅存吾母、吾兄与儿三人,寡母孤儿,度日如年。内无点滴之粮,外无告借之亲,吾母遂烹家犬,以解母子之饥,唯苦日之方长,灾难之无已。邻里亲朋,多劝吾母改嫁,以渡时艰,怎知吾母素以节操为重,不为所动,决于千难万苦之中,抚育我兄弟成人,以续王门香火。然而,家贫如洗,难耐饥寒之迫。于焉吾母遂携我兄弟二孤,沿门乞讨,投奔姑家。姑家家财万贯,良田百顷,贫民络绎与门前,哀求施舍救济。托天之幸,姑母姑夫慈悲为怀,慨然收留。吾母遂以女佣之身,偕同我兄弟,得以栖身之所,活命之机,可谓幸矣。荒旱时过,农田恢复耕作,吾兄年稍长,遂为姑家充任长工,从此,吾母子始有工资之收,家中亦有余粮之存,饥寒摆脱,煎熬解消,吾母亦获喘息之机也。然而,天公再次作弄,妒我寡妇孤儿之稍安也。某日,来一素不相识之年轻者,手持字据,言称吾父生前欠债未还,前来向吾母讨债,吾母追问之后始知确为吾父生前之赌债,刹那之间,吾母痛心疾首,悲从中来,哭对吾兄弟曰:“吾儿可知,此乃尔父遗于儿等之唯一家产也。”怀抱我兄弟,嚎啕不已,痛不欲生,于此,如洗之贫,再复旧观也,愁云苦雨,去而复返也。不意冰生再加霜,屋漏偏遇雨,债祸之后,县府查出吾家三年欠缴田赋,派警催缴,吾母告以三年荒旱，田地荒芜，寡妇弱子，几遭饿死，何来税粮之有？”税警曰：“胆敢抗缴，得须押解地主坐班。”吾母无计可施，就商于舅父，遂将数亩薄田变卖，方得清偿欠税，从此之后，弱妇稚子，仅守破屋一间，苦度光阴矣。吾母含辛茹苦，浮沉于浪涛之中，抚育我兄弟，以延王门香火，迄至民国二十七年，吾暗自离家出走，从军报国，一则以抗日寇之侵华，一则以谋一己之生路，转战南北，终于败退台湾基地，转眼五十寒暑，两鬓成霜，而思亲之情，未曾一日或忘也。迄至海峡两岸渐次开放，故里消息传来，得悉吾母难忍灾祸连结，投井身亡，大侄二侄随祖母亦相继投井，兄长中道夭殂，大嫂不支丧亡子之痛，亦随之亡故，稚龄侄辈，送人收养，侄孙随母改嫁而去，吾家至此，可谓家破人亡矣。呜呼！天神之待吾家，何惨之以至此境乎？

呜呼！四十载两岸相隔，五十年之音讯断绝，天涯游子，梦徊思亲，久而弥甚，如今千里归来，坟前祭拜，念吾母之育儿，万苦不辞，备尝艰辛，竟而不支千险万恶之逼，生不如死，以至投井自尽，以了不复之万劫，以脱无垠之苦海，反观儿之待母亲，天高地厚之恩，竟无毫厘之报，乌鸟反哺，羔羊跪乳，不如禽，不如兽，如吾之者，枉为人也。兹者，儿匍匐坟前，嚎啕呼唤，一求高堂之痛责，二求神明之严处。吾父吾母，魂兮来也，杖兮起也，儿泣而歌之，乐而受之。儿悲歌曰：

缅怀往事，椎骨刺心！吾母吾母，孤雁失群。家破人亡，尽皆冤魂。寡母育子，贫无分文。绳由细断，祸不单行。天灾人祸，连结频频。仅留二孤，一死一奔。环视四周，独母一身。生而所望，荡然无存。艰险备尝，所为何人？生不如死，投井自尽。哀哉吾母，情何堪云？痛哉吾母，火热水深。天涯游子，迟来讯音。鱼雁相传，不孝断魂。归而无家，省而无亲。坟前哭歌，天暗地昏。高堂二老，予儿痛责。皮开肉绽，理所应得。不自陨灭，祸延双亲。行孝无机，忏悔无垠。天长地久，绵绵此恨。九泉有知，引儿同会。地府团聚，共叙天伦！呜呼哀哉！

尚飨！

会宁景岔　王天福

×年×月×日

**实例 11《太祖母祭》(欣儿)**

时维九月，序属三秋。曾孙女欣儿谨以灵镜一片，心香一瓣，呈奉太祖母杜冬卿在天之灵。

太祖母勤勉一生，享年九十五而终。豆蔻纤足，二十为人妇。家境清且苦，目不识一丁。生有二子，中年丧夫。母氏劬劳，如燕垒窝，如蜂采蜜，抚育二子成人，俾其壮其有为，皆太祖母集慈母严父于一身训育之功也。及至九十有三，依然清健如初，灶台井边，尚可见其劳碌之身影。辛勤劳作之习惯，历一生而不改。

据乡老言，太祖母髫龄之年，貌美如花，遐迩闻名。其为质，则金玉不足喻其贵；其为性，则冰雪不足喻其洁。自适卢家，时耶命耶，遭际不偶，辛苦备尝。岁月风霜，心力俱瘁，花容渐次消损，其鸡皮鹤骨之状，前后判若两人。若非老来有福，赶上新时代，恐早已一掊黄土掩一生辛酸。人生若白驹之过隙，逝者已也，存者当自勖以强。可告慰先人者，莫过后人之奋跃进取。如太祖母辈，何不幸而大半生消耗于黑暗时代；如我辈者，又何幸长于青春勃发之新时代。太祖母在天有灵，当为我生逢其时作舒心畅笑。

太祖母安息吧！

欣儿 叩祭

×年×月×日

**实例 12《祭母文》(毛泽东)**

呜呼吾母，遽然而死。寿五十三，生有七子。七子余三，即东民覃。其他不育，二女三男。

育吾兄弟，艰辛备历。摧折作磨，因此遘疾。中间万万，皆伤心史。不忍卒书，待徐温吐。

今则欲言，只有两端。一则盛德，一则恨偏。吾母高风，首推博爱。远近亲疏，一皆覆载。

恺恻慈祥，感动庶汇。爱力所及，原本真诚。不作诳言，不存欺心。整饬成性，一丝不诡。

手泽所经，皆有条理。头脑精密，劈理分情。事无遗算，物无遁形。洁净之风，传遍戚里。

不染一尘，身心表里。五德荦荦，乃其大端。合其人格，如在上焉。恨偏所在，三纲之末。

有志未伸，有求不获。精神痛苦，以此为卓。天乎人欤？倾地一角。次则儿辈，育之成行。

如果未熟，介在青黄。病时揽手，酸心结肠。但呼儿辈，各务为良。又次所怀，好亲至爱。

或属素恩，或多劳瘁。大小亲疏，均待报赉。总兹所述，盛德所辉。以秉悃忱，则效不违。

致于所恨，必补遗缺。念兹在兹，此心不越。养育深恩，春晖朝霭。报之何时？精禽大海。

呜呼吾母，母终未死。躯壳虽隳，灵则万古。有生一日，皆报恩时。有生一日，皆伴亲时。

今也言长，时则苦短。惟挈大端，置其粗浅。此时家奠，尽此一觞。后有言陈，与日俱长。

尚飨！

1919年10月8日

【译文】

我深切哀悼我的母亲，她突然之间就过世了。她享年五十三岁，曾生下过七个子女。七子中只剩下三个，也就是毛泽东、毛泽民和毛泽覃。其余的未能养育成活，他们是两个女儿三个男儿。养育我们三个兄弟，母亲真是历经艰辛。身体受到损害与磨难，并因此染上疾病。母亲此生所经历的种种事情，就是一部伤心史。我也不忍全都写出来，只待我慢慢和缓地吐露。今天我要说的，只有两个方面。一个是她盛大的德性，一个是她的隐痛或抱恨。我母亲的高尚风格，首先予以推举的是博爱。无论远近亲疏之人，她全都庇养照料。她慈祥而富于同情心，感动了许许多多的人。她的关爱所到之处，其本质就是真诚。她从不说谎话，也不存有半点欺人之心。她天性严洁端正，没有一丝一毫的虚伪。她生前亲手操办的事情，全部有条有理。她头脑精确缜密，处理事情合情合理。做事也没有什么失算了的，任何事她都能明察秋毫。她清洁干净的风尚，传遍了亲戚邻里。她一尘不染，外表与内心始终如一。她仁、义、礼、智、信五德鲜明，这是做人的大节。她人格的光辉，宛如在我头上照耀。她隐痛抱恨的地方，就是处于君臣、父子、夫妇这三纲的最后。有志向未能舒展，有希求未能获得。母亲精神上的痛苦，以这点最为突出。这究竟怪天呢还是怪人？悲痛得连大地也塌陷了一角。其次她抱憾的是儿女们，要把他们养育成人。兄弟三人就像还未成熟的果实，正处于青黄不接之间。她在病中拉着亲人的手，内心酸楚愁肠百结。她呼唤着儿子们，各自务必要做好人。然后母亲所关怀的，就是至爱亲朋们。有的平时有恩于我家，有的却劳累病苦。亲朋好友无论大小远近，都有待于报答周济。总结这一切叙述，都是盛德所辉映着的。我会禀受母亲的诚恳，效法她而不违背她。至于母亲的抱恨，我定要加以弥补。铭心刻骨记住这些，心里绝不忘怀。如同春日的朝晖与云霞。何时才能回报母亲呢？要以精卫填海的雄心。悲哉我的母亲，您终究不会死的。躯体虽然毁灭，灵魂却万古长青。只要我活着一天,那么每一天都会报母亲之恩。只要我活着一天,都将陪伴在母亲身旁。今日说得太长了,其实时间却很短暂。因此这篇祭文只能提纲挈领,就主要方面简单陈述母亲的事迹。此时在家中祭奠,就聊敬你一杯酒吧。以后对母亲的陈述,将随着日月增长而增长。请享用祭品吧!

**【赏析】**

毛泽东这篇四言古诗式的韵文体祭文,是哀悼他的母亲的。

毛泽东的母亲文七妹,湖南湘乡人,生于1867年2月13日,1919年10月5日因患淋巴腺炎病逝。母亲逝世后三天内,诗人怀着沉痛的心情写下这篇至性流露、沉郁平实的《祭母文》。

这篇《祭母文》虽用的旧体,但其中有新意。一方面对母亲颂扬,另一方面指出母亲的隐痛是封建社会的"三纲五常"造成的。而且文中叙述与抒情配合妥帖,读来令人感到言真意切而又文情俱佳。全章文法也极考究,层层递进,回肠荡气,同时也写得端庄大方。

**实例13《祭母文》(闻一多)**

《澳门》你可知"妈港"不是我的真名姓?我离开你的襁褓太久了,母亲!但是他们掳去的是我的肉体,你依然保管着我内心的灵魂。三百年来梦寐不忘的生母啊!请叫儿的乳名,叫我一声"澳门"!母亲!我要回来,母亲!

《香港》我好比凤阁阶前守夜的黄豹,母亲呀,我身份虽微,地位险要。如今狞恶的海狮扑在我身上,啖着我的骨肉,咽着我的脂膏;母亲呀,我哭泣号啕,呼你不应。母亲呀,快让我躲入你的怀抱!母亲!我要回来,母亲!

《台湾》我们是东海捧出的珍珠一串,琉球是我的群弟我就是台湾。我胸中还氲氤着郑氏的英魂,精忠的赤血点染了我的家传。母亲,酷炎的夏日要晒死我了;赐我个号令,我还能背城一战。母亲!我要回来,母亲!

《威海卫》再让我看守着中华最古的海,这边岸上原有圣人的丘陵在。母亲,莫忘了我是防海的健将,我有一座刘公岛作我的盾牌。快救我回来呀,时期已经到了。我背后葬的尽是圣人的遗骸!母亲!我要回来,母亲!

《广州湾》东海和匈州是我的一双管钥,我是神州后门上的一把铁锁。你为什么把我借给一个盗贼?母亲呀,你千万不该抛弃了我!母亲,让我快回到你的膝前来,我要紧紧地拥抱着你的脚踝。母亲!我要回来,母亲!

《九龙》我的胞兄香港在诉他的苦痛,母亲呀,可记得你的幼女九龙?自从我下嫁给那镇海的魔王,我何曾有一天不在泪涛汹涌!母亲,我天天数着归宁的吉日,我只怕希望要变作一场空梦。母亲!我要回来,母亲!

《旅顺、大连》我们是旅顺、大连，孪生的兄弟。我们的命运应该如何的比拟？两个强邻将我来回的蹴蹋，我们是暴徒脚下的两团烂泥。母亲，归期到了，快领我们回来。你不知道儿们如何的想念你！母亲！我们要回来，母亲！

【赏析】

这篇《祭母文》是我国著名的爱国学者和诗人闻一多作的，此文又名《七子之歌》。章法很特别，采用组诗形式。组诗作于1925年3月，当时闻一多正在纽约。

在诗中，闻一多以拟人的手法，将我国当时被列强掠去的七处“失地”比作远离母亲的七个孩子，哭诉他们受尽异族欺凌、渴望回到母亲怀抱的强烈情感。诗歌一方面抒发了对祖国的怀念和赞美，一方面表达了对帝国主义列强的诅咒。

《七子之歌》写完后不到两个月，闻一多怀着早日投身到报效祖国行列中去的理想，提前结束了留学生活，于当年5月启程回国，6月1日乘船到达上海。然而，刚刚踏上祖国土地的闻一多万万没有想到的是，迎接他的是街头未干的斑斑血迹，两天前这里刚刚发生了帝国主义屠杀我示威群众的“五卅惨案”。被失望乃至绝望笼罩着的闻一多愤然北上，在北京见到了也是从美国回来不久的《现代评论》编辑杨振声。相同的经历、共同的感受、同样的激愤使他们走到一起，闻一多决定把原准备投送《大江季刊》杂志的《七子之歌》及《醒啊》、《爱国的心》等几首诗作，提前给《现代评论》发表。

这篇文章，感情充溢，浩气盈宇，章法特别，是众多祭文中很有特色的一篇。

**实例14《祭母文》(佚名)**

维

公元一九九零年，岁次庚午夏四月二十四癸未之日，作拙文告先母于九泉，其文曰：

呜呼，余自知罪深难赦，怎奈累及先母：持寒家于穷困之时，瘁心力尽毕生之日。起晨鸡而宿夜露，顶夏暑又耐岁寒，未尝稍怠，适哺儿女成人。本待报春晖于万一，谁料愚童无知，枉折先母几多春秋！悠悠百日，几断愁肠。思母容三更月寒，诉凄凉当与谁听？

余本愚顽，冥固不化，蒙家慈之羽翼，浴先母之春晖，不知劳苦，不谙炎凉，二十余载，幼时贪玩，荒疏学业。赖母引刀断机，方有今日之宿有所处，食有所源，衣有轻暖。未报天恩于万一，而母见背，虽奇梦异想，宁知有此变耶？

余幼时家寒无钟,不晓晨昏,每求学,慈母夜不深寐,闻鸡计时,每至将晓,起备好衣食,以手抚余首轻呼曰:吾儿,起!余酣然如故,复俯身柔声而曰:不起,将恐迟,礼拜当酣睡之!

呜呼,而今家具钟表,却永不闻慈母之诲语矣!及至学于李店,累于学业,回家渐阙,每返,先母必先备好面食,远道接送,不分风雨,不论否泰。每每曰:吾儿,当好学,吾等享汝清福耳!去家即远,母尤倚墙而望矣!及至游学金城,母爱子愈深,思子愈切,每近归期,则数日倚门相望,两眼欲穿,尝与人曰:吾儿可知吾思念如斯?!

母体弱多病,而忍不求医,盖多家寒而无力耶!每逢病深,唯卧榻忍痛,思子殷殷,泪湿巾褥,泣哽不已。呜呼,是时余只知金城游乐,学府快意,盖不知老母病痛,泪抛何人!而今,茅塞稍悟,景物依旧,斯人已归,乌鸟之心,生未殒首,跪乳之情,结草难报,枉怨天地几多悲苦,空恨时光无以倒流。思母当年教诲,如在昨日,适卑位稍慰隆恩,薄薪略达寸心,而慈母已不复人世矣!唯交长泪于静夜,付奠食于寒风。思母既不得见,奠母又无从食,一点寸心,枉自泣血,天耶、人耶,将之奈何!

余尝病,慈母四处求医,终宵倚床查看,嘘寒问暖,减一分则喜,增一分则忧,又以传闻野史消解寂寞,呜呼,而今再病,慈母安在?何人共度栖栖?

凡此琐琐,虽为陈迹,然我一日未死,则一日不忘,旧事盈膺,思之泣梗,如影历历,逼近使逝。悔当初愚迷,不料今日,早知诀母,则余岂肯远游,即游亦尚有几许心中之言表母知闻,共筹谋划,而今已矣,除吾死外,当无见期!吾不知何日死,可以见母,而死后之有知与无知,得见与不得见,又卒难明也,然则抱此天涯之憾,天乎、人乎、而竟已乎!

母既去,从此撒手,老父孤单,形影相吊,何人可慰其心,共度晚年栖惶,游子何依?四处漂泊,谁人能解心机、相伴世道坎坷?人丁稀缺,亲人分处异地,门庭冷落,慈母又仙游九泉,念尘世千里烟波,恨阴阳别是天地,思母又不得见,泣母又不得闻,只泣母魂入梦,常伴吾身。

呜呼,母既去,儿女成人,父有所侍,家庭亲善,姐弟和睦,田事日盛,百废待兴,母魂有知,也可瞑目。

呜呼,身前既不可想,身后又不可知,哭母既不可闻母言,奠母又不见母食,朔野风大,纸灰飞扬,孤子携父归矣,犹屡屡回首相望也,母请瞑目,善自珍重!呜呼哀哉!

母亲生于明媚的春天,又在这个明媚的春晨里走了。生,如春花之绚烂;

逝,如春草般静美。母亲的一生,奋斗着,快乐着,正如海明威所说:世界是美好的,值得我们去奋斗!

孝男:某君 叩祭

**实例 15《祭母文》(佚名)**

按农村的习俗,今天正好是母亲离开我们一周年的日子,家里人都在操办着祭祀的事,而我因远在深圳不能回去,只能用纸和笔表达我对母亲的哀思。

如果不是母亲的逝去,这过去的一年本应该是和往年一样的平淡而平常,但就是因为母亲的离去而且那么悲壮地离去, 让我一年都生活在深深的罪责和自罚中,母亲刚烈的个性主使她不允许自己带病的身体麻烦、拖累儿女,甚至想以自己的死来换取儿女的一生平安和富贵。

这就是我那可敬可爱的妈妈。

生老病死是人不可抗拒的自然规律, 虽然从小到大经历过太多的生离死别,每次也都学着大人的样,感念生命的短暂和无奈。然及至这次失去母亲才真正体验到真正生离死别,才知道什么是生死连心。去年今日的前一天晚上,我刚刚和母亲通过电话,第二天下午姐夫就支支吾吾地打电话给我,告我母亲病危、立即回家,接到这个电话我明白了,一直以来心中的担心变成现实了。我强忍着悲伤立即给妻子电话,要她筹措好母亲办后事的钱立即回家,安排好深圳的一切事务,订好了第二天早上最早的航班回去。一路上我无法想象见到我的母亲的场景,甚至心中还对母亲有一丝丝的埋怨。当我走进家门,看到母亲平静地躺在她睡了几十年的大床上, 第一件事就是轻轻抚合她尚未弥合的双眼,然后就一声声地喊:妈,妈,妈……直到声嘶力竭、无力地跪在母亲的床前号啕大哭,此时我的心仿佛有一万根针在扎、一万把刀在割,母子的连心在轰然中迸裂的痛, 那种叫天天不理, 叫娘娘不应的无奈至今我无法用语言来表达。在这个时候才真正品尝到了什么是无奈、无助、无力、什么是回天无力、什么是万箭穿心、什么是撕心裂肺……但在这个时候一切的悲痛都只能用痛哭来表达。

母亲是去年六月份查出患了胃癌, 并在查出后的一个星期内就进行了手术切除,手术非常成功、恢复也特别好,等到出院时几乎和正常人差不多了,可一切在出院回家休养时发生改变。

由于儿子、媳妇都不在身边,照顾母亲的责任就由姐妹们和让母亲侍候了一辈子的父亲来承担,不管刮风下雨三个姐姐、两个妹妹都要轮流回来照看母亲,父亲也开始笨手笨脚地学着做饭洗菜、端茶倒水,远在深圳的儿子也只能拜托妻子常回家看看,隔三差五地打个电话回去问候一下。

一生刚强从来没有让别人侍候过的母亲,在这个时候她自己受不了了,伴着术后的反应她对自己康复开始一天天地陷于绝望, 终于在去年的今日有条不紊地实施了离开人世的计划。前一天找理由让姐妹们第二天迟些来,第二天一早就编出一大堆自己要吃的东西,让父亲上街去一个商店一个商店地采购,等父亲花了近两个小时才买好所有的东西, 等到他回家时母亲早已经悬梁西归了。

我回去才知道, 母亲选择今天的日子是早就精心安排好的, 按迷信的说法,今天这个日子她走可以给儿子带来富贵,给女儿带来平安。在这以前,她曾经去找瞎子算过命,瞎子告诉她,她的儿子事业这几年不顺是因为与父母相克,父母在子不旺。所以自从算过命后,她就也不作任何活下去的努力了,就一直在算计在哪一天离开我们,终于算到了这千载难逢的好日子。这件事开始只有大姐一个人知道,但是也一直未敢说出来,只是在母亲走了后才告诉我。天下儿女有谁愿意牺牲自己父母的生命来换取自己的荣华富贵的? 可是我的母亲却义无反顾地选择以牺牲自己的生命来成全儿女的富贵和平安。

妈妈呀妈妈,你如此厚待儿子,让儿子以后如何做人,儿子生不能报你,死更不能报你,你让儿子如何是好? 整整一年,你的儿子就在这样的无奈和罪责中过来的。

妈妈呀妈妈,你给了儿子生命,已使儿子无以为报。但儿孙自有儿孙福,儿孙们的一切都要靠他们自己的努力来创造,没有什么天命可以来佐使的。这几年你的儿子不停地在外奔波,不是他没有能力过安逸的日子,原因是你在给他生命的同时给了他一颗不安分的心。儿子从来没有告诉你他想什么、正在做什么,你儿子想做的事已经远远超出了你们的愿望和想象,所以他不想让你为他担心。他是你的儿子也是别人的儿子,是你的儿子也是别人的兄弟,你的儿子一心只想做天下人的儿子,这些事让你来理解,儿子觉得太为难你了。

妈妈呀妈妈, 儿子知道自从不顾外婆与你断绝关系二十多年坚决嫁给父亲,可自你进了这个家门就没能过上一天的安身的日子,伴随着孩子的一个个地降生, 多病的父母和年迈的爷爷奶奶, 这个家几乎就是靠你一个人在支撑着,没日没夜地在生产队干活,从来不敢耽误一个工,你以从小娇生惯养的女儿身与生产队的甲等男劳力一样地干着各种各样的农活。但就是这样你还是把我们一个一个拉扯大,供着你的儿子上完了高中,补习三年终于如愿跳出了农门,做上了让你感到特别体面的法官。但就是这样儿子从小还抱怨你,不能像邻居家的妈妈疼爱她们的孩子一样来疼我、爱我。现在想来那都是因为儿子不懂事，不知道你肩上担子有多重。

妈妈呀妈妈，最近几年来儿子一直想带你到外面的世界看看，想带你去北京看看天安门，去新疆小姑家去住上一段日子，让你再回上海去看看上海的变化，让你坐着飞机看看你天天耕种的土地是什么样子的。本来在去年初我和表弟妹都商量好了，过了年就把你们和大姑一起送到新疆去玩一阵子，可因为大表哥的反对我就再没有坚持。现在想来儿子真的好后悔、好痛心，后悔当时没有能坚持自己的想法，到了现在你和大姑都成为故人，一切都成为了儿子心中深深的痛，这些都是儿子不孝的罪证。

妈妈呀妈妈，你儿子从小就有一个梦，就是想办一所自己的学校，让天下那些和你儿子一样贫穷的孩子也能有机会像你儿子一样，读书、上大学、出来闯世界，你的儿子现在还没有能力做成这件事，所以他必须做成一件事、做好一件事才有可能实现自己的梦想。儿子也知道你在为他担心，为了消除你们的担心，儿子在你们面前总是装得那么强大、有力，其实这种伪装是不可能瞒过自己母亲的眼睛、母亲的心。儿行千里母担忧，如果不是因为担心儿子，你也不会去找瞎子算那个瞎命。

妈妈，你知道儿子失去母亲后什么感觉吗？这一年来我感觉自己完全没有了依靠，一个"人"字少一撇，就因为这你也应该为儿子多活一年、再活一年，哪怕多活一天也是好的啊！

现在说什么都晚了，我知道这一切都已经无法挽回，既然你那么坚定地选择离开我们，儿子也只能像你选择离开一样选择坚定地活下去，好好地活下去，因为只有这样才能对得起你老人家对我的恩情。相信你的儿子一定会干出一番事业来，用天下人的微笑来报答你的在天之灵。

妈妈，今天是你的祭日，儿子知道你要回家吃饭，接受儿女们的祭拜，你的儿子虽然不能回来给你磕头并敬上一柱香，所以今早一上班，儿子就把自己关在办公室里，不许任何人打扰，一心给你写祭文，在十二点前收笔准时给你磕头。

现在正好是十二点。

妈妈，我最亲爱的妈妈，儿子在遥远的南方给你磕头了，你多吃一点、再多吃一点……

一个不孝之子

2003 年 8 月 13 日 12 时于深圳

附记：

这是一篇在母亲去世一周年之时，为了纪念我的母亲手书的祭文，自我含着泪水写完后我甚至再没有勇气再打开看上一遍。最近老感觉身体有一种说不出的难挨，妻子告诉我母亲的祭日又到了，我明白了这是母亲在天之灵还在牵挂着她唯一的儿子，所以我鼓起勇气打开了这篇祭文，并把它打在我的电脑上。

就在虫子写这篇祭文的当月，虫子有幸结缘恩师吴学文，在他的《真我中心学》课堂上，老师一把把我从痛苦和罪责的深渊中拉了出来，从此以一种平静和安详的心全然地接受生命中已经发生的一切，并以爱心、真心、诚心来面对这个世界上一切的一切。

生命来自于爱，也归之于爱，归去来兮皆是爱，人皆爱在当下，天堂永在心。

2005年8月22日

**实例16《祭母文》(宋定国)**

高堂仙逝，摧我五内；抢地呼天，祭我娘亲！

我娘高风，明晓大义；奉公守法，通情达理。

我娘亮节，忍让宽容；敬老爱幼，和睦乡邻。

我娘慈善，充满爱心；乐善好施，扶困济贫。

我娘懿范，克勤克俭；量入为出，精打细算。

我娘坚强，处危应变；忍辱负重，韧渡难关。

我娘贤惠，相夫教子；含辛茹苦，支撑家门。

我娘情笃，疼儿爱女；抚育体贴，呵护备至。

呜呼！一想到娘对儿的疼爱，儿就不由痛切心骨，长歌当哭。

娘啊，天底下当娘的很少有不疼爱儿子的，可像娘这样，含辛茹苦地拉扯儿，一辈子不曾打骂、责怪和抱怨过的，恐怕不多呀！

娘啊，您把儿当做心肝宝贝儿，单是哺乳，就长达好几岁呀！儿之所以至今体格强健，与娘对儿的乳养期少有的长关系极大呀！

娘啊，儿小时非常淘气、调鬼，但不管儿多么淘气、调鬼，娘始终耐着性子爱儿疼儿，即使当儿调鬼调得让娘一时急得无奈地举起了手，而旁人也故意激您“看啊，这次可真要打了”时，而娘的巴掌还是没肯落到儿的身上啊！

娘啊，您把儿当做掌上明珠，却从不握在手心不放，而是任凭儿自由自在地玩耍，充当“孩子王”！娘疼儿却不娇惯，早在上学前，就带儿学会了许多农活儿,而从上小学起,娘就撒手让儿自己主宰自己,什么都由着儿,从不过问、督促儿的学业,从不干涉儿的任何决定。像娘这样疼儿却不娇惯,更不遏制儿的自由发展的娘亲,天底下也恐怕不多呀!

娘啊,您爱儿远远胜过爱您自己,可儿对您,直到上了高中,却还不大懂得体谅、孝敬,有时还顶撞您,可娘依然把儿当做小孩儿,不计较,即使当别人故意激您时,娘也只是莞尔一笑:“俺的小子,说什么俺都不嫌!”

娘啊,甚至在人祸胜于天灾的“三年困难时期”,爹遭权奸和小人陷害而身陷囹圄,您的身心遭受空前创痛和困厄,特别需要宽慰的岁月,儿都不大知道主动地宽慰您,反而有时用“清一色”的教条话语剌白您!哎,儿多么书呆子气呀!此时想起,儿的心好悔、好痛啊!儿只知道照政治说教的一套去想去做,而对人情事理知道得实在太晚、太少哇!

娘啊,由于儿对人情事理的晚知和少知,使您承受了本该由儿为娘分担一些的太多的苦难呀!人家当娘的很快就能得到儿的慰藉,可娘从儿这里却得到的很晚、很少啊!

娘啊,您疼儿并不像有的家长那样“护犊子”!遇到孩子们打架,娘总是先训导自己的儿女!娘不单疼爱自己的骨肉,对于别人的儿女也一样疼爱啊!一有什么稀罕东西,不管是吃的还是玩的,只要有别的孩子在,娘总是先尽给他们。娘把这解释为待人接物中的“先远后近”、先人后己。娘常说:“孩子的小心灵最容易受到伤害,也最容易受到滋润。要是大人们也像疼自己的孩子一样疼别人的孩子,那不光使孩子们玩得开心,也容易使他们的小心灵受到滋润,从小就长出一颗好心眼儿。”娘说的“好心眼儿”就是今天人们所津津乐道的“爱心”啊!

娘啊,您这一“先远后近”、先人后己的待人接物原则,不光用在对待孩子们身上啊!通观娘的一生,您待谁都是这样啊!“先远后近”,先陌生,后熟识;先外人,后自家;先别人,后自己。把陌生人、外人、别人统统照顾好了,最后才顾自己!日复一日,年复一年,几十年如一日,终生信守此道。这就是您啊,儿的至亲至爱的娘!

娘啊,在您跟爹成家后的最初十几年里,爹在外行医,见大娘和小婶夫妇成天形影不离、亲亲热热地在一起,您何尝不热盼爹能回到家乡,既可施展才干又可顾家,过“两全其美”的日子!可是,为了抗日,娘忍受着失去两个儿子的巨大悲痛,舍小家顾大家,表现出了一位普通妇女难得的深明大义呀!

娘啊,儿清清楚楚地记得您第一次跟儿讲述“牛郎和织女”故事的情景。娘指着天上银河两岸的牛郎、织女星，讲得是那样神奇迷人！娘说一到每年的七月初七夜里，牵牛郎就担着一儿一女赶到"鹊桥"跟织女相会。而每逢这天晚上，只要晴天，娘总是带儿跟姐到院里，指着天上那已经靠得很近的牛郎和织女星，高兴地说："看啊，他们一家四口又团圆了啊！"从娘快乐的神情中，儿看出娘是那么为他们一家人的团聚而庆幸和开心！望着茫茫银河及其两岸的牵牛星和织女星，儿幻想长上翅膀飞到天上，去抱打不平……可儿那时实在太傻，还不知道体谅娘在为天上的牛郎织女一家团聚而庆幸时，心里是多么期盼在外行医的爹回来团聚啊！即使当娘喃喃地感慨"咱们家跟他们一样，也是一家四口"时，儿也未能体察出娘的心境啊！

娘啊，在那日寇烧杀掳掠的消息时不时传来的日日夜夜，娘是多么地挂念在外的爹呀！在漆黑的夜晚，娘常搂着儿跟姐忐忑不安地谛听窗外的动静，而当我们睡下后，娘又常独自悄悄地站到当院，瞅着那天上的银河和隔岸相望的牛郎、织女星发愣……

娘啊，当汉奸马喜子领着鬼子那天一早把爹堵在家门口，鬼子用刺刀穿透爹的长袍擦着肚皮而过时，您的担惊受怕简直到了难于承受的程度！解放后，娘不止一次地把爹当时穿的那件长袍拿出来，指着腰部的一个破洞说："这就是那次被日本鬼子的刺刀戳的窟窿！就差一丁点儿没扎到你爹的肚子！哎，多让人后怕呀！"所以在那次脱险后，娘苦苦央求、乃至逼爹赶紧往家乡搬迁的急切心情，儿完全能体味得出啊！可是，当经过一番努力，眼巴巴地盼到爹就要搬回来时，爹却又变了卦！娘当时的不满和气恼是可想而知的。但当爹把原因向娘讲明，说是地下抗日民主政府与游击队的需要和挽留，为的是让爹更便于为抗日军民淘换药材后，深明民族大义和人间道义的娘，就什么也没说，再一次以顽强的毅力强压住内心的渴望、担心和焦虑，以小家服从了大家！

娘啊，您没有多少文化，更没学过什么成套的理论，可对于民族大义、人间道义的深刻理解和自觉恪守，却胜过许多声名显赫的文人墨客和达官显贵啊！

娘啊，您把个人的苦难和痛苦撇在一边，而把民族大义和人间道义搁在前头，体现出一种高尚品德，一种亿万普通百姓自古就共有的高尚情操，一缕中华魂哪！这样的民族之魂扎根在像娘这样的千千万万普通老百姓身上、心底，坚如磐石，正是我们中华民族之所以具有无可比拟的内聚力、凝聚力和御辱力，从来、也永远不会为任何邪恶势力和内忧外患所摧垮，而始终屹立于地球东方的伟大力量之源呀！

娘啊，您的懿范在咱家乡是出了名的，而您大半辈子所吃的苦、受的罪，也同样是在咱家乡出了名的呀！

娘啊，当爹常年在外行医时，您独自承担抚育儿女与挑家过日子的重担，且不说儿的两个哥哥的不幸夭折，给娘造成的巨大心灵创伤；也且不说在战争年代，娘时不时拖儿带女地逃难；单说您既当里又当外，除了操持家务，还园里来、地里去，一双裹过的小脚，连通常只有壮汉才干的像起粪、浇园之类的重活儿，您都干过呀！儿至今清楚地记得，您把捆在腰里的绳子系在井台的树上，摇辘轳浇园的情景。又圆又大又深又黑的井筒，儿就是扒着瞅瞅，也不由心惊胆战，至今想起，仍禁不住不寒而栗呀！

娘啊，在那罕见的饥荒严重的1959—1961年的“困难时期”，尤其当家父身陷囹圄后，您更陷入物质和精神的双重困厄之中。物质上，娘虽然没被饿死，可牙齿没掉就半拉半拉地朽了，牙床也溃烂得不成型，以至晚年连镶都不能够。精神上，由于儿跟姐当时都在外上学，娘在紧张的劳动之余，时常暗自饮泣，陪伴您的惟有那台德式座钟的凄凉的嘀嗒声啊！

娘啊，在家父去世前患病的一年多里，您为了不给儿女多添负担，为了多挣点儿工分，一边照顾爹爹，一边还起早贪黑地垫圈沤肥，以至累成心脏病……现在想起，怎不叫儿煎肠割肚，泪穿心底！

娘啊，娘！儿从北大毕业后，“文革”动乱和“臭老九”的厄运把儿抛入苦难的泥淖，使儿颠沛流离于塞外、关中、华北，用非所学，经济拮据，未能如愿地竭尽人子之道，可您不但没有对儿埋怨过一句，而且还总想方设法为儿分忧解愁啊！即使到了为多种病魔折磨的耄耋之年，依然用您全副的身心疼爱着儿啊！

娘啊，当儿跟姐在艰难的困境中挣扎时，惟有您无私、无图、无限、无悔地给予疼爱呀！即使您自己身上还有一点点儿余热，也要用来温暖儿女啊！

娘啊，您给予儿的疼爱和温暖，在天地间无人可比，无人可替呀！

娘啊，您一直像天一样，用阳光雨露沐浴着儿，使儿不但生就一副健康的体魄，而且拥有一个健康的头脑，从而保证了儿在漫长的求索道路上，在坎坷的人生旅途中，一次又一次地跨越障碍，挣脱绳索，不断进取啊！

娘啊！每当儿不论在学习、工作或生活上遇到困难而情绪不佳时，一想到您，儿就像看到了晴空万里的蓝天，立刻将不良情绪驱散了！自然的天说不定什么时候变脸，刚把阳光雨露洒向人间，旋即又把尘暴洪涝抛给人世！可娘给予儿的天却从来不曾这样，而是始终如一的晴朗而湛蓝，温暖而和煦啊！

娘啊，哪怕当您老即使奄奄一息地卧病在床，不管遭遇怎样的世态炎凉，儿都觉得有个依靠，而不曾感到孤独和恐惧，可如今娘走了，儿一下就失去了依靠,孤独和恐惧等一股脑地袭来,裹住儿的身心啊!

娘啊,您从来没有教育过儿怎么用功念书的道理!可儿从娘做事的兢兢业业和不辞辛苦中,很早就悟出了上学必须用功和发奋的道理呀!

娘啊,您从来没有教育过儿在待人接物中如何诚实、守信的道理,可儿从娘的待人接物中,看到并学到了这样的道理呀!

娘啊,您从来没有教过儿如何自立、自强的道理,可儿从娘多年独自挑家过日子的言谈举止中,深悟了这样的道理呀!

娘啊,您从来没有教育过儿怎样坚韧顽强、百折不挠的道理,可儿从娘那要强,不为天灾人祸所折服的顽强毅力中,悟到并学到了这样的道理呀!

娘啊,儿从您一生的言行中不断地体味出越来越多,永远体味不尽的道理啊!

娘啊,儿回想起来,您给予儿更多的是一种特殊的,完全建立在自觉和自省基础之上的,自然的潜移默化的熏陶啊!从牢固和持久性上说,这种自然的潜移默化的熏陶,往往比直接的说教和训诫更富有成效。因为它是在日常生活中,以一种不知不觉、循序渐进的符合人的灵肉成长规律的方式,开启人的心扉,启迪人的理智并逐渐把它们积淀下来,达到某种境界的呀!

娘啊,要是有人问儿此生最大的幸事是什么?儿会不假思索地回答:儿遇到了世上一个慈爱无比,把全副身心和疼爱都无私、无限、无图、无悔地给了儿的伟大娘亲!是娘无私、无限、无图、无悔的母爱,给了儿巨大的动力,使儿不仅在漫长的读书生涯中勤奋求索,而且在充满坎坷的逆境中奋力拼搏啊!

娘啊,您是上天赐给儿的一部蕴涵丰富的开卷宝典,是上天赐给儿的一台动力不竭的发动机呀!

娘啊, 儿大学毕业后所遭遇的十多年政治高压和经济困顿等所导致的穷困潦倒的生活,使儿未能好好地履行孝道,以至让一天天年老的爹娘依然过着自食其力且愁吃愁喝的艰苦日子。直到晚年定居北京后,娘才总算渐渐过上了比较舒心的日子!

娘啊,娘!您在 1977 年爹去世后定居北京,起初跟儿女们过的仍是比在老家强不了多少的日子。尽管儿跟姐都尽量做点儿岔样的给娘吃,可您总是匀给孩子们。儿跟姐的 5 个子女,全都得到过您的精心抚育啊!到上世纪 80 年代初,儿跟姐的日子渐渐好过后,娘才算开始享点儿福了。记得有一次在中央团校"万叶亭"前的空地上,娘兴奋地俩手分别挽着儿跟姐的胳膊,一边扭动着身子一边乐呵呵地说:"一儿一女一枝花,我多有福气呀!"这是娘 70 岁后才蹦出口的心里话呀!当时,儿多么希望时间停驻,好让娘多享受享受这天伦之乐呀!可是,老天无眼,岁月无情,10年后,1996年5月,当儿跟姐搀扶娘登上天安门城楼,俯瞰那据称是当今世界最大的市内广场时,娘的神思已经显得迟钝了!

娘啊,即使当您晚年糊涂得很厉害时,可在疼爱儿女上却不糊涂啊!只要不病得昏迷,娘是既不肯吃药也不让打针,不忍给儿女破费呀!1994年初,虚脱后送娘到医院做了全面检查,本已联系好让娘住院观察一段时间,可娘一醒过来,就一分钟也不在医院呆了。在尔后的几年里,娘的记忆力越来越差,渐渐不知道季节,不知道冷暖,不知道饥饱,不认识饭食,后来竟连儿跟姐也不认识了。到1999年4月患一场重感冒后,症状更是急转直下,一下变得吃不了、懒得动,腰板也有些弯了……2000年2月,突如其来的脑栓塞使娘从此卧床不起,完全丧失自理能力,景况一年不如一年……

娘啊,在您的晚年,尤其是卧病不起的6年多里,虽然我们想方设法地给您变着花样做饭喂食,凡是见到的各种各样的营养食品,可以说都吃遍了。可儿知道,假若娘不糊涂,您老无论如何也舍不得让儿女这样做呀!要是说娘享了点儿"口福"的话,也就是这几年呀!可这算是"享福"吗!?当娘吃这些食品时,"好"的时候大口大口地吃,也不像健康人吃饭时的样子;而不好的时候,则是靠姐一点儿一点儿地喂呀!一碗糊糊,有时要喂上几次、十几次啊……这叫怎样的"享福"啊?!这种"享福"背后所蕴藏的苦楚,惟有我们做儿女的能体味得出啊!

娘啊,每逢瞅着您那消瘦的面容,失神的目光,尤其是好不容易喂到嘴里的食物咀嚼半天又吐了出来时,儿的心就禁不住呻吟,就禁不住想仰天长啸——

"天公"啊,您不公!为什么让那些权奸污吏和为非作歹之辈活得逍遥自在,却让娘这样勤俭善良仁慈的平民百姓,活得这样苦,这样累!

"神明"啊,您不明!您为什么不让娘多活几年,好让我这个不肖子好好弥补弥补欠娘的情啊!

娘啊,娘!您给予儿的实在太多太多,而儿回报给您的实在太少太少了!您这样受苦受罪地离去,实在让儿心不甘啊!

娘啊,您的离去,是儿今生所遭遇的最大损失!儿的身心沉入冰冷的水底,真是觉得冷彻心骨,痛苦难耐呀!

娘啊,您走了,但您的音容笑貌却永远留在了儿孙和亲友们的心里,留在了乡亲们的心里。尤其您那为乡亲们所公认的美德,更永远地留驻在人世间!

娘啊，尽管儿从书本上看到过无数有关母爱和劳动妇女伟大的文字，但真正让儿懂得和体会到母爱和劳动妇女伟大的，是娘的言行啊！

娘啊，您一生的言谈举止，反反复复地证明和体现出母爱和劳动妇女的伟大。这是一种由对儿女的无私疼爱和付出，对至爱亲朋和乡亲、邻里及一切人的通情达理与亲和、爱怜、谦让、宽容，“先远后近”、先人后己，以及对民族大义和人间道义的深晓与恪守所铸成的伟大！这是由淳朴、勤俭、善良、诚实、谦和与仁爱等等美德所自然促成的伟大，一种没有丝毫雕饰和做作的伟大呀！

这是一种母性的伟大，一种普普通通农村劳动妇女的伟大！

这是一种平凡的伟大，是扎根于普通百姓的肥田沃土，完全由个人的一言一行、一举一动所打制的一砖一瓦堆砌而成，熔铸着个人的心血、才智、德操和奉献，完全出自个人人格、人性的自发而自然地流露和凝结，使人能够亲切地体味、享受，晶莹剔透，朴实无华的伟大啊！

娘啊，您的懿范永昭日月！

娘啊，您走了，儿也成了没娘的孩儿！娘的第四代、儿的第三代虽然已经上学，儿也算是个老人了，可真的忍受不了这没娘的滋味儿啊！

情不自已，呼天抢地。天地呜咽，风雨号泣。

驾返瑶池，母仪千古。强忍悲痛，笔抖字涕。

儿定国哭祭

2005年9月9日初稿，2006年清明改定

**补白：**

《祭母文》在为母亲出殡时张贴在老家的胡同口的墙壁上，后收入《娘啊，娘！》的附录，并在网上发表。根据网友读者的建议在清明节前修改后于2006年4月1日在网上单独发表后，看到网友的评论和建议，认为许多意见和建议都很好，故又作了修改，特在我们国家这个传统的祭念亲人的日子重新发表，以表达我对母亲还一直割舍不了的缅怀之情。恳望编辑和网友读者理解，并趁机表示我对你们的真诚谢忱！欢迎继续批评、赐教！

宋定国2006年4月5日于北京紫竹轩

**实例17《祭母文》(师克强)**

母亲是躺在我的怀中离开人世的。公元2004年7月18日（农历六月初二），慈母因病医治无效，在靖远家中不幸仙逝。

7月17日，我在定西市帮一位朋友办完事后，心中升腾起一股莫名的思念和焦躁感。

在这种情形的促使下，我让朋友驾车迅速送我回兰州。在兰州带上儿子冰阳后，我又即刻乘朋友的车赶赴靖远。傍晚时分我来到母亲病榻前时，神志恍惚的母亲已认不出我为何人。是夜，二姐小玲、哥哥炜东和我一直守护在母亲身边。此时的母亲，病痛折磨得她连一小汤匙水都咽不下。她干燥龟裂的嘴唇艰难地蠕动着，并不断从喉咙深处硬逼出一连串模糊不清的音节。我们知道，她想竭力向我们做最后的告别和叮嘱。可无论如何，我们永远无法知晓，她在这个世界的最后时光向我们表达的一切情感！

哀痛莫大于此。面对自己的儿女，母亲心中有多少情感急于倾泻；可是，此刻的她只能含泪面对自己的儿女，用时断时续、含糊不清的音节，向这个世界、向她的亲人做着最后的告白。而这告白，像蘸了水的皮鞭狠狠地抽打在我们心上，像涂了毒的匕首刺穿我们的胸膛。

我亲爱的母亲，面对您的痛苦，儿女已十分脆弱的心在汩汩流血！

是的，我亲爱的母亲。您或许会对儿女和所有的亲友要说许多推心置腑的话，您或许会对街坊邻居说一些家长里短的话，您或许会对年迈多病的父亲说无数贴心的话，您或许会向我们回忆您坎坷而辉煌的过去和孤独又疾苦的晚年生活……但这一切的一切，只能以藕断丝连式的音节微弱地震击着我们很敏感的耳膜。

母亲，您昔日充满阳刚之气、富有创造力的语言天赋哪里去了？母亲，您从前凛然不可侵犯、铮铮铁骨般的气概退却了吗？

我们不信，但我们不能不信，刚烈的、坚毅的、精力充沛的您已渐渐离我们远去……

从7月18日清晨开始，母亲已进入半昏迷状态。上午9时许，母亲的喉咙中好像瘀积了痰，呼吸越来越困难。哥哥急忙请教附近一位大夫，想用吸痰器吸，大夫说这是一项专业性较强的活，建议我们不要采取这一措施。哥哥开始和我为母亲掏大便。极度虚弱的母亲连排便的一丝力气都没有了，哥哥和我只能用医用棉签一点儿一点儿地从肛门口为母亲掏大便。家乡俗称老人临危前的排便叫“腾肚子”；而且，老人在临辞世前必须腾空肚子。上午10时许，担心母亲腾不空肚子的我们，又立即采取了应急措施，往母亲的肛中注入了两瓶利便的“开塞通”。随即，糊状而粘稠的大便连续地从母亲肛门中涌出，我用卫生纸不断地为她擦拭。至中午时分，盛拭过大便的卫生纸已装了满满两大料袋儿。此时，母亲的气息越来越微弱。从兰州赶来的大姐掰开母亲的眼睛，悄悄地对我们说：“妈的瞳孔已开始散大。”我们的心随之一紧，哥哥开始给他的朋友一一打电话通知，让他们赶到家中帮忙料理后事。

下午 3:40，母亲的呼吸已如游丝般微弱。急得汗流浃背、涕泪交零的哥哥开始准备请事先约好的一位亲戚为母亲穿寿衣、整容。3:50，哥哥离家请这位亲戚。3:55，母亲用含泪的目光环顾了她的儿女，环顾了她生活了一辈子的家，凝视了已泪流满面的父亲后，开始踏上了去另一个世界的路。

我和大姐、二姐流着泪开始为母亲穿寿衣。4:00，母亲永远闭上了她曾炯炯有神的眼睛！我怀抱着母亲，并腾出一只手来轻轻地闭合了她的嘴。我用脸颊紧贴着她尚有余温的干枯的面颊，大姐用双臂紧拥着她的胸脯，二姐用身体紧护着她那条断骨未愈的右腿。

从来没有任何这种生死离别体验的姊妹仨，在巨大悲痛的打击下反而显得十分镇定。我们不能慌乱，我们竭尽全力要让母亲尽量走得宁静、安详。这种有条不紊的镇定自若，来自我们对母亲无限的爱。

母亲，在您离开这个世界时。哥哥由于忙于为您请整容师而未能见您最后一面；三姐和四姐由于我们来不及通知而未能见您最后一面；两个孙儿、一个孙女，虽近在咫尺的县城一隅，但由于他们不知道您病危，也未能见上您最后一面。后来，您的孙儿冰阳对我说：爸爸，当我下午 5:00 和哥哥妹妹赶回家，看到奶奶躺在水晶棺中时，我哭了，哭得很伤心。

母亲，和您老人家未做最后道别的儿孙，只有请求您在遥远的天国宽恕他们。无论如何，他们的心紧紧地和您连在一起。

母亲，近 3 个月的患病卧床，让您遭受了太多的苦难。在诸多常人难以想象的苦难中，有源自肉体的，有来自精神的。肉体者，您从 4 月 23 日在自家院外小巷中摔断右股骨，经大夫做牵引手术后，一直在家休养。其间由于严重的营养不良（您从不吃肉、蛋、奶等食品，只吃青菜、面条、馒头、粥等食物），断骨一直未能愈合。

至 6 月初，您的健康状况急转直下，且背部、左胯部开始出现褥疮。后经二姐、三姐、哥哥精心护理，背部褥疮逐渐愈合，而胯部褥疮至临辞世前一直未痊愈。整整 80 多天，您都在剧痛中艰难地苦度！精神者，母亲毕生争强好胜，素未遭受像临谢世前这样巨大的痛苦。加之耄耋老父风烛残年，乏人照顾，沉疴之中的老母终日心急如焚、苦不堪言。在极度焦躁中，她老人家的精神防线几乎崩溃。6 月下旬，母亲再次报病危，哥哥电话通知我速回靖远，我接完电话，来不及请假即刻由兰返里。当时的情景令人不堪回首：所有为母亲医治过的医生都不再为母亲采取任何医治措施，而均异口同声地对我们说：“准备后事吧！”

或许医生从医学角度兼人道主义出发，不再救治母亲，以免她多活一天多遭一天罪。可作为儿女的我们，哪能忍心眼睁睁地看着母亲离开我们。于是，我们不听大夫的劝告，背着大夫偷偷为母亲服用或注射各种维系生命的药物及营养液。但无论如何，母亲此时的身体就像一座摇摇欲坠的残破不堪的老屋，哪怕仅仅是一阵并不猛烈的风一吹，她都会轰然坍塌。所有的药物、营养液，即便是一口饭、一嘴水，她老人家此时再也不可能吸收了！

万般无奈，经与姐姐和哥哥多次商议，我们决定为母亲做寿器(棺材)，同时为行将就木的父亲一并做。上好的柏木是哥哥十年前就购买的，料下好后，我们请本县最有名的木工师傅艾万福在本宅为父母做寿器。历时10天，两副做工精细、外观大气的寿器做好了。所幸母亲那底气十足的话语每日都萦绕在我们耳畔。即便是她最忌讳提为自己做寿器，既使她看不到做寿器的场景，但每天她都能清晰地听到电动刨床发出的刺耳的噪音。可想而知，这对毕生酷爱静谧的母亲来说，是何等的痛苦！焦躁不安的情绪迫使她不时用尖刻的语言谩骂哥哥、我以及木工师傅。但面对一位弥留之际的可怜的老人，我们均毫无怨言。我们深知，母亲在世的时光的确不多了，即使她用最恶毒的语言咒骂我们，我们也会洗耳恭听。假如她到了另一个世界，我们还能听到她那我们最稔熟、最憾人心魄的话语吗！因此，我们把母亲的谩骂视为一种特殊时期的精神享受。于是，我们竭尽全力减轻母亲的精神压力。每天，哥哥和我都把重达100多公斤的铁刨床从院子中搬到院外的巷子中锯、刨木料；傍晚歇工时，又把沉重的刨床再搬回院中。如此往返，一直搬了整整十天，二十个来回。由于巷子中没搭帐篷，哥哥、我、木工师傅每天大多数时间暴露在酷暑的烈日下，哥哥和我都晒得蜕了一层皮。

在帮木要师傅干活的同时，我和哥哥每天上下午除随时为母亲接拭大小便外，上下午还必须各一次为母亲擦拭褥疮、换药。

每天晚上，我可以到西房睡一觉。可连续劳累了整整两个月的哥哥，还要坚守在房中伺候母亲。为方便老母，哥哥特意为母亲身边安了一个手捏式电灯开关。只要母亲晚上想大小便或喝水时，便随时捏开灯；只要灯一亮，哥哥就会立即来到母亲身边。直到母亲去世，我年近五旬的老兄每日几乎是24小时都守护在母亲身边！其形容憔悴，白发陡然倍增，令我不忍目睹。其间，我多次请求，晚上由我和哥哥轮流陪护母亲，可每次哥哥都以我身体瘦弱为由坚决拒绝。

哦，我可爱可敬、可歌可泣的老兄！

母亲患病期间,年近六旬的大姐小萍,年逾五旬的二姐小玲、三姐小霞、四姐小琴,或悉心守护床前,或多次往返兰(州)、靖(远)、平(川)靖(远)、白(银)靖(远)之间鞠身伺俸。点点滴滴,感人至深。

闻知母亲病重,年长体弱的大姐毅然放弃退休后好不容易觅得的一份职业,让经营个体服装厂的大姐夫在家照料严重弱智的二儿子,迅速赶往靖远老家探望并照顾母亲。同时,她又以长女的身份,经常出主意、想办法,帮助其他姊妹照顾母亲。如此往复多次,其情其景、其心其意,历历在目,感人肺腑。

二姐小玲多年来对母亲最尽心,每逢周末或年节等,或亲往母亲身边,或遣子女随时赴靖,其孝行孝心可昭日月、天地共鉴。尤其这次母亲病重,二姐一直守护在身边。宵旰劬劳,从无怨言。母亲病逝后,她又毅然陪护孤苦伶仃的老父。

三姐小霞离异数年,至今仍一人飘泊在外,以俗家弟子身份长伴青灯孤寺。她近年来长期照顾父母亲,真可谓佛家大慈大悲之心长存于心矣!母亲病重期间,她除每日精心伺俸外,还不时口诵真言,默念佛经,为母亲禳灾、祈福。母亲走后,三姐终日不断诵经为母亲祈祷,愿母亲灵魂早日升至极乐世界。

四姐小琴亦离异数载,目前仍肩负哺育一对儿女的重任。母亲病重时,她毅然放弃了自己已大有起色的生意,迅速归家供奉在母亲床前。老母病逝时,她未赶回家见上最后一面。安葬当天,执绋送窆的她本以十分虚弱,当母亲入土为安后,她哭天抢地、擗踊呼号,后疾速扑倒在母亲坟头,几近昏厥。为报母恩、慰亲心,她至今与二姐一道陪护羸弱无依的老父。

我是母亲最呵护关爱的一个儿子,也是母亲最哀其不幸、怒其不争、恨其不屑的一个儿子。同时,我又是六个子女中在家陪伴母亲时间最长的一位。除上大学两年(1981年至1983年),我在靖远陪伴母亲达27年之久!在我人生三分之一的时光中,我和母亲吃、住、行同在一方蓝天下。母亲熟谙我人生道路上的每一处细节,我深知母亲生活苦旅中每一次坎坷的经历。母亲和我相依为命,我与母亲相知相随。

我两岁时,不幸患脊髓灰质炎(俗称"小儿麻痹")。当时,靖远城乡患此病的儿童比比皆是。县城内许多患儿家的经济状况均优于我家。在极度拮据的情况下,为寻医求药,母亲拖着病弱的身体四处奔波、八方呼号,想尽一切办法为我治病。有时,家中实在凑不出一分钱,母亲就毅然变卖家中仅存的家当为我治病。实在无物变卖,母亲就卖掉自家厕所中的粪土给我凑药费。母亲拳拳的爱心终于感动了上苍,我的小儿麻痹竟奇迹般痊愈了!当时许多病情轻微,家道般实的病儿都未痊愈，最终落下残疾。我患病的右腿不但未留下任何后遗症，而且与健康人的腿的功能完全一样。

锲而不舍、持之以恒、不屈不挠，是母亲人性的升华。

小学、初中、高中，我均是学校的优等生，且一直担任学生干部，经常受到学校的各种嘉奖。无奈高考前夕我患病一月，严重影响了考试成绩，最后只能考入庆阳师专中文系就读。对我的失利，母亲非但没有埋怨，反而鼓励我刻苦学习，学成后报效国家，俸养双亲。

到了婚娶的年龄，由于我年轻无知、涉世太浅，所谈的几个对象或姿色丑陋、或才疏学浅、或品行不端。深爱我的母亲惟恐我在婚姻大事上由于一时糊涂毁了自己，开始疯狂地反对并严厉地责斥，我却执迷不悟，我行我素，让母亲生了许多气、操碎了心。万幸的是，1986 年夏，在母亲耐心疏导下，我开始与现在的妻子雒庆莉谈对象，母亲的脸上绽开了许久不见的笑容。母亲刚毅的个性挽救了我险遭不幸的婚姻。

婚后，我和妻子一直与母亲住在一起。随后，我们有了可爱的儿子，我们仍与母亲同住一院。那时，母亲每天都让一位老中医针灸。每天骑自行车送母亲去离家 1 公里的老中医家针灸，是我的必修课。无论刮风下雨，无论我工作有多紧张，我从未耽误过一次送母亲。那时，每日环绕于母亲左右，我们觉得母亲是我们今生最温暖的依怙。

后来，由于种种不必要的误会，由于母亲太强的个性，我们搬出了老宅，去单位住单身宿舍。同在县城住，我们与母亲相隔不远。可每逢月朗星稀的夜晚或细雨霏霏的清晨，我思念母亲的强烈情绪溢于言表。每当此时，妻子便对我说："想妈了，明天回家看看吧！"

再后来，为了改变自身的窘境，我于 1993 年 11 月调往兰州工作，妻也于是年赴甘肃政法学院进修。

从此，父母亲在靖远开始了相对孤寂的生活。兰州生活、工作至今十一年，我们尽管不在母亲身边，但我们的心每时每刻都和母亲连在一起。每逢节假日、父母亲的寿诞，我和妻子都携子专程回靖远与父母共享天伦之乐。有时候，由于工作太紧张，本来粗心的我往往忘记了父母亲的寿诞，心细的妻子便会及时提醒我，并亲自上街为二老购置生日礼品。

父母每次患病时，我都请长假回靖远陪护，或接二老去兰州医治、休养。其间父亲两次重病住院，我均在百忙中请假侍奉在病床前。1997 年母亲患白内障，我与大姐商议后，把她接到兰州，住进兰医一院接受手术治疗。康复后，母亲又在兰州休息了近一个月后,我们才把她送回靖远。2002年年初,父亲体弱多病,母亲命我和大姐把父亲接往兰州休养。是年春至翌年春,老父在大姐和我的悉心照顾下,健康状况大有好转。后因"非典"肆虐,我和大姐又奉母命用专车把父亲送回靖远。

父亲在兰期间,我除精心照顾父亲的饮食起居外,多次抽身回靖远探望独居的母亲。看到母亲凄然苦度的情景,回兰州后,我曾诌诗一首《叹老母》:

孑然孤居罹凄楚,长夜难明久燃烛。

堪叹相望不相随,老泪纵横一何苦!

当时母亲独居空落落的一座大院,每至夜晚,为了驱除心中无限的凄苦,也为了给自己壮胆,本来睡觉时很怕光的母亲在老屋内同时点燃四五支蜡烛。有一天傍晚我从兰州赶回家中探望母亲时,在闪烁的烛光中,母亲的苦泪像烛泪一样弥漫了整个脸,也侵蚀了我欲碎的心。

伤心是一种说不出的痛。

母亲摔断右股骨后,我赶赴靖远并及时请我的同学、县医院骨科大夫焦维贤在家中为她做了牵引术。其后,我请了半个月假,在家中与姐姐、哥哥一道守护母亲。但每天望着疗效甚微的母亲痛苦不堪的情形,我忧心如焚。回兰州后,我又为母亲写了一首诗《悯断骨老母》:

耄耋老母溘罹险,伤筋断骨须臾间。

可恨吾侪空垂泪,谁有妙手可回天?

母亲生前,我仅为她老人家写过以上两首诗。而仅此两首,还和苦与泪紧紧联系在一起。如今再读这笨拙的诗句时,我不禁泪流满面……

哦,我可敬可佩、可叹可怜的老母,您一生有太多的不幸和太多的无奈。

母亲10岁时(公元1934年),满腹经纶、儒雅和善的外祖父因患肝硬化匆匆离开人世,身后撇下无依无靠的外祖母及5个尚未成年的女儿。从此,母亲姐妹5人,在坚强刚毅的外祖母谆谆教诲和艰辛抚育下,经历了无数苦难后都长大成人。外祖父去世后,外祖母及母亲姐妹5人几乎没有任何生活来源,仅靠家中一间残破的磨坊和外祖母精巧绝伦的裁缝手艺养家糊口。当时,贵为西北著名的陈老夫子长女的外祖母,尽管自己是文盲,但她绝不让自己的女儿和自己一样没文化,她省吃俭用,硬是供母亲和五姨上县城中当时最文明的学校——女子小学。后来,母亲能上靖远师范师训班,毕业后能在乌兰小学任教,其中绝对有外祖母很大的功劳。可母亲的确是不幸的,她在乌兰小学任教不满两年,终因身体多病和家庭负担太重而离开了她热爱的教师岗位。从此,她相夫教子，举案齐眉，宽严相济，长达半个多世纪！

在母亲的追悼会上，当年乌兰小学的一位学生向我讲了许多母亲诲人不倦的故事。母亲刚到乌兰小学时，校长牛国祯先生为了锤炼她，特别为她安排了全校最乱、最差的一个班让她带班主任。母亲为转化这个班的面貌，可谓费尽了心机。上课时，一只麻雀不慎误入教室。霎时教室内一哄而起，几位学生脱掉上衣扑打麻雀，全然不顾讲台上的母亲。母亲并不去呵斥学生，只是巧妙地将麻雀放出教室后，又经过一番循循善诱，学生们躁动的情绪终于安定了下来。下午自习课，母亲去教室检查，发现有七八个男学生不见踪影。一问别的同学，才知道这七八个顽童去学校隔壁的老乡家玩一种叫"驴臭工"的游戏。母亲来到现场后，不但没有驱赶他们，反而以欣赏的目光和赞许的口气夸奖他们一番。当学生们面露赧颜地低下头时，母亲才开始充满爱意地带着他们返回教室。至今，母亲许多年逾六旬的老学生都已从教育岗位上退休，但提到当年母亲对他们的教导时，仍溢于言表、情不自禁、交口称赞。

"文革"中，父亲蒙难，一夜之间被打成"历史反革命"，其后不久被关进牛棚。母亲自然而然成了"历史反革命"的家属，我们成了响当当的"狗崽子"。从此，一个家庭的悲剧拉开了帷幕。

1969年，是父亲在牛棚中备受煎熬的痛苦岁月，母亲的心情坏到了极点。可房漏偏逢连阴雨，正是这一年春寒料峭时节，含辛茹苦，抚育儿孙大半辈子的外祖母溘然长逝。在此之前，母亲每天除殚精竭虑服侍外祖母外，还要担忧远在异乡的父亲的命运，身心交瘁、度日如年。外祖母去世时，只有母亲和一位寡居的表嫂在老人身边，生离死别的剧痛像蛊毒一样折磨着两位孤苦无依的女人。母亲多么希望此刻父亲能突然出现，给她破碎的心灵一丝慰藉。可她哪知道，此时此刻，父亲胸前正挂着一面书有"历史反革命"字样的大牌子，在定西的大街小巷中彳亍而行，遭受游街批斗。

历史往往和黔首布衣开玩笑，而历史老人怎知仅赖皇天后土庇佑的黎民百姓何曾能承受起这绝不轻松的玩笑。历史像过眼烟云一般逝去了，而烙在历史事件受害者心中惨痛的印记却永远不会磨灭。常言说历史是一面镜子，我要说，历史有时是一柄匕首！

父亲异乡蒙难，母亲家乡垂泪。但母亲毕竟是刚毅的，她很快从生活的阴霾中硬挤出来，并引领她的子女逐渐走向阳光灿烂的日子。

可谁又知道，从阴云密布到阳光灿烂恰似由炼狱至天堂。其中的苦和泪，非亲历者永远不会理解，甚至误以为天方夜谭。我这里不想赘述"文革"那场历史灾难给母亲带来的肉体上的痛苦，我只需略叙它给母亲留下的精神创伤。

因为父亲是历史反革命，所以终日心惊胆战的母亲把家中一切与“历史”有关的东西都视为不祥之物。于是，祖父早年保定军校的毕业证、父亲在傅作义将军麾下任上尉军衔的委任状，甚至祖父的桃木神主都被母亲付之一炬。多年以后，当世人纷纷追逐“历史”的光环时，头脑异常清醒的母亲对自己“文革”中的“蠢行”痛悔不已。母亲的痛悔，并非芸芸众生捧着历史的金碗吃着眼前的糟糠式的矫情，而是切切实实地对逝去的亲性追悔莫及。可谁又能知晓母亲的苦衷？在当时特定的历史氛围中，如果母亲不那样做，不知会为父亲和我们子女带来多少灾难。宁可负了亡人，也不能害了后人，母亲的人生哲学无疑是正确的，正如诗圣杜甫诗云：“死者长已矣，存者且偷生。”又像欧·亨利的《麦琪的礼物》，“含泪的微笑”在晦暗的日子里让母亲看到了黎明的曙光。

正是由于心中有一种渴求尽快改变命运的希望，母亲才在特殊时期对子女进行了特殊的教育。我上小学时，母亲每天送我上学前必须叮嘱的话是：“好好念书，在学校千万不要说不该说的话，尤其是关于政治方面的话；娃娃，你一定要记牢：言多必有失，祸从口出！”

多年来，我谨尊母命，在公众场合从来不乱臧否人生、贬扬社会，夸夸其谈、言过其实的人我也从不交往。因之，处事谨慎，办事稳妥成了我为人的准则。或许我与生俱来缺乏创造力，或许我今生今世再也不会在大庭广众之下发宏论、震聋聩。但我固执地认为，人有时应该像轿车一样，噪音越小越好，跑起来越平稳越好。或许人们会指责我的人生哲学是丑陋的，但我庆幸我拥有这“丑陋”，这“丑陋”是母亲给我的传家宝。

母亲“含泪的微笑”还体现在对子女的哺育上。

父亲常年在外地工作，无暇顾及儿女，养育子女的重担只有母亲承担。母亲身为家庭妇女，没有任何经济收入，仅靠父亲微薄的工资维持一家8口人的生活，困窘状况可想而知。为了减轻生活压力，母亲先后把大姐、二姐、三姐、哥哥送到外祖母家，由外祖母抚养。其中大姐和三姐在外祖母家度过了整个小学、中学时光，我戏称之为“常驻联合国代表”。当时，外祖母还抚养着三姨的几个孩子，老人家仅靠三表侄寄的为数有限的生活费和母亲接济的可怜的几个钱艰难度日，但外祖母仍挺直脊梁，擦干眼泪，把一个个外孙抚养成人。几十年后，当我们姊妹回首往事时，开始还对母亲当年的举动不理解，可后来细细一想，母亲的用心何其良苦：让寡居多年的母亲膝下常围绕着天真烂漫的童声，给老人家孤寂的晚年生活添上一笔彩霞。同时，儿女离开父亲的恩宠，到了一个相对陌生的环境中锻炼，这无疑是儿女人生中最大的收益。后来，我们姊妹无论遭遇任何艰难困苦，都能砺志互勉、自强不息，全赖当年母亲和外祖母的一片苦心。

我虽没有驻过“联合国”，但母亲也为我提供了锤炼个性的机会。小学四、五年级，初一第一学期，近3年时间，母亲去定西父亲处养病，只留我一人在家。那时，四姐和哥哥均在离城数十里的乡下插队，没有工夫照顾我。我一人独守着连院门也没有的一座大院子，每天除去学校读书外，还要自己做饭、洗衣服、拾掇家中的房间，往往整得满头大汗，忙得不亦乐乎。就在这种情形下，我的学习成绩一直名列前茅，而且年年都是品学兼优的“三好生”，少先队大队长、学生会副主席、优秀学生干部等头衔和荣誉纷至沓来、应接不暇。这一时期，我懦弱怕事的性格逐渐改变了，坚强柔韧的个性日渐显露。甚至我还学“坏”了，开始跟着邻里顽皮的孩子偷附近一家工厂地里种的蔬菜和瓜果，偷来果蔬饕餮一番后，还大言不惭地美其名曰：“偷瓜果不算贼，抓住挨两锤(拳)。”

农闲时节，当知青的哥哥从乡下回家探亲。我在哥哥带领下开始倒土坯，每天清晨起床和泥，晨曦初露时开始倒，到中午时分1 000多块土坯已倒好。胡乱吃几口自己凑合的午饭后，我和哥哥倒头呼呼大睡。下午3点多，火辣辣的毒日头已把土坯晒柔干(半干半湿)了，我和哥哥迅速中止午休，有条不紊地码土坯。迟半个小时都不行，快干的或已干的土坯绝对码不起来，即便凑合着码起来，稍有外力撞击，便会倒塌，土坯就摔碎了。

3年时间，我和哥哥用业余时间倒了数万块土坯。家中所有的围墙，后来盖的西房，都是我和哥哥倒的土坯砌的墙。剩余的近万块土坯，我和哥哥卖给别人，小赚一笔，贴补家用。辛勤的劳动换来幸福的果实，这是母亲留给我们的又一笔财富。

母亲生前生活清贫，一直居住在1972年盖的土坯房中。这处院落恐怕是靖远县城中目前最破旧的房屋之一，而晚年的母亲则和父亲一道在这里相濡以沫，平静而安详地送走了一个又一个破碎的日子。2002年，大姐看父母住在没有水暖的老宅中生活实在不方便，就在县城繁荣地段为父母购置了一套楼房，可母亲说啥也不搬去住。她的理由很执拗，甚至近乎荒唐：楼房内生活远不如老宅中方便，就连大小便都是在房子(卫生间)里进行，太脏了！母亲始终不肯搬到楼房中住，大姐后来只好又卖了那套楼房。然而，老宅中生活确实不方便，就连最起码的自来水也没有。只有靠年近五旬的哥哥用架子车拉饮用水。哥哥拉水实在不容易，老宅地处县城南关一低洼地内，进老宅惟一一条能拉架子车的小巷坡陡且凹凸不平，每次哥哥拉着载重近400公斤的水车经过那段小巷时，全家人都为他捏了一把汗。如今，我那早已头发斑白的老兄仍像一头永不知疲倦的老牛一般，拉一车沉重的水，在坎坷不平的小巷中艰难的前行……

老宅中在2003年春节前没有任何通讯工具。儿女们平常不在父母身边，很担忧二老。2003年春节后，哥哥请电信局的人特为家中安装了一部固定电话，我们才得以随时能在电话中问候父母、了解他们的健康状况。在此之前，母亲怕别人打破她平静的生活，忌讳电话尖利的铃声，多次反对家中安电话。这就和当年她反对往家中通自来水(害怕漏水泡塌老屋)一样，她老人家的固执往往让儿女无可奈何。

是的，数十年来，母亲没有给我们留下些许物质财富。但是，母亲留给我们的是巨大的精神财富。我们常想：物质财富的匮乏是促使我们姊妹6人发愤图强的反作用力；可这力量，很大程度上又来自母亲留给我们的精神财富。

拥有了这笔取之不尽、用之不竭的财富，我们对人生的理解，对母亲的崇敬之情愈来愈深，就像一坛陈年老酒，时间越久，香味愈浓。

7月21日，母亲的追悼会在老宅中举行。1 500多名亲友和社会各界人士参加了追悼会。我们姊妹6人单位的领导、同事、朋友纷纷前来吊唁，并送了花圈、花篮、挽帐和挽联。在低沉肃穆的哀乐声中，中共白银区委副书记陈忪、靖远县副县长高财庭等6人为母亲的墓碑揭碑，高财庭宣读碑文。我于此并无半点炫耀之意，因为陈忪、财庭等政界人士，或年少时作为邻居的小孩备受母亲呵护关爱，或作为我的朋友多次聆听过母亲的谆谆教诲，他们都是怀着对母亲的无限敬仰之心前来吊唁的。更让我们感动的是，许多亲友、我们姊妹的同事在百忙中从外地赶赴靖远参加母亲的追悼会。尤其让我感动的是，远在宁夏中宁县的四姨的3个儿子携一个孙女，奉母命特来靖远悼念姨母。

中宁的大表兄蔡春阳亲自驾车，携二弟蔡春景、四弟蔡春明及春明的女儿蔡懿萍，风尘仆仆、驱车数百公里于追悼会当天赶至靖远。叔侄4人来不及洗去尘埃，即刻在灵堂前焚香燃纸(冥币)、跪拜叩首。是日下午，大表兄蔡春阳向我转达了四姨的叮嘱。本来年近九旬的四姨强烈要求大表兄带着她来参加母亲的追悼会，可大表兄考虑到老人家的健康状况，与其他的姊妹力劝了她。大表兄临行前，泪流满面的四姨一再叮嘱，母亲丧葬的每一个细节都必须给她拍成照片，尤其是母亲的遗容，一定要给她拍照！我劝大表兄不要拍母亲的遗容，大表兄和二表兄、四表兄决然地说：“我妈和六姨(母亲)一样固执，母命不能违呀！”

骨肉亲情,姊妹连心。四姨自16岁嫁给中宁蔡家为媳后,不久就回了夫家老家中宁。一去就是30多年,直至1968年才返里探亲。当时家中的情景很凄凉,外祖母已风烛残年,父亲和外祖母膝下的三表侄史正先均在牛棚中遭罪。母亲一病不起,卧床苦度。在一片凄楚声中,四姨含泪匆匆结束了靖远之行。这一去,至今又近40年,四姨怎能不牵心逝去的妹妹。情切切、意殷殷的四姨还叮嘱儿子们,这次靖远之行除了尽心尽力参加母亲的葬礼外,必须去外祖母的故居、墓地并拍照,必须去东湾乡大坝村探望她惟一在世的妹妹(七姨)阎瑞梅(年幼时过继给了阎家)。三位表兄谨尊母命,老人家的叮嘱一一照办。

7月21日晚,母亲的"见灵"(遗体告别)仪式在低回的唢呐声中进行。老宅院中自南至北放了三张矮方桌,每张桌子间相距两米,第三张桌子距灵堂3米。见灵人的次序为邻里、亲友、儿女,形式是:两个人一组,分别在3个方桌两侧的两个桌角向灵堂的方向鞠躬、作揖3次后,再在3个方桌的间距中互相对拜、交叉换位后再拜祭;如此往复9个来回后,依次把茶水和酒、饭和菜、香和纸钱恭送至母亲灵前的供桌上,最后再把香和纸钱带到第一张方桌前焚香燃纸后再次跪拜。在所有见灵人中,我和哥哥是最后一组见灵者。其他的见灵者除了最后的焚香燃纸是跪着的,其他的拜祭全是站着进行的。而我和哥哥,作为孝子,必须跪着完成见灵的全过程。9个来回,近30米的行进距离,我和哥哥双膝跪地,以膝代足,一"步"一"步"艰难前行。老宅的院子是红块铺的,较为坚硬,连续熬了几个通宵的我们由于体力不支而显得力不从心,膝盖中传出一阵阵钻心的疼,但我和哥哥神情肃穆、一丝不苟地完成了见灵仪式。

当时已是午夜时分,一首凄婉的唢呐曲在老宅上空萦绕着,在场的100多名亲友望着艰难行进的我和哥哥,都沉浸在巨大的悲痛之中。后来,我看当时拍的录像,在场的亲友都流了泪,为母亲,也为我和哥哥。当我和哥哥最后一次分别抚摸着安卧在水晶棺中母亲的头和脚时,泪水像决堤的水一样霎时奔涌而出……

凌晨2:00母亲"成棺"(入殓),蔡家的3位表兄在哥哥陪伴下,恭恭敬敬地为母亲的遗容拍了照。我不敢想象,当后来四姨看到妹妹的遗容照时,她老人家是何等的悲痛;我甚至不敢给蔡家表兄打电话询问有关情况,只是专门往中宁打电话向四姨请了安,祝她老人家健康长寿、平安幸福。四姨则在电话那头反复叮嘱我:"一定要照顾好你爸!"

血浓于水,电话这头的我早已哽咽。

翌日安葬母亲。母亲生前的遗愿是不进祖茔,让哥哥和我给她另择一处墓地。我和哥哥尊嘱请风水先生为她选择的墓地在县城以西20多公里处的石板沟武家大滩的一条静谧灵秀的沟中。那里山势俊美,山上芳草萋萋,沟外一片开阔的冲积地上满目是绿油油的庄稼、树木。这样的环境,母亲入土为安矣。

送葬时,来了200多名亲友送别母亲。家乡风俗,盛有母亲的棺木,必须由8人抬。先从家中抬至3公里外的西门外,然后才能安置于灵车上运至墓地。而到墓地附近2公里处,由于灵车不能前行,众亲友抬着、护卫着母亲又得走2公里崎岖不平的山路。

旌幡飞舞、纸钱飘洒、哭声震天动地。灵车过黄河铁桥时,我手捧母亲的遗像对母亲说:“妈,要过黄河桥了,您老人家坐好!”望着奔腾东去的河水,我的双眼又被泪水模糊了……

往日笑声琅琅、妙语连珠的母亲像黄河水一样,永远离我们而去了。

上午9:00,母亲遗体下葬。哥哥和一位亲戚为母亲“分经”(按经纬线摆正母亲遗体)后,缓缓地合上了厚重的棺盖……霎时,墓地所在的沟中焚烧的纸钱、花圈、各种纸制的祭品,随着袅袅青烟扶摇直上云霄,母亲的魂魄也随着这烟飞往另一个世界。

我们姊姐6人和在场的其他亲属在哀婉的唢呐声中痛哭流涕……

母亲安葬后第三天,按家乡的风俗,我们姊妹6人,孙子、外孙子、姐夫以及数位亲友为母亲“全三”(为亡者墓冢培土,为亡者墓地用土垒一圈“围墙”,同时再次焚香烧纸、供奉祭品)。这一天,恰好是母亲殁后的“头七”(亡者殁后第7天叫“头七”,依次类第14天叫“二七”,第21天叫“三七”……七七四十九天,共“七七”,每逢“七”,都要为亡灵焚香拜祭。其中“五七”,由女儿到阎王殿十位阎罗之一的五阎王处烧“五七”纸,因为传说五阎王平生没女儿,所以“五七”必须由亡者的姑娘在五阎王处为亡灵烧纸。其中“七七”纸必须去亡者墓地烧,也是最隆重、最肃穆的一次祭奠活动。“七七”纸烧完后,对亡者的拜祭活动暂告一段落。直至100天后,儿孙们开始“换孝”。在此之前,行孝期间,家乡风俗,儿孙都不能去别人家拜访或做客。换孝的时间以前是3年,后来人们考虑到现代化的生活节奏太快,逐缩短为100天)。我们姊妹6人和其他亲友精心为母亲的墓冢填了许多土并洒水后培得光光溜溜;又精心地为母亲围了“院墙”、洒了水,培齐整;然后我们又平整了母亲的“院落”。最后,我们摆好各式供品、燃着各式纸制祭品,向母亲墓冢三拜三叩后,依依不舍地离开了墓地……

7月30日(农历六月十四)晚,我乘车从兰州赶往靖远,专程参加翌日举行的母亲“二七”祭奠。9时许,车经过石板沟时,一轮皎洁的明月当空高悬。在飞驰的昏暗的车中，当我借着月光望见安葬母亲的那条沟的入口时。仰望天空的明月，我不禁泪眼婆娑，口中遂喃喃道："妈，今夜月色很美，您要是觉得寂寞，就出来看看月色吧。妈，我此刻也在看月色，您要是看见了明月，也就看到了我！"

母亲若在天有灵，定会像我一样凝视溶溶的月色。

7月31日(农历六月十五)晚，当我静静地睡在母亲生前睡了几十年的炕上时，我周身顷刻笼罩了母亲那特有的种种熟悉的气息。我仿佛感觉到，母亲此刻就安详地躺在我身旁，我幸福地依偎着她，听她给我娓娓讲述那我听了无数次、但每次重听时仍觉得新鲜、亲切的古老的故事……

8月1日(农历六月十六)，整整一天，二姐、三姐、四姐、哥哥、我，一直在老宅中回忆着母亲在世时的音容笑貌。早晨，姊妹们洗漱时，二姐说："我早上一梳头，就想起了妈端坐在靠门的沙发上仔仔细细梳头的情景，好像妈现在仍坐在沙发上梳头呢！"下午，四姐洗手，二姐执着四姐的手说："你的手最像妈的手。妈活着的时候，我每天都给妈洗好几遍手，妈手上的掌纹我都清清楚楚。"三姐对母亲生前的语言天赋记忆犹新。母亲病危时，三姐和二姐常给她擦洗身子。有时母亲极不耐烦，就对姊妹二人说："颇烦死我了，洗这么净干啥，难道你们要抬着我去接见外宾吗？"棺木做好后，母亲突然盯着三姐的眼睛问："棺材做好了吗？""做好了。"三姐回答。母亲又问："那为啥还不把我往棺材里面装呢？"三姐哭笑不得。母亲病重后，二妈的姑娘师有仙一直伺候母亲。由于有仙姐耳聋，往往由于听不清母亲说的话而伺候不周母亲，母亲有天晚上背着有仙姐，对身边的二姐和三姐语重心长地说："这个女人(指有仙姐)不寻常、不寻常！"痛苦恒恒的母亲在病痛折磨得有气无力时，尚能清晰地说出《沙家浜》中刁德一评价阿庆嫂的话，其幽默和睿智由此足见一斑！

母亲早年苦练过毛笔书法，能写一笔颜、柳、欧兼善的遒劲而隽秀的毛笔字。可惜我们姊妹手中今天连母亲写的一个毛笔字都没留下。万幸的是，我整理母亲遗物时，意外地翻捡到了母亲生前书就的几页钢笔字。那是母亲写在一本旧式日记本上的账簿。书写时间是1988年初，内容是母亲详细地记录我结婚时各项花费的账目。一笔一笔，非常清楚明了；甚至买一盒火柴，买一块香皂、一条毛巾的账，母亲都记得一清二楚，尽管是毫无文采的枯燥的文字，日记本上母亲那刚劲有力、娟秀生动的字迹仍呼之欲出、灵动飞扬。

我会永远珍藏母亲的这本硬笔书法手迹。

行文至此，我尽管拉杂了以上冗长而苍白的文字，并不是向九泉之下的母亲和尚在人世的老父表白，更不敢有半点表功之意。我只想向二老表达自己和其他姊妹们最诚挚的心意：母亲，我们永远爱您；父亲，我们永远爱您！

因为，没有您二老，就不会有我们姊妹6人，更不会有我们6人的今天！

知恩图报。人不能光为自己活着，很多时候，人都在为别人努力地创造着一切，又忍受着一切，比如父母多年来对我们无微不至的关爱。当我们经历了这次刻骨铭心的生离死别后，我们深深理解了父母对儿女的爱。同时，均为人父母的我们姊妹6人也深感肩头责任重大：倾尽心血抚育我们的下一代，让他们像我们一样无怨无悔地生活在这个美好的世界上。

我们可爱的孩子们：奶奶(姥姥)在天之灵会永远保佑你们，因为她像爱我们一样永远爱着你们！

父母亲大人，你们是我们心中永远高耸的丰碑！

**实例18《祭母文》(杨国器代写)**

我们怀着万分悲痛的心情，沉痛悼念您——敬爱的妈妈。

公元某年某月日，春分初逝，清明在即，妈妈久病卧床，生命处于垂危之中，时至下午五时三十分，妈妈心脏停止了跳动，与世长辞，终年八十岁。

苍天起霹雳，举家动哭声，谁能相信，谁能相信啊，我们的家庭——您的儿女们蒙受了如此巨大的不幸，妈妈竟然给我们留下了悲天怆地的伤痛。

哭别妈妈心欲碎，灵柩侧旁洒满泪。明天，敬爱的妈妈就要别家西行，在此启程之前，儿×率合家孝眷人等，谨跪灵前，为您老人家举行家祭，为您西游饯行。哀哀忆深情，怜别诉衷情。

敬爱的妈妈，您的一生是艰苦创业的一生，勤劳俭朴的一生，翻开家史哪一页不是妈妈的汗水凝成，回首往事哪一程不记载着妈妈的丰功伟绩？八十个春秋寒暑啊，你是妈妈最好的见证。

敬爱的妈妈，您是一个苦命的人，又是一个坚强刚烈的女性，人生征程万里，您踩着荆棘人生，中年丧夫，三十八年守寡，旋即次女亡故，当年在接二连三的天灾人祸面前，您把伤痛窝在心底，把眼泪咽进肚里，掩埋了亲人，重新挑起拉家带口，拖儿带女的艰苦重担，几十年中，您咬紧牙关，与贫困潦倒的命运抗争。

敬爱的妈妈，此时此刻，跪在您的灵前，当年的往事，您的恩德，一桩桩、一件件均历历在目。妈妈是一个通达事理，尊老爱幼，恪尽孝道的慈善母亲。对爷爷、奶奶您是一个孝敬的好儿媳，对爸爸您是一个贤惠的好妻子，对儿女您是一位慈祥的好妈妈，对孙辈您又是和蔼可亲的好祖母。爷爷、奶奶晚年正值上世纪六十年代，国家处于特困时期，华夏大地，饿殍遍地，覆盆之下，焉有完卵，家家户户，饥寒交迫，为使爷爷、奶奶吃饱肚子，喂汤喂饭，送汤送药。爸爸生前是公务人员，先在定西、后到杨稍，最后在瓜园任教，每月四十四元工资，四十四元工资啊，要养活一家八口人，多难帐啊，为了维护家计，妈妈，抽空打工挣钱，挖管沟铺管道，扛棉花包，不管酷热严寒，一天只挣几毛钱啊，妈妈都从不叫苦叫累。爸爸从公，每周只能回家一天，吃吃喝喝，缝补洗刷，忙里忙外的家务活完全由母亲一人承担，以此来支持爸爸的工作，对子女孙辈，妈妈的恩德似阳光雨露，滋润着每个人的心田。从呱呱坠地，擦屎擦尿，怀抱襟搽，到稚童上学，穿衣吃饭，头疼脑热，灌水喂药，都凝结着妈妈的心血，姐夫鱼化龙，五岁丧母，失去母爱，是苦水泡大的孩子，是妈妈把慈祥的母爱给了姐夫，把他当做自己的亲儿子，吃饭穿衣，帮带外孙，无微不至。军花刚生下后，一次因感冒抽风，给孩子看病，是妈妈冒着倾盆大雨，趟着没膝的深水，抱着军花往诊所寻医疗病。1985 年，二姐不幸去世，留下燕燕和平平两个女儿，大的六岁，小的五岁，是妈妈，把姥姥当做娘伸出慈祥的祖母之手，将两个外孙女，揽在怀里一直抚养成人，上了高中。2002 年，妹妹树花因病进京住院，也是妈妈将柳玉柳聪两个外孙叫来，吃饭穿衣，关心备至……妈妈啊，是您，奉养先祖尽孝心，哺育子女拉孙孙，拉了家孙拉外孙，不辞劳苦鬓扮白，一代代育栋梁，是您，生命不息，辛劳不止。

敬爱的妈妈，半生的困境使您养成了吃苦耐劳，勤俭持家的好风尚，您老人家一辈子想着别人，却从来不想自己。解放初期，为了维护家计，家中开着磨坊，给别人卖白面，自家黑面，光每天起早贪黑地淘麦，终于使您得了搐麻病，双手弯曲难伸展，您却全然不顾，家境困难时期，家缺隔夜粮是常事，大逢月底粮不够吃时，您就东求西借，即使杂粮也不能果腹，十分选一做一顿齐花饭，您总是把稠的捞给子女们，自己却清汤寡水，算一顿，有剩饭，吃一点，没剩饭，您说："吃饱了。"您经常空着肚子为儿女。妈妈呀！此时此刻，您的儿女子孙们跪伏在您的灵前，仰望着您的遗容，用流泪和悲伤追思您老人家的身行和教诲，心里铭刻着您老人家留给我们的光辉典范，勤劳、俭朴、忠厚、爱人，多少个雄鸡报晓的春晨，多少个月光辉映的冬夜，您总是用您辛劳的汗水来换取家庭和后辈子孙们的幸福和康宁。

敬爱的妈妈，您从来都是一个识大体、顾大局并热爱公益事业的人。您虽没有文化，平时却总是言传身教，教我们拥护共产党，热爱新中国，时时以大局为重，上世纪八十年代，中越边境战争紧张，您毅然送次子柳林参军，保卫边防,报效祖国,当儿子在老山前线的猫儿洞驻守,时时牵挂着妈妈的心,妈妈总是彻夜不眠,时刻期盼战事早日结束,烽火连三月,家书抵万金,您无时无刻不不在打探小儿在前线的消息。儿行千里母担忧啊!何况是战火纷飞的前沿阵地。1976年初,国家号召上山下乡,你又毅然决定送儿女下乡参加劳动锻炼,但逢大事,妈妈从不含糊,这充分体现了一个中华民族忠厚母亲,顾全大局的高风亮节。

敬爱的妈妈。您生前经常教导我们要和亲睦邻,联系群众,并以身作则,身体力行,多年来,无论隍庙巷里外远亲近邻,您性格温和,平易近人,都是与大家和睦相处,从来没和别人红过脸,吵过嘴,无论谁家有婚丧大事,您都主动上门,勤奋代劳,无论谁来借东西,您都尽量满足帮人,不求回报,是妈妈的一大风格,您的豁达大度给我们留下了难以泯灭的榜样。您非常热爱公益事业,无论家里忙闲,只要集体有事,大家有求,您都是积极参与,打扫卫生等等,把别人的困难当做自己的困难,看到别人住房困难,您首先腾出自家的空房子让别人住,隍庙建楼,您自告奋勇义务做饭两年之久,您的优秀品质受到了远近亲朋的肯定,您曾两次被选为城关镇人大代表,您走到哪里就把乐善好施,助人为乐的好品格带到哪里,甚至您去北京小住,也与姐夫、姐姐同楼邻居们和谐相处,并帮助他们给他们的孩子做衣服。

敬爱的妈妈,您从十六岁进柳家门,吃尽千般苦,您像一头老黄牛,只知耕耘,不讲获取,尊敬前辈,相夫教子,拉儿育女,施恩孙辈,您真是一个"敬祖忠贤,已达孝于祖上,治宇敦厚,且布恩在宇下"的贤妻良母。

妈妈病日,惊动了同族及众多乡邻、朋友和同事,有的亲临寒舍问暖,有的在街头巷尾探询病情,侄男个女,更是朝朝夕夕安抚在病榻之前,我们衷心感谢诸位乡邻和同事好友的关心。没治好妈妈的病,真使我们终生遗恨。

月有阴阳圆缺,人有悲欢离合,此事古难全;

妈妈深恩高云天,寸心难报三春暖;

妈妈将后家贫富,清明年节送纸钱;

妈妈的良操美德与日月同辉,妈妈的高风亮节与山河同在,

敬爱的妈妈,您安息吧!

**实例19《祭母文》(陈宗贵　陈宗敬)**

呜呼!天有不测之风云,人有旦夕之祸福。就在母亲六十七岁上,因操持家务,家中用电出现故障,请人帮修时,电线意外坠地,而殃及母亲,终因抢救无效,撒手人寰。悠悠苍天,曷其有极!而今庭院凄落,父亲孤卧床头,儿孙披素垂

泪,亲朋感而悲之,睹物思亲,件件伤情。

回顾母亲一生,人格若同腊梅,坚强独立;人品又如幽兰,宽容忍耐。为人女者,上牵高堂,下恤弟妹;为人媳者,扶左携右,恪尽孝道;为人邻者,温言低语,和平宽厚;为人妻者,患难与共,贤淑温柔;为人母者,养儿成人,教任成器。

叫一声母亲大人!您知道不知道您在儿女心中多重要,不管儿女走到哪儿,只要想起您,心里就暖洋洋亮堂堂!您知道不知道您在父亲心中多重要,为了您,父亲洒过多少泪!如今正是您与父亲相携相伴的时候,您怎忍心抛下父亲孤苦伶仃,空房守孤灯,孤灯照孤人,孤人倚孤枕!您知道不知道儿女多爱您!父亲多爱您!

在艰难的岁月中,您没有弯腰,父亲干公家事,您从不让父亲分心,照顾抚育我们,您为我们这个家,东奔西忙,劳碌三伏天,缝浆五更夜,辛勤种地,犁锄割碾,锅前灶后,样样在先,未曾清闲。我们深深感到,母爱是多么的忘我,是多么的深厚旷远!

在村子里,您的口碑好。您尊敬长辈,和睦四邻,谁家一有大小事,您都乐意去帮,人缘好,乡亲都很尊敬您。您每遇穷人乞讨,甚是同情,尽其力,分其食,行善济贫,心肠如菩萨一般。

在您六十七年的生命中,最大的快乐莫过于让我们能长大、成人、有出息。您爱我们一世,从未有歇。您的爱博大精深,您的爱无微不至,您像一团炉火,在寒冷里温暖着我们的胸膛;您像一盏明灯,在黑夜里,照亮我们前行的脚步;您用双手连同您那缕缕白发织成我们远航的征帆;您无私地用耗尽的心血,化成了浇灌我们成长的雨露。母亲,您是一部读不尽的母爱大书。

作为母亲,您已尽力了。您把天底下最宝贵的东西,全部交给了您的儿女,而您自己却熬尽了人生最后一滴油。能拥有您这样一位母亲,这是我们做儿女的幸运,是我们的福呀!

母亲去了,但母爱永驻。而今,我们虽不能报答母爱之万一,但我们要用母爱的这种精神去照顾父亲,爱抚后代,用这种精神去拥抱生活。这样,母亲的在天之灵,定将发出殊心的一笑!

厚德载物,我的母亲也!

祝母亲大人,一路走好,母亲大人安息吧!

哀子:陈宗贵 陈宗敬 泣血叩祭

戊子年八月十一日

实例 20《祭母文》(平之代写)

维

丙戌年七月廿一日,家祭之吉,孝男兴龙等率家中大小人等,谨备清酌庶馐之仪,致祭于新逝慈母之灵前,悼之以文曰:

七月十六子时,母亲溘然长逝,举家哀痛,亲戚悲伤,儿女五内俱焚,悲不堪言。

母亲,苦命人。东湾瓜园展家,姊妹六人,她是老四,自幼勤苦懂事,父母放心。妙龄适父,不嫌家贫,谨尊妇道。母亲到我家时,祖父祖母皆在世上,那时我三叔大姑二姑还小,一门七口,在一起搅勺。母亲除了侍候老的,还要照顾小的。家境贫困,持家勤慎,事无巨细,井然有序。祖母卧床八年,羹汤亲调,护理周到,一直侍奉终了。

困难时期,母亲在县榨花厂做工,因公左臂残废,本以享受公家津贴,却因父亲蒙冤,受到牵连,被下放回家。

在艰难的岁月中,母亲没有弯腰,父亲干公家事,她从不让父亲分心,一家多口,仅靠父亲微薄的工资维持家计,更凭母亲伤残之躯,照顾我们姊妹五人,襁褓中的我们,都是母亲用一双伤残的手拉扯大的。她抚育我们好辛苦,手使不上劲,就用牙咬起衣襟给我们乳奶,等到我们稍微大一点,就出去找些副业干,以聊补家庭开支。母亲为我们东奔西忙,早出晚归,不辞辛劳。我们深深感到,母爱是多么的忘我,是多么的深厚旷远。

母亲虽没有读过书,但天理皆通。她教会了我们怎样做人。在她眼里,我们就是她的生命,就是她的希望。她说,我没有读过书,但我知道读书后,人有出息,只要儿女争气读书,我做母亲的再苦再累也觉心甜。记得,我们放暑假,她就带我们去拉垃圾,去山里挖柴,摘枸杞果,她自己还去掏厕所,挣些小钱,补贴家用,母亲拉扯我们,不遗余力,母亲殷殷之心,我们做儿女的,永世难忘。

母亲苦命一生,劳碌一生。在她六十五年的生命中,最大的快乐莫过于让我们能长大、成人、有出息。母亲爱我们一世,从未有歇。她的爱博大精深,她的爱无微不至。她像一团炉火,在寒冷里温暖着我们的胸膛;她像一盏明灯,在黑夜里,照亮我们前行的脚步。母亲用她那伤残的手,用她那缕缕白发织成了我们远航的征帆;母亲无私地用耗尽的心血,化成了浇灌我们成长的雨露。母亲是一部读不尽的母爱大书。母亲即使走到了生命的尽头,她还睁开双眼,淌下了两行慈爱的泪水,滴成了我们人生旅途上的思念与牵挂的溪流。这泪的溪流是我们刻骨铭心的难忘;这最后一眼爱的目光,使我们终生受用无穷。

母亲去了，母爱永驻。如今，我们虽不能报答母爱之万一，但我们要用母爱的这种精神去照顾父亲，爱抚后代，用这种精神去拥抱生活。这样，母亲的在天之灵，定将发出殊心的一笑！

厚德载物，我的母亲也！

伏惟

尚飨

**实例21《祭母文》(永军)**

风摧慈竹，霜萎灵萱，悲声声，泪涟涟，慈母走完八十九载的人生历程，无愧无悔，安详平安地走了，永远地走了。回顾家母的如烟往事，风风雨雨坎坎坷坷，历历如昨，寸草此心，难报春晖，思之哽咽，潸然泪下。

母亲出东湾南头张府望族，自幼聪颖好学，谙练农家生计。后归府君伴，往守农村，操持家事养儿女六人，在坎坷与磨难之中，历经生活的风霜，以自强自立的毅力，不停地劳苦劳作，艰难地维持家庭生活，一点点在岁月的煎熬中逐渐复兴，直至子女成家，孙辈成人，方得以安享晚年。在清闲无忧之中度过了自己的后半生。母亲的一生痛苦与无奈并存，责任与重担相伴。忆昔日先祖父英年早逝，先父尚在襁褓之中，祖母拉扯一子一女艰辛成人。家父成年迎母进李门，开始了一辈子唯一平凡而伟大的事情劳动，在劳动之中母亲安身立命，相夫教子，养家育女，在劳动中永生，母亲用那朴实双手，写出了一部感人的巨著，让儿女们读懂老人的心，感悟人生真谛，踏踏实实地做人、工作、劳动、生活，走好自己的路。

人品是一个人立身处世的精神支柱，母亲安详如深山中的空谷之音，平和似夕晖里的大地远山，穷且益坚，裕而愈俭，以忙为乐，以勤为快，种德施惠，持之以恒，母亲一生点亮着自己这盏人品之灯，展现人生的至高境界，和以待人，惠以扶亲，慎以终身，宽以待人，与人和善，原本真诚，不存欺心，是为母亲风霜不论的生命本色，给家乡父老、姻亲好友留下了美好的回忆。

母亲一生吃了多少苦，受了多少罪，这些都如掠发一般，在岁月中一一掠尽，但永远也抹不走她心中坚忍不拔、吃苦耐劳的精神，不论是年年月月，农事重担的磨难，“文革”中挨斗挨批时对光明的憧憬，一个历经坎坷与磨难的人，从没有说过一句怨言，以坦荡的胸怀宽阔笑对人生，遇事想得通，看得开，体现出了老人家生命的丰富内涵与尊敬。

人生有涯，岁月无情，正当老人家安享晚年的时候，母亲原本硬朗的身体，日渐憔悴，精神不复以往，弟妹家人虽竭力侍奉调养，仍每况愈下，生命危浅，一步步舍儿孙而去，终撒手人寰，归于安乐之界，从此芳魂渺渺，永隔幽明，吾辈报恩之意难以为继，仰望苍天只能在心中默祷慈母在上且受不孝儿一拜，唯祝慈母在天之灵安息。冥冥中佑子孙幸福安康，家道中和绵长。临悼缅怀几多悲伤几多忧愁之种种，其间万千，皆伤以落泪，德有报而人有归，言无穷而泪无尽，哭文断续，泣不成声，谨以此作为纪念。

永军　叩祭

×年×月×日

**实例22《祭母文》(萧萧眉儿)**

人常说，春风最是有情物，春风过处，万物萌生，草长莺飞；而如今，春风却是最无情，一夜风过，杨柳伤怀，草木含悲。

追忆往昔，慈母音容尚在，家中欢声笑语，慈父健步如飞，儿孙堂前绕膝，其情其景，历历在目；再看今日，母亲撒手人寰，庭院凄清冷落，父亲孤灯独坐，儿孙披素垂泪，睹物思亲，件件伤情。

叫一声母亲大人啊，儿女尚未百年尽孝，娘亲尚未安心承福，可怜您数朝卧病，而今撒手竟长逝，只享春秋六一！

回顾母亲一生，人格若腊梅，坚强独立，体弱志高；人品如幽兰，与世无争，宽容忍耐。为人长女，上牵念高堂，下体恤弟妹；为人长媳，扶左携右，恪尽孝道；为人邻里，温言低语，和平宽厚；为人妻，患难与共，贤淑温柔；为人母，养儿成人，教儿成器。慈母虽去，德望犹存，诚心感上苍，爱心感亲人，孝心感高堂，善心感乡里。

对待上帝，母亲有诚心。母亲自一九九零年信仰基督教，十四年来，表里如一，从无二心。坚持早起祷告、睡前祷告、饭前祷告，儿女归来，母亲必然会翻开《圣经》，选出一些教人增强信心、宽容待人、学会忍耐、关爱他人的章节来读。到如今，儿女几人包括五六岁的孙女外孙，都会唱几首赞美诗，会背主祷词。在母亲的影响下，父亲也加入了基督教，儿女们在各自单位上为人处事均按母亲教诲有理有节、诚善待人。想当年，母亲虽然体弱，但无论严寒酷暑每逢星期天，必然步行十几里去教堂做礼拜，后来，为了不耽误礼拜居然拖着病弱之躯学会了骑自行车。母亲的信心和毅力，让多少人自愧不如！现在，面对着母亲曾经翻过几百遍几千遍的《圣经》，不由得儿女们泪满衣襟。万能的圣父圣母圣子三位一体的神啊，我们儿女三人感谢您十四年来让我母亲精神有寄托，思想得充实！我们儿女三人也要怨您给我母亲升入天堂路上设置的考验太严酷，让母亲饱受病痛折磨！我们儿女三人还要恳求您在天堂里给母亲安置一片最美丽的净土,让她永远快乐、幸福、健康!

对待亲人,母亲有爱心。母亲生前最牵念的是她唯一的儿子,儿子从小体弱多病,医院里进进出出,几次差点路近黄泉,可怜原本就体弱的母亲,流干了泪,揉碎了心,终于把儿子拉扯成人,还有了心灵手巧、聪颖懂事的小孙女。叫一声母亲大人哪!您的儿子家已成业已立,还在西峰买了一百多平米的大房子等您去住,您怎么就这样匆匆忙忙地走了啊!永远忘不了我们小时侯生病时您烙的鸡蛋饼;永远忘不了小时侯儿子女儿打架您让我们写下的保证书;永远忘不了年年您让父亲送上庆阳的您亲手种的蔬菜水果;永远忘不了我们回到家时您坐在台阶上给我们剖核桃;永远忘不了您做的糊汤面片和面辣子;永远忘不了您坐在热炕上温言软语地和儿女说话……叫一声母亲大人哪!您知道不知道您在儿女心中多重要,不管儿女走到哪儿,只要想起妈,心里就暖洋洋亮堂堂!您知道不知道您在父亲心中多重要,为了您,父亲洒过多少泪!如今正是您与父亲相携相伴的时候,您怎忍心抛下父亲孤苦伶仃,空房守孤灯,孤灯照孤人,孤人倚孤枕!您知道不知道儿女多爱您!父亲多爱您!乡里乡亲多爱您啊!

对待高堂,母亲有孝心。祖母近几年得了老年痴呆症,大小便不能自理。母亲生前虽因体弱不能亲自服侍,但每隔一周必然让父亲去为祖母换洗衣裤被褥,每逢乡里有集必然让父亲为祖母捎一些可口的食物,每次儿女回来必然嘱咐我们提些绵软的吃货去看望祖母,母亲还常把儿女孝敬给她穿的宽松舒适的崭新衣裤送给祖母穿,说是自己还来日方长,甚至母亲在病重之际,也不忘叮嘱儿女祖母来了就拿些吃的东西给她。叫一声母亲大人哪!外祖母尚且健在,还多次打电话询问您的病情;祖母虽然人已糊涂,但总忘不了每天几次来家里找您问您。而如今,白发高堂尚健在,灰发娘亲已升天,叫人怎不哭断肠!

对待乡里,母亲有善心。早年母亲从单位病休回乡后,在村里开了一家诊所。多少个月黑风高的夜晚,乡亲叫母亲出诊,母亲虽是多病之躯,却从不推诿;对一些家中经济困难的病人,欠钱或久而久之不给钱是常事,母亲从不催要,以至于药房无法继续维持。已经记不清母亲把多少衣物接济给邻里弟兄,已经记不清母亲给教会里奉献了多少钱物,对那些上门乞讨的乞丐,母亲不仅给吃给喝给穿,还给备好几天的食物让他背上。母亲病重之际,来看望的不仅有亲戚故友,更多的是母亲生前接济过和看过病的乡亲,来人无不饮泣而来,掩面而去。

母亲临终时,心中放不下外祖母,让父亲将她先去之事瞒着外祖母,逢年过节替她去看望外祖母,每到耕种秋收前去帮忙安顿;放不下远在新疆打工的大舅,让父亲不再讨还大舅借去的四千块钱,还让父亲帮大舅留在家乡的儿子筹备操办婚事。

母亲生前的月退休工资仅有三四百元，但母亲竟攒了18 000元的私房钱。母亲临终前嘱咐,将来三个孙女外孙长大考上大学后各奖励1 000元;6 000元做她的丧葬之用,不拖累儿女;剩下9 000元留给父亲照顾外祖母及日常花销。

哭一声妈,可怜您一生良善,临了却饱受病痛煎熬,如今您已在天堂安歇,愿您永远健康!

叫一声妈,儿女的福您已享不上,父亲也不能再像从前一样照顾您,愿您自己在天堂多保重!

喊一声妈,儿女的生活事业都蒸蒸日上,儿女会全心全力照顾好父亲,愿您安心在天堂过好日子!

妈,一路走好,一路平安!

三儿三女泣血敬上

公元二零零四年公历五月十三日(阴历三月二十五日)

**实例23《沉痛哀悼祭奠我敬爱的慈母》(残者清风)**

母亲如江流一往不复!绝尘而去,"人面其身赎不回"!

蒋经国哭其母:当年子别母,母含十年苦,如今母别子,子恨无尽时。

记得母亲每每在电话中不厌其烦(而我厌其烦)地叮嘱我说"你可要有个思想准备,你妈可不延年了!不定哪天呢。"结果她自己定了:那天。零七年元月十七日上午八点五十六分，无端亦无情地结束了我的因有其德泽后人的母亲而傲视同群的惯念,母亲昔日所言竟如约而至。女婿进门后脸上红白交替地光叫妈并无它词,我问:"有事啊?"点头。"你俩闹气啦?"摇头。"她病了?"摇头。"你怎么也得说呀!"于是他用了根本不会令人以为听错了的口吻吐出四个我永远也不要听到的字:"姥姥没了。"心一大沉,无异于巨石击卵,无奈我的"每临大事有静气"的习性依然左右了我:"怎不给我打电话呀?""我们也不知道。"他人已啜泣。

萨克雷说:在孩子的嘴上和心中,母亲就是上帝。天那,我的上帝没有了!心颤肝颤腿颤浑身连颤母子共颤地坐上在外面等候的他来时打的的,感觉时间过于缓慢地来到家门口。"活动站"前路陡,的不进、我不走,背时,娘俩颤抖得像一个合体的大头娃娃,我惶悚至极、无奈至极,唯恐从他头上猛然来个倒栽葱！如今这个年龄、这个体重，我已栽不起跟头。于拐弯处刚一露头时便有邻人相助救驾上楼。俯在孩子背上，挑帘入门时双眼急切寻娘，及至目光落在她平日原床上、原被中时，发现母亲个儿已显得过于小、腹过于高和人过于静，是那种无奈的静默，让人过多久都会"一度思量一断肠"；一眼望知已没有了生命体征。我忙上前哭唤，据说若能叫回便在此时，一片阒迹。母亲的表象跟睡熟了一样，但往日她睡得不管有多么熟，总是能唤醒的，而这次不能，跟熟睡了不一样；瞬时便知晓了生与死间的咫尺天涯。触摸其肌肤，那凉与人体之冷泾渭分明。久握其腕不忍弃，知其此后再无缘。此刻方知以往所听说的"如丧考妣"是个何等滋味！敢情是天下第一烦那！老娘在完成了她的一生夙愿后撇下了繁琐的家务及过于娇宠的儿女，撒手人寰。是一个不容商议的去向，一个不可扭转的事实。我妈可不会休息，她只在此刻才迫不得已地安息了。陡添了全家每个人等份的痛苦，一个也不放过！她只在夜深里静静地睡去，以多少人羡忌的方式寿终正寝了。一个子女也未得见、一句话儿也未曾留！但是她是闭着眼走的，这一点我着实注了意！她是瞑目的！走得很安详。她面向右侧，表情斯斯置置、极其舒展且胜于生时。病了几十年的母亲竟这样没讨扰子女一天地走了，走得这么急促，亦如她往日之干活，走得这么清爽，亦如她素常之穿衣、办事；走得这么无求于人，亦如她一世的生活。

我是到得最晚的，人们待我到后便去叫灵车，我若拦时又没有理由。灵车显得过于快地就来了！于是母亲被人像搭什么物件似的放入她最不喜欢的颜色——黄色的袋子中，拉上拉锁，我感觉母亲由此受到了被侮辱人性的漠视！抬起时人行一步我唤一声，人说这是最后的一点希冀啦，此刻不唤更待何时？事实证明了反魂乏术的我，反魂乏术。我在楼道没能追上人，因此没能看到母亲的后影儿，内心感到莫大的亏空，于是歇斯底里、于是抚膺顿足。此刻便为哭送亡灵，而不是往回招魂了："妈！妈！你走好！走顺啊！妈……"我不知叫了多少声，只是觉得没叫够、叫不够。我其实在心底里是极坚信母亲定会走好最顺的，作为一个普通的农村妇女，她已于家内外做到了通达之至。一生都在付出，从不索取。就是在生命的最后，都用她极轻灵的离世免去了我二十几载的只恐清风吹得玉质消的惊惊颤颤。泰戈尔说："一个人到了忘怀得失的时候，他实际上已真有所得。"试问苍天为何如此造化，又为何吝啬地将其收回？啊，母亲去了，《世上最疼我的那个人去了》，《人鬼情》就是这样未了地了了。

当天晚上，我执意要躺在母亲的床位上，我自欺欺人地以为母亲的体温尤存、那无私的母爱尤在、那过去了的连床夜话尤可。人去楼空的屋子里一片冷寂、一片狼藉。靠近衣柜边的地上,堆放着已没有人再需用了的、显得多余了的和好像压根它也没起到多少作用的数袋中草药和散落在草药边的虑药渣用的白色小笊篱,桌子上摆放着厚厚的一沓子母亲近年来的病例。多少年来为了盘活一个“贫贱夫妻百事哀”的家,母亲为我们操碎了心肝脾胃肾,她整个的思维就像钟摆一样永无停歇。三十岁上下就患有高血压,四十几上便得了心脏病、脑栓塞、胆结石,多年的用药使她患上了糖尿病,并发成左肾萎缩、右肾肥大,去年六月照片子为:左 8.35×3.78,右 12×7.86。病急乱投医后,母亲抱了极大的希望于十二月又照片子为:左 7.1×4,右 12.4×7.61。我想此次的片子可能给母亲打击不小。每日的中药、西药、各种药,以及家中的一切琐碎使得她太累了,她要歇歇了,在她认为可以歇的时候(儿女们一切均已落停,三个孙儿已年进三十岁、二十五岁、二十岁)歇息了。她为我们劳作了一辈子,现在我们业已停当,妈走了。我想对母亲说的是:我们不求你继续劳作,只是愿你含饴弄孙、膝下承欢。但就眼下她的身体状况而言,我们苛求她活下去确有些勉为其难。全家人往来穿梭乱作一团,“但使龙城飞将在”,我家何有尴尬时说是三天后方可归整,啊,天那,这些物品竟然代我母亲陪着我度过了漫长的三天!我好像永远不能接受这个事实,大概是平日里在心中早已把母亲神话了,以为是超然物外的一个不能离去的神灵。默默流泪到天明后,一睁眼哎,怎么还没妈呀?于是继续雨泪纷飞,心急火燎地企盼着能够再见最后一面的后天。

十九日清晨我们去向遗体告别时,天色略显微沉似有些潮意,亦似在悼念亡灵。不会儿即变得风清气爽,升起一轮款款朝阳!母亲在十七日三九天里故去,我们一行十七人(因母亲在不惑之年即认为自己会过早地一命归西,于是过早地嘱咐了我们:只接受众芳邻的情意,不接受人民币)在四九天里祭奠,天那,有谁见过这样的三九四九天那?真乃大好特好也!我感觉母亲此去既如归隐山林亦或遁入空门。

母亲在那冰冷的太平间里孤独地度过了两夜后,气色已又不如昨,可说是已没气没色。虽已经过化妆也俨然是与我无涉的一巨僵尸。向遗体三鞠躬告别时,我在心里强化:此即是彼。乃至女儿抱回骨灰,母亲又变到了盒子里,这么变来变去的就把个好端端的娘给变没了!这叫的惯惯的以后可没的叫了!因我没有去火化厂未亲历始末,便侥幸心存别念,误以为在远方仍有一位活生生的母亲宛在。只是不再顾及我们的衣食住行了、任其爱咋咋地了。

我将母亲的遗骨静默地带回家中,在灵前排摆香案,在那三柱清香袅袅的烟雾中,一对祭奠的白烛燃起来了!“蜡炬有心还惜别,替人垂泪到天明”!跳动的火花映着母亲的那仿佛继续深知我心的遗像，原来母亲在不经意间已老得让我不认识。那是前几年居民委员会免费为七十岁以上的老人们化妆照的彩色照片，先人手一张，再夫妻合影，我那倔爹岂容别人摆布，使得别家的三张到我家变作一张。人们说，化妆的成功在于嘴唇欲笑而未笑；于是母亲就给我们留下了如此一张模样比官好、德行比民高、即慈祥又严谨、相面上说喜相即喜相（向她俏皮时她即喜气盈盈）、说苦相即苦相（我泪眼迷蒙时，她的遗像似在潸然、似很动容、又似在劝慰）、富富态态的近乎完美的遗照。望着那裹在大红绸布之中的雕花附风的绘漆彩盒，我在心里疑惑：这里就是妈？这就是自己日思夜想的亲妈？妈怎么会在这里呢？妈应该是在身边促膝谈心的对象啊！而那里有多么憋囚啊！曾几何时，自己费尽巴趔地跑回家去奔丧，此刻已无须再去那儿，此刻已无须再去哪儿！晚上我陪着母亲睡，感觉只有这样我才睡得踏实，就像幼时睡在她的怀里，我觉着自己亦或是在反哺。这回可和妈不分开了，妈被自己垄断了……

近年来，母女极难相见，因为娘俩已将“老弱病残”四字占全，都属于“泥菩萨过河——自身难保”类型的。我已感觉与母亲聚日无多，曾三闯连营：04年4月21日闯营未遂，05年5月26日又未遂，06年5月15日不容商议地即闯即宿了一宿，不想那一晚竟成为母女们几年来唯一的《子夜》，6月半侄儿的婚宴竟是我们娘俩《最后的晚餐》。一打电话她即忙，于是就发生了永难弥补的憾事。攒足了的五车话只有付诸东流，而平日里我与母亲的共同语言极多，话题也极广泛，最无补的就是想告诉她“魏强”、“小嘎子”还活着，以及要告诉她我们共同的熟人雪、明、珠的事，对此已是极无奈了。本周一极想与母亲通话，告知了三件事：一、猪肉解禁，二、某事成功，三、问是否看了元旦七天的相声（极想让她看到“德云社”的何云伟的表演）。母亲说没空聊，隔一分钟又打来说忘记了一句话：“往电表里插卡须停一分钟。”我说：“知道，头一次我是拿了闹钟看着插的。妈，多聊会儿吧？”“哎呀可不行，药锅开得哇哇的！”我口里和心里同时极不情愿地说：“那好吧。”于是就此挂断了天地机缘！不想这竟是我听到的母亲的最后一句话，依是那么干脆利落、声音不减当年响！有谁知事隔一天就会让人悔上一辈子呀！生活真是和作品一样，事情总是发生在意想不到的时候，世事真是难料啊。以为前夫能离我而去，而娘不去，而今娘亦去……后来得知母亲在挂断电话后的第二天，竟自己动手擦了三个大白萝卜丝，并炸了面片儿，蒸了如是多的素馅大饺子！而大夫早已不允许她动手做饭。我在母亲那儿寝食俱废后，人们从冰箱里拿出来一小盘剩饺子，这哪里还只是饺子，这简直是金子呀！四个饺子被人们留来留去、让来让去地吃了两天！仿佛母亲与我们两日并存！冰箱一隅的一小花碟中竟还留有一小口母亲前日炒的麻豆腐，我素不沾那东西的，而此刻人们宽容地把它留给了我，我感恩地把它吃光，不想那残羹冷炙，竟好于以往母亲炒的刚出锅的热热乎乎的！我似在咀嚼、品味母亲的手艺，似在尽力多留它一会儿，知其再无重来之日。

“你躺在病床上有人她掉眼泪”，那歌词写得有多确切啊，记得幼时有一次我卧床发烧，睁眼一看，母亲正坐在我身旁掉眼泪，而平时她是极不爱哭的，当时我不解，因我都没哭。思想起当年因实出无奈而借宿同事家的那一夜，第二天母亲就白发陡添，精神上好像变了一个人，因我腿软自幼总易摔跟头，每个跟头都好像是摔在她心上。望着那摆满家中的母亲在早些年为我购置好的可用上几十年的日用品，双眼泪洗无停。没有如此肯作出终生牺牲的母亲，怎得残者今天风雨甘甜的人生！我默念着：妈如“春蚕到死丝方尽”，我似“蜡炬成灰泪始干”。娘的痛苦结束了，我的痛苦开始了，一颗心从此没有着落。我感觉人被一个剧痛压着，别的都相对减轻，可人若被失去母亲的剧痛压着，别的竟同时加重！当时在床头告别母亲的那个镜头可能是思想意识过于高度集中了，届时仿佛尚可，过后却一发无法收拾！望着我孝敬她的而她未舍得用又被退回的物品及一只戒指心如刀绞，抚摸着母亲的遗物就像拉住了母亲的手，戴上母亲的戒指又像母亲拉住自己的手，试问世上除了为人之母，有谁还肯将送去的退回？还有母亲在今年的国庆节时让女儿给我捎来的一包袖珍垃圾袋，(因我常用所以她多年备之)，这是母亲最后的释爱！她为我们耗尽了最后一滴心血！我去年买下的一大摞新被罩、新衣料，本来是准备让母亲各挑两块的，还有一件我专门为她买的夏天穿的小花坎儿，花色有多么适中啊！她竟都未来得及看上一眼。母亲一生没有吃过像样的饭菜、没有穿过像样的衣衫；她枉为北京人，竟没有逛过北京城！只在家人、外人的共同怂恿下才坐上厂里的汽车到过一次公园，在全家的押解下进过一次电影院还只因是看新凤霞的《花为媒》。试问苍天：我的母亲为何而来呀？不该吃的苦全尝遍，应该享的福未见着！三天三夜的白烛燃烧里，我哭了个天昏地黑！我认为此刻正与冥冥接壤，母亲是听得到、看得清的！娘对人的口头禅是“说真格的”，对我的口头禅是“老八向顾虑着”！娘啊，这回“说真格的”我可真得“八向顾虑着”喽！五十几年以来的一种如影随形的充实感没有啦！没有人肯再付与你如此任你宰割的爱！失去了方知原来母亲是上帝对我们最大的恩赐！她是你所有幸福的理由！过了几天女儿来竟然带回母亲在去世的前一天托她捎给我的07年的台历！啊，母亲最后的释爱在这里！

在这里！她春蚕到死丝未断！我蜡炬成灰泪不干！有人说世上有一部永远写不完的书那就是母亲。就此顺口编纂几句，愿母亲在天之灵笑纳：

敬献白发苍苍母，不孝之女断衷肠。如今愧为人之女，永世感叹你为娘。分明文盲不识字，反被人喻教导长。终生舍予无索取，所到之处响当当！八(个)月即弄嘴，一生口念账。十五入了党，二十做了娘，我三朝未满，娘抱雪里趟，因家有儿郎，时刻挂心房；幸遇好心人，皮袄裹身上。街坊一排行，统共十间房，一号打三号，母亲力挺扛；早逝二号郎，泪眼望着娘："妻儿交付你，点头我才亡。"四号窝里反，娘来方停当；七号骂六号，躲娘屋里藏；八号每每赞，夸娘处处强；九号儿切手，娘助其接上；十号断粮后，半碗饭共尝！每均分何物，须劳娘亲忙，人人满意后，自家少应当，带鱼两条欠，柿子少半筐。生曾为众人偶像，去亦神飞比人强！自此阴阳两相望，美谈千古永流芳！泣血叩首企盼那：来世再寻我的娘！

啊，我那俨然数九隆冬里一株"不为无人而不芳"的独放寒兰的母亲，标准的东方女性王淑兰女士永垂不朽、万古长青！！！

不孝之女清风泣血顿上

2007 年 1 月

**实例 24《祭奠岳母——献于岳母去世一周年》(佚名)**

今年正月初九，是岳母(讳)申玉兰一年的祭日，来到华峰的南岭，好像慈祥善良的老岳母还在村头迎接我们的到来，好像白发苍苍，勤劳朴实的老娘亲又为我们做饭，好像大爱无边，大恩无数的老太君，又在给我们说东道西。

去年的今天，我们还沉浸在小春节的喜庆中。忽然接到噩耗，岳母老了，犹如惊天雷，把我们震懵了，都急匆匆赶到华峰。岳母已永远闭上了她慈祥的眼睛。十个子女，一大堆孙子孙女、外甥，没有来得及给任何人留下一句话，就离开她平凡的 76 年尘世。

七十六年，是岳母风风雨雨的人生，是一个母亲骄傲的一生，是酸甜苦辣的一生。

一九三零年二月初三，岳母出生在同善河西的一个贫苦农民家里，一家人仅靠几亩薄田维持生计，苦命的岳母十岁就失去了母爱，姐妹俩与爹相依为命，几年后她爹再娶，她有了三个兄弟，又多了一个小妹子，幸运的是后娘对她姐妹挺好，犹如亲娘，邻居们谁也不觉得他们兄妹是一父两母，18 岁嫁与岳父后，家中仍一贫如洗，坚韧的岳母凭着顽强的意志，在兵荒马乱(1948 年)的战争年代里，与我岳父一家东躲西藏，从何家坡挑一担的家当，到华峰南岭的一孔小窑中安了家，就在这孔小窑中，她含辛茹苦地养育了何家十个子女，为子女盖起了九座新房，使十个子女成家立了业，就在这孔小窑中，何家几十口有过无数的相聚和欢乐，最后在这小窑中，我们送走了岳父和岳母。

今天我们怀念岳母，因为她是我们的恩人，是我们的亲人，是我们可敬的人，十个子女每个都受过老娘的大恩，每个人都有一本母爱帐，我最难忘的有十处。(1)1980年我与她的二女订婚时，我挺自卑，觉得自己兄弟多，三间破南厦，家中极穷，可岳母给媒人说，穷人家的孩子有志气，有文化的男人有出息，穷人不小看没钱人，她很快同意了我们的婚事，为此二十年来，我不惧三十里的路遥，五里的坡长，一年十次上华峰，一次不敢少。(2)1987年我转正后第一天，从新城先回到华峰，高兴地与岳母报喜交谈了三小时，岳母一直鼓励我："好好教孩子，就是积德行善。"(3)为使我王家长门有儿子，她很理解也同意我把两个女儿送给喜爱女儿的人家抚养，特别是送三女时，她既心疼又无奈要求我，"尊重人家养娘的意见，不要跑得太多，走得太近"。(4)1989年我有儿子时，她和对我3个女儿一样，招呼侍候了12天小月子，可她得了大病后，我们连一小时都未能侍候，至今觉得仍欠岳母的太多。(5)我建房时，岳母虽然未搬一砖一瓦，可她让丈夫和老三子苦干五个月，使我住上了新房，乔迁那天，她又领何家几十口，到我新居贺喜，可遗憾的是，我的新房岳母连一天也没住过。(6)每次逢年过节，来孝敬岳母后，朴实善良忠厚的老人，总要赠你一份小回礼，哪怕是十个熟蛋八个馍，还总要依依不舍地把我们送到村头路口。(7)最大的恩是，1958年7月小窑塌后，岳母一家4人被埋在里面，多亏母亲福大命大，保佑了一子俩女平安无事，当然，岳父的及早发现和无数村民的大力相救恩，今世报不完了。(8)我的父母亲1996年去世时，岳父母唤上何家十几口，跑几十里到古城祭亲家。帮女儿女婿料理大事，使我感动不已，暗想，若岳父母百年后，我必祭奠她们十年。(9)我的大女，二女上了大学后，贫寒的岳母每次都拿出50元私房钱，资助孩子早日成才，涌泉恩，孩子们还未以滴水相报。她们的姥姥却……(10)岳母博爱无私，施恩不图，安贫乐干，聪明简朴，积德行善，爱打不平，正直善良，轻财重亲，与世无争，与人和谐，这些好品质是无价的遗产，是留给所有子女婿媳孙甥最博大的恩情。

岳母对子女们太亲了，太善了，太好了，就连去世，也好像与天地合作，施恩亲人们：

大病不叫子女花一分钱，不让子女受累一天，还留了一千多元。正月初九去世，让大家过好了大年，也不误大家的正月十五。每年的正月还能让我们兄弟姐妹相聚,给她过周年带跑亲戚。

岳母的一生,是苦难的一生,少年丧母,老年失长子。是艰难的一生,年轻时缺吃少穿遇战乱,中年时女嫁儿娶事情多。是至孝的一生,敬老爹爱后母尊舅父,大年小节50载永礼奉。更是坚强的一生,再苦再累无怨言,甘为何家做贡献。也是平凡的一生,虽不识字心聪慧,四乡八邻称好人。还是幸福的一生,十双子女都孝顺,孙孙甥甥一大群,七十六岁中上寿,突逝未受一天怅,风和日丽天感动,驾鹤西游最隆重……

一个普通的中国妇女,一个平凡的垣曲百姓,一个贤淑的农村母亲,能得到如此境遇,真是母亲修到了,儿女们修到了。

岳母你放心吧,你的后代们会继承你的高尚品格,发扬你的善良品行,光大你的无私精神。把你报佑福荫的子女孙甥,个个教育成有出息的人才,把我们的人生修炼得更辉煌。

岳母,千古,永垂!

愚婿

**实例 25《祭父文》(佚名)**

幼,尝读袁枚之《祭妹文》,肝肠寸断。今吾父西去,心中戚然不已。且效古人作《祭父文》,诉丧父之痛,祭先父之灵。

父家贫,少时不曾进学。自学识字,通音律。年有十一,祖父逝,遂放牛为生,与祖母相依为命。而立之年,娶吾母,始有余兄妹四人。父勤母俭,家境渐丰。然天有不测风云,余九岁之年,母病。父携母就医他乡,母愈,家亦贫矣!双亲育吾兄妹,供吾等进学,艰辛之至。

父严而慈。余幼时,课有闲余,必随父上山劳作。渐知劳作之艰辛,生存之冷暖。其时,父常勉余勤学,余亦不负父望,小有建树。余二十有三成家,至此,别家数年。

今春某日,忽闻父体不适,曰:食有阻。遂携父就医,由县至省。医曰:此绝症也,已入膏肓。问其故。答:或遗传,或饮食,亦天命也……余心如刀绞,父一生劳苦,而今子女已成人,正逢享福之年,竟患此疾!病情不忍告之,遂与父言:无他,小恙耳,休养即可。省城杭州之西湖美矣,强作欢笑与父同游。窥父颜,思之,泪不敢流。即而返,食草药调之,参茶补之,而父日渐消瘦。父问何因,对曰:少食之故。父遂苦咽饭食,欲与病搏。然,终不能与病相抗。父乃机谨之人,渐知其病,知吾等之心,亦不言。心照不宣,各自心痛。然父刚毅,虽骨瘦如柴,亦不卧床。每日就药吞食与病搏,不忍大去……

吾等身在他乡，不能侍奉左右，唯父与母相依。半年有余，父言其病好转，日饭二碗有余。众人皆喜，此奇迹也！

余叹上天之不公，天命之无情！佳讯不过十日余，母致电曰：汝父不能言矣。惊问何故，母曰：前日尚好，晨起，言半句而哽。遂携妻女驱车回乡，心如火焚。至床前，唤之，父无知觉，鼻息尚存，针药挽之。医曰：恐不能醒矣，患此疾者多疼痛数日难忍，汝父竟不曾受此苦痛，奇矣！望父之容颜，泪如雨下。亲戚已备后事。午时，父竟悠然醒来，渐能言，不知先前之事。汤药能进，能起，食馄饨半碗有余。众人大喜，皆叹父之坚韧顽强。是夜，与父同眠，父不从。余心不忍，强卧父之脚旁，始见父之脚肿矣！想我父之一生，难以入眠。父子相伴至子丑之时，偶有交谈。凌晨卯时之初，尚闻父之鼻息平稳。卯时中，母至，唤父，不应。惊起，探父鼻，已无息，按其胸腹，体温犹暖，大声唤父，无答。医至，曰：已去矣！

天崩地裂……哭，再不能聆听父之教诲；奠，又不见父来食；纸灰烛光中，吾父安在？有来生否？当再为父子。有魂魄否？入吾梦来！

父走未满四十九日，天竟二降大雪。九泉之下，吾父尚知冷暖否？雪后春日将至，吾父能见漫山杜鹃开否？

**实例 26《奠父祭文》(王春茂)**

维

公元二零零七年八月四日晚十一时三十五分，岁次丁亥六月二十二日子时，家父因严重心脏肿大、房颤形成栓子，致右脑大面积脑梗，抢救无效，驾鹤西去。魂归缈缈，唯余桑梓，儿女撕心裂肺，痛心疾首，一腔悲情，两行酸泪，一时多少言语，竟不知如何诉说……

家父于一九二六年生于绥德四十里铺王家桥村，童年不幸，六岁丧母，家境贫困，孩提时即随祖父、大伯、二伯，一路乞讨落脚于延安市冯庄乡。长工为生，寒九三伏，衣不蔽体，食不果腹，过早的沉重体力劳动压弯了一个未成年人的脊梁。饥饱无着落，早压生活重担又缺少母爱的幼小的心灵，多少辛酸凄然！

十几岁时家父独自离家，只身来到了延安城，靠揽工为生。四七年胡宗南进犯延安时父亲参加了保卫延安的战争，随伍几经辗转为国贡献。现在想来，在那个战火纷飞年代，父亲的性命得以保全，也只能感慨人善天眷顾！

家父一生育有我们一儿一女，小时侯家中不裕，母亲又多病，父亲总是饥饿于自己，饱暖于儿女。那时侯家父在农科所工作，干的都是农活，是“挣工资的农民”。在那个艰苦年代，微薄的工资不足以养家，为了我们的温饱，勤劳的父亲就上山砍柴，下地务农，为家庭想尽办法竭尽全力。泪眼回忆，父亲这辈子从来就没有睡过一次天明觉。记忆中父亲也绝少给自己添过新衣,总是穿着缝了又缝补了又补的衣服,可对我们总是想办法尽量吃好穿好。追忆往昔痛在心头,食难下咽!

父亲没有文化,也没有什么高雅爱好,他就是劳苦大众中的普通一员,是天底下的受苦人。自幼饱尝苦寒,面对世间的纷繁喧嚣他无力应对!父亲从不求人,孤立无援。与世无助,于己无奈,真是叫天不应!小时侯常常听到他深沉的叹息和无言的绝望。一生与人为善,与世无争,忍辱退让,真切地做到了独善其身。

圣人云:"吉莫于知足,苦莫于多愿","夫为不争无忧"。父亲对生活易满足,一顿饱饭就能使他的嘴角浮起幸福的微笑,正是受他的这种知足精神的影响,早年生活的拮据并没有打倒我们,在经济贫困的年代,我们还有一个精神幸福美好的童年。

父亲有着推己及人的善良,自幼生活的苦难使他深惜天下苦寒人的为难,即便自己家要为一粥一饭计算,但每有乞讨上门,父亲总会拿块干粮再倒碗热水;或是施舍点零钱,为落难人尽自己的绵薄之力。

父亲的勤劳与俭朴有口皆碑。父亲是闲不住的人,勤劳的品德已深入骨髓,即便是后来我们的经济宽裕,生活渐好,不需要年迈的父亲干活养家时,他还总是不听劝,坚持给别人干活挣钱补贴家用。

暮年的父亲由于一生的操劳积劳成疾。长年累月的重体力活使得父亲的心脏有很多疾病,心脏传导的阻滞,心律失调,严重房颤,有几次住院心率为16下,间发脑出血,数次病危,但每次父亲都奇迹般地挺了过来,他在对抗病魔中展现出顽强的生命力及对疼痛超常的耐受力为医护人员惊叹。惟儿深知父亲不忍别离红尘是撂不下我们这些儿女子孙!

暮年的父亲很少说话,经常沉默寡言。也很少言及身后事,只是用一双含泪的眼睛盯着我们,虽然我们反复问及,却总是非问所答,含糊其辞。直到我过了不惑之年,才渐渐地悟明了父亲的眼睛:如有条件好葬,无条件随遇而安。

大言稀声,父亲无为之行不言之教现在想来常常让我颤栗。他用无言告诫我们一定要堂堂正正,戒骄戒躁……天何言哉,亘古常新?这是儿读懂的父亲。

父亲去世的前二年我到西安创办公司,商务缠身加之出人头地心切,不能在膝下翌绕。总想着为父亲争点脸面让老人家高兴,而今却子欲养而亲不在,痛心疾首,心如刀绞!

羊有跪乳之恩,鸦有返哺之情,何况人乎?儿不孝,未能在床侧朝夕伺候,空留孝心，痛心疾首！如今纸灰摇曳，吾父何在？悔，为虚而争。痛，未能朝夕陪伴。奠，吾不见父亲。此时儿哽咽难耐，眼泪奔涌而出，数次失声，真想大声疾呼吾父安在？

父恩如山，父恩如海，父恩儿当何报？父亲临终数次呼儿乳名。呜呼！为人子者伤伤，黄天不晓，身为后者怆怆，西庭难知，一腔悲情何日尽谴？诉青山而泪眼婆娑，临瀚海而怅恨缠绵，空余愧恨！想如今难睹家父音容，不尽为子孝道，欲想念只有合目追思……

纸短情长，笔拙意远，十分才思不尽家父滴水之恩，万千泪水难报家父养育之情。胸闷难耐，思情难排，寥寥数语，权泄相思之苦，且谴追念之郁。

逝者已矣，托体山阿，生者追思，寄语薄纸，想必家父在天之灵，能体谅不孝子之思念之苦，天人分离的无限悲伤……

父亲黄泉路上走好！九泉之下安息吧！穷不扎根，愚有两说！富又何如？为儿只有淡远求索、行恭、责厚、接众和，孝顺母亲，携妻教子，关照妹妹一家，不辜负您的期望秉承父亲对人感恩，对己克制之人格光辉，楲楲梗梗，孜孜淑淑……

伏惟

尚飨

涕子王春茂祭

×年×月×日

**实例 27《祭父文》(佚名)**

一世精神归石表，满堂血泪入云天。

良操美德千秋在，亮节高风万古存。

我的父亲生于一九四一年十二月五日，河北省丰润县韩城镇人，中国共产党党员，因病医治无效，不幸于二零零六年十一月六日二十二时五十二分与世长辞，享年六十六岁。

我的父亲出生在书香门第，自幼家教严格，知书达理，在唐山市煤炭工业学校毕业后，先后在开滦赵各庄矿和开滦荆各庄矿工作，父亲一生养育两儿一女，教子有方，儿女事业有成，成家立业。

我父亲的一生是平凡的一生、朴素的一生、勤劳的一生、光明磊落的一生，而今他老人家因在开滦医院普外科做结肠癌手术造成肠瘘而导致多种脏器功能衰竭而驾鹤西去，儿女们万分悲痛，他的音容、他的笑貌、他的品格、他的言行、他的道德风范将永远留在儿女们的心中，为悼念我敬爱的父亲，特作祭文如下：

痛悼吾父，年仅六旬有余，号天泣血，泪洒沾尘。哀哭吾父，毕生艰辛，养儿育女，操劳半生；日夜奔忙，勤耕苦耘；对待工作，勤恳认真；处世有道，克己恭人；和睦邻里，平易近人；关心他人，胜过至亲；养育吾辈，爱护如珍；抚养教育，苦口婆心，教吾书耕，严格认真；教吾处世，身体力行。

胡天弃我，夺我父身。魂游冥府，哭喊不应，天昏地暗，黯然伤神，哭断肝肠，情何以申？养育之恩，吾向何陈？

兹当祭奠，聊表孝心，化悲为诚，化痛为思，先父有灵，佑我子孙，先父有觉，来尝来品，呜呼哀哉！

多感佳宾来祭奠，深悲家父去难留。

悲音难挽留云住，哭声相随野鹤飞。

我的老父亲，我最亲近的人，人间的甘甜有十分，你只尝了三分，愿我的父亲西行的路上一路走好，一路平安。

尚飨

孝男某于二零零六年十一月八日泣奠于先父灵前

**实例28《祭爸爸》(东东)**

您一生好苦、好累、好悲惨啊！您五零年出生在三羊坝徐家，别的孩子还在母亲温馨的怀里撒娇，您却在3岁时就被郭家抱养。由于郭家管教太苛刻，时常打、骂您，掉一粒饭在地上也要捡起来吃，从小得不到母亲的疼爱，没念完小学就不再读书了。煮饭、洗衣服及琐碎家务全包干。别的孩子还在念书，您却被迫流浪街头。身上没有一分钱，饿了只得去舔盘子、捡垃圾堆里的残汤剩饭度过一天。到了夜深人静才去屋檐下、墙角、电影院、车站门口、码头如乞丐般打发一个又一个晚上。冬天寒风刺骨，您穿着单衣露宿街头。那时您衣衫褴褛、头发蓬乱、一身虱子、叮疮，饥肠辘辘，求乞无门。爸爸啊！您为了讨一口饭吃是多么不容易啊！您拖着瘦小孱弱的身体给供销社、酒厂挑水；给区委干部洗衣服、煮饭来换一顿饭吃。这哪里是人过的日子啊！爸爸呀，但您是没办法呀，您有家不能归、有娘不能认。百般无奈时只好回徐家去偷吃的，被二爸认出，从此才回到了温暖的徐家。

1968年，二爸才以社青的方式把您下放到了三羊坝。您出工积极、孝顺老爷奶奶。1972年虽然已经超龄，二爸还是想方设法送您去昆明当了人民子弟兵。在武警部队您站岗执勤，处处吃苦、勤肯为民，多次立功受奖。在部队您是个模范、英雄，不愧是我的好爸爸啊！

1976年，您转业到了乐山吉祥煤矿当了铸造工人。那时你月工资29.5元，您总是一分钱掰成两份用。舍不得花，节约下来钱全部寄回家孝敬老爷、奶奶，供养妻子、儿子。几年的工作中您不迟到、不旷工、研究技术、敬职尽责、乐于助人。同志们信任您、领导表扬您，工人同志和矿领导谁不夸您是好儿子、好丈夫、好父亲啊！天有不测风云，正当您年富力强时，翻砂中铁水冲瞎了您的双眼。爸爸呀，您命苦啊！从此妈妈陪您下走乐山、上到成都，多次医治眼睛，费尽周折才把眼睛医来能看到朦朦胧胧的世界。

你带着能看到模糊世界的双眼，办了病退。那时您月退休金69元。还是上级领导念在您工作认真、成绩卓著破格升了几级的结果。那时我在技校读书很淘气。为了我能成才，为了全家的生活，您和妈妈到矿上做点小生意。您在双目几乎失明情况下，仍然天不亮就起床，煮稀饭、剥豆子、剥花生、择菜、洗菜，都是希望能多赚点钱，一家能过好一点的日子。就这种情况下仍不能维持一家三口人的生活。1995年您不辞而别，深更半夜到昆明去投靠您的战友找点工作，希望能多赚点钱养家，但双目几乎失明的你找份工作是多么不容易啊！后来，妈妈把您接回家，您和妈妈又走上了去重庆打工的路。

1995年在表哥的介绍下，您和妈妈在西南农业大学找了一份工作。那时一个月才仅有270元，您和妈妈为了我和全家生活，每天在工作之余又去学生宿舍捡学生扔掉的垃圾，还给学生洗衣服。后来学校不允许捡了，也不允许给学生洗衣服了。您在双目模糊，视力极差的情况下，只好在学生灭灯睡觉后，才清理捡来的袋子、瓶子、报纸、同时一缸又一缸的给学生洗衣服。您手洗肿了、冻僵了、麻木了，洗衣机洗坏了几台。爸爸啊！这要付出多少的心血啊！您和妈妈就是用这几千个不停息的日日夜夜，拼命才挣得的两万多元，为我今天的事业作了起步资金。爸爸呀！儿子能有今天，怎么能不怀念您的恩德啊！您在西农工作的几年中，谁不夸您郭师傅是拼命的三郎呀！2005年在打扫卫生中，拖把无情地戳瞎了您本已几乎失明的右眼，从此您带着一只假眼和一只朦胧的左眼，无可奈何地离开了西农。

儿为了报答您的恩德在老家给您修了楼房，好让您能欢度晚年。回到老家后，您仍舍不得休息。喂了一群鸡、鸭，养了几笼兔。早晨天不亮您就起床，割草碎料喂养您的畜禽。你把屋前屋后的荒地，都种上了水果、蔬菜，除自己吃以外，还送给周围的邻里乡亲。我为您买的新衣您舍不得穿，常穿着西农学生扔掉的衣服鞋袜。爸爸呀！您真是我的好爸爸，您勤劳朴素我永生不忘啊！

2008年4月，您吐血、屙血，我们劝您、催您去医院检查，您为了给我们省钱，死活不愿去。后来病情加重，在大家的多次催劝之下，您才勉强地去了眉山人民医院。在8月、10月、12月,2009年的1月四次住院治疗期间您总忘不了您的孙女、总是忘不了给我省钱。

2009年1月9日八时,您迈着沉重蹒跚的步伐走完了五十八个难忘的春秋,与世长辞了。爸爸啊!在您几次住院期间,我在数千里之外,为事业上新疆下广州,没能在您的病榻前端水送药,没能尽儿子的孝道。几次在医院匆忙的相见,目睹您躺在病床上的情景,我心在流血啊!心想我给您修了园林式的楼舍,置办了崭新的全套家俱和电器,正苦尽甘来,畅享人间的幸福晚年时,您却撒手和我永别了。爸爸呀!在您弥留之际,儿在千里之外为事业奔波。没机会见上您最后一面,没机会再和您谈上最后一句话,没机会伴您遗体回乡,儿终身遗憾!惭愧啊!在此,我和您的媳妇、孙女给您磕三个响头。带上我心里的牵挂和你遗体告别吧!爸爸呀,您一生勤劳朴素,坦荡诚恳,宽厚热情,敬职尽业,不愧是一个好军人、好工人、好丈夫、好爸爸、好爷爷。您的这些美德永远植根在我心中。

爸爸啊!天堂路上,一路走好,安息吧!

东东　敬祭

×年×月×日

**实例29《祭父亲》(佚名)**

父亲杨克桃,生于解放前的动荡年代。家里兄妹六人,父亲从小跟随当船工的爷爷飘泊于江河之上,以水为院,以船为家,无根无靠。解放后,响应国家精减城市人口支持下乡建设的号召,父亲兄妹六人跟随奶奶一起自愿下放到湖北省汉川县榔头镇长岗村为农民,扎根于农村建设。

在那个缺吃少穿的年代,为了多一个人口挣工分,父亲早早和母亲结婚成家,支撑大家庭的同时,也挑起自己家庭生活的重担。成家的父母居无住所,借住在乡邻家。早出晚归,辛勤劳作。随着我们儿女的降临,父亲除了生活之担外,还于点滴的积累中建起自己第一个两间的房屋。屋子虽小,却给了孩子们一个安身之所。

为了还建房欠债,父亲留下母亲和一群待抚的孩子,独自飘泊在外到武汉做起小生意,住车站,睡街头,风餐露宿,吃尽苦头。间歇中回到家中,带回自己辛苦积蓄之时,也给童年中的我们带回点点的零食,带回孩子们期盼的快乐。

看着慢慢长大的孩子们挤住在厨房中的一张床上,父亲有了第二次建房的压力,更多辛苦地外出贩卖瓜果蔬菜,简易旅馆和小吃摊点是他暂时的歇脚处。一年到头,把辛苦赚来的钱上交给生产队里因自家缺少劳动力而欠的工分外,余下部分为再次建房而累积。八十年代初农村包干后,父亲终于在村子里建起首屈一指的三间大房,使得三个儿女都有了自己各自的房间,而父亲不得不为了再次还房债飘泊在外。把家里的农活丢给母亲和年幼的孩子们一起承担。

八十年代末,父母亲一起放下农田,离开了自己辛苦建起未住几年的新房,租住到武汉做废品收购生意,穿梭于城市中的各个角落,在城市人熟睡的午休中洒下自己辛勤的汗水,为城市的废物利用奉献着自己体能和智慧,从中谋取微薄的利润养活全家。自建了两次房子的父亲直到中年,母亲也出外后才和母亲一起租住着城市里简单狭小的小屋,给自己暂时安一个家,结束了独自飘泊动荡、风餐露宿的生活。

九十年代初,父亲的废品生意达到顶峰,心地善良的父亲说服亲戚朋友们都出动到武汉,带领他们一起走致富之路。在繁忙的生意中,父亲还到处跑动关系把父辈兄妹几人的户口按返城政策转回到武汉,同时还设法捎带上自家亲戚顶替本已是武汉户口的四弟之名,为身边的亲戚们谋取生存之利。同时善良的父亲也因为个性直率,在为大家出钱出力后却反而落下一堆的不是,而导致亲朋的误解,导致亲兄弟十多年没有往来。

在遭受亲戚的打击后,父亲的生意日渐下滑,父亲趁此在汉川城关第三次买下房产,同时为两个儿子操办婚事。至此又欠下一堆债务的父亲又和母亲一起到武汉红钢城租住房子,以挑铁为生,以体力钱的积累还债。

父亲的身体也逐渐在辛苦中落下高血压、冠心病、动脉硬化等病痛。在还完所欠债务后,已近六旬的父亲再也无力做体力之类的活,辗转于古田转向于维持父母生计的小营生,同时也时不时地照顾着子孙们。

年过六十后父亲的生计越来越难,但他却把压力深藏于自己的心里,暗自节省,甚至为了生活费用和母亲吵架,也不对我们三个子女提出生活的要求。每次当我们问及父亲的生活时,他总是回答说我还能照顾好自己,不用你们操心。可是,暗地里,他却每天为了省下几块钱饭钱而只在早上吃两个包子后饿着肚子晚上回家吃饭。动脉硬化、高血压、长期咳嗽等病痛也强忍着不去大医院检查。腿痛得走路都困难也只是轻描淡写说说了事。而我们作为子女,却忽视了父亲自己心里的压力,忽略了父亲身上的重病,有时甚至还怪父亲自私。

父亲发病住院到猝然离世仅仅三天时间,这与父亲身上常年的疾病与病症无不相关。联想这些,我才明白是我们太忽视了父亲的身体和生活,是我们的不孝才导致了父亲走得如此猝不及防,连留下一句遗言的时间也没有;是我们的不孝才导致父亲走得如此早,没给我们任何尽孝和挽回的机会;只给我们留下难以接受的突变与悲伤。

父亲,您匆匆走了,带走了您身上长期的病痛,带走了您一辈子操劳;父亲,您猝然走了,留给我们无数的悔恨,留给我们无尽的遗憾。

父亲,您走了,您看到了吗?您生前所有的亲朋都来送您了,包括您十多年没往来的四弟;四叔是擦着泪花送您的,您生前未尽的兄弟和睦的心愿可以了结了。

父亲,您走了,在您生前我们没有尽到孝,没有赡养过您,我们只能用无数的鞭炮为您送行,送您到天国门口;我们跪求您的原谅:原谅我们的粗心;原谅我们没有为您的生活分忧解难;原谅我们没有在早前重视您的病征,及早治疗和预防;原谅我们的没有为您养老、为您送终;原谅我们的所有不孝;用您的生命来告诫警醒我们的不孝,这样的代价该是如何之沉重啊。

父亲,您走了,在为您出殡那天,从武汉运送您遗体回汉川的灵车上,我长跪您旁边,握着您的手,挨着您冰凉的身体,一路牵着您、陪着您最后走完武汉到汉川这条你独自走了无数次的路,一遍遍地看着您紧闭的双眼、微肿的面容,一次次地把您留在了我心底,永远留在我心里;我没有哭出来,只能在心里默默地和您说话,只能以长跪的方式表达我过去对您疏于照顾的无尽悔意;看着灵车后建新表哥的车一路上都以闪烁车灯的方式来祭奠您的离去,想着您再也体会不到人间的喜怒哀乐,更是悲伤不已;我不知道子女的长跪和亲朋好友的哀思是否能让您在去天国的路上有一些欣慰?表哥白天里闪烁的车灯是否能为您照亮去天国的长路?让您不是孤孤单单的在路上找不到方向?

父亲,您走了,留下母亲独自一人,我们会好好地赡养母亲,把对您没尽到的孝心累积到母亲身上;您知道么?看到您辛辛苦苦为母亲留下的存折,我只能长泪。是我们不好,让您对我们赡养父母没有信心,才逼使您刻薄自己为母亲攒钱。

父亲,您走了,去了另一个国度,但愿那里再没有病痛,没有压力,没有让您烦心的生活;女儿祝您在天国安好,平静快乐!请您托梦给我,请您再次走入我的梦中,让我再看看您,再和您说说话,再听听您的声音。

亲爱的父亲大人安息吧!

**实例30《祭父文》(佚名)**

世界上,活过这样的一个男人。

一个肌肉与才华一样发达的男人。

一个像电影一样,带一支原本散漫的部队获得全军技测冠军的少尉排长。

一个曾经痛打警察的中学老师。

一个独自背着三部相机、一大袋底片,爬上三十多公尺的烟囱顶上,拍下整个水泥厂鸟瞰图,赢得同事与客户尊敬的台湾第一代广告人。

一个第一年玩高尔夫就能打八十几杆的高手。

一个连背影都能让大家知道在画谁的油画家。

一个极孝顺的儿子、心思极细密的丈夫、极放任却又极启发儿女的爸爸、以及完全奉献的阿公。

一个出现在每个人的好友名单里的好人。

一个一天之内,戒掉抽了五十四年的烟的模范生。

一个与病魔缠斗九个多月,没说过一句丧气话的勇者。

他,就是这样的一个传奇男人。

我的爸爸,赖宏基。

民国二十七年十一月二九日出生,

民国九十六年六月四日晚间十一点零五分,在所有深爱他的亲友围绕下,轻轻释放最后一口气,脱离了陪伴他七十年的躯体。

体检结果一向最棒的爸爸,就这样先走一步了。

虽然很意外,虽然不甘心,虽然还有许多想做的事;

但在那一刻,爸爸是释怀的。

因为他已经走了一趟幸福、精彩而且圆满的人生。

他,不是最有钱的人,但肯定是最富有的人。

因为他有你们。

与你们相处的每个回忆,都值得他回味无穷。

今天,所有爱他的人齐聚一堂,在这里送他最后一程。

不要呜呼哀哉,不要繁文缛节,

只要最温暖的眼泪与微笑。

请大家在今后的每一天,

也要带着微笑,

好好活着,

就像爸爸最喜欢看到你们的那个样子。

将他生前带给你们的微笑,

延续下去,

就是今天送他最好的临别礼物。

**实例 31《祭父文》(小龙)**

维

公元二零零五年五月二十九日(农历四月二十二日)上午十二时十分,我最挚爱的父亲在安徽省枞阳县陈瑶湖镇杨山村家宅中停止了呼吸,是可恶的肺心病夺去了他的生命。那一刻,我流着泪,徒劳地按压着他的肺部,希望奇迹能够发生,希望他能突然缓上气来恢复呼吸。可是奇迹没有发生,他老人家就这样走了,在遭受了多年的病痛后,惜然离开人世我可怜的父亲啊!我曾经多处寻医问药、想方设法、竭尽全力要把父亲的肺病治愈,可最终没有成功。爸爸!原谅我这个不孝之子吧!原谅我这个没用的儿子吧!天苍苍,地茫茫,我哭老父别家堂,千呼万唤不闻应,捶胸顿足泪汪汪。

忆我家,先世初非赤贫,亦薄有田地,小有产业,足以自给。然历史原因,家道中落,田产荡然。父幼时好学,先随姑父就读,后又独自前往瑶石学校求学。土改时期,祖父积郁而亡,兄长四散求生,家中只有老小,为挑生活重担,十八岁就辍学参加工作。先后从教于杨山小学、前河小学、红阳小学、青山街中学等多所学校,教学严谨,和蔼可亲,给学生留下深刻印象,以至于多位三十多年未联系的学生在父亲退休后还来看望。五八年,划为右派,下放劳动。盛夏酷暑,野外车水,赤膊暴晒,满背起泡,一脱衣服,皮随衣掉,血肉模糊,惨不忍睹。跃进年代,大刷标语,父亲能写会画,被红卫兵抽去写大幅标语,一次,安排在高空写大标语,十八档的梯子架在方凳上,让学生扶着,学生没扶好,梯倒人摔,肺部摔坏,当时因是黑五类,不能及时医治,留下致命病根。后又遣至枞阳铁板洲炼钢铁,我父带病筑糊高炉,多日倒挂,心肺倒置,昏厥不醒。尽管这样,食不裹饥,剥树皮,啃芦根。病累交加,瘦得只剩人形。我母疼父,百里步行,送去干粮(稻糠同玉米头炒熟磨成的粉),此情此义,感天动地。"文革"间,是非颠倒,黑白混淆,我父蒙冤。真是门衰祚薄,惯遭乡曲欺凌;力役勤耕,颇受政治暴敛。此时,家中连年超支,只我母亲一人挣工分,年底分不到口粮。为养家活口,父亲返乡,因身体不好,很难从事体力劳动,我父看鸡、放牛、车水、用牛、捡猪屎、拾狗粪。干尽苦、脏、累活。仍不免受些小人制约,连同脉宗根都不曾放过。不敢乱言,不敢高语。举凡人世凄凉惨痛,非生人所能忍受者,而吾父吾母尽尝之。就这样,我父仍乐于助人,帮乡邻打针(久病成良医),代梓里修桌椅。我父巧能,凡事皆通,为何我父命之苦,为何百病附我老子身。老天不公啊!

教育子女,以身作则。引我习字,育我词章,教儿正直做好人,勤劳简朴把家当。海深恩情长,老父深情永难忘。今我长大,配偶成双。育有孩儿,尚在学堂。日常生活,耳提面命,叮咛再三,量入为出。持家之道,勿贪勿荡。

七八平反,工职恢复,云开日出,初见阳光。儿孙扑怀,天伦刚享。谁知平地起惊雷,妹妹一芬把命丧。老父心伤无处说,只将悲伤肚里装。庆幸子女皆孝顺,敬奉余年,晨昏周详。惟愿老父,长寿无疆。无奈黄天降不祐,老父染病卧榻床,气息奄奄,速归帝乡。喊天天不应,哭地地不响,老父,老父,您去得太早,走得太忙,您劳苦一生,晚福未享。我犊情未报,无限悲伤。

二零零五年五月三十一日(农历四月二十四日)上午十点,我和母亲、姐姐弟妹们,堂兄弟还有亲戚及父亲生前的好友,随棺柩送走了父亲,在行棺的时候我悲痛欲绝、肝肠寸断、痛哭不已。这一天是那么得突然、那么得让我无法接受。我看着父亲的棺木,依然感觉父亲是那样的慈祥,音容笑貌仍在我的眼旁。我哭喊着:"爸爸!您怎么就这么走了,就这么走了。"可他老人家却再也听不到了,再也不会醒过来了。我抚摸着冰冷的棺木,声嘶力竭地呼喊,可他再也感觉不到了。敬爱的父亲啊!您怎么忍心扔下您的膝下儿孙,我年迈的老母,独自离去啊!我还没来得及带您去浙江看看,去四川走走,看看祖国风光,看看您的侄儿孙们!最让我感到揪心痛悔得是生前没有将您的诗稿整理成册,对不起!真的对不起!爸爸啊!您最疼爱儿孙,在临走之前,还挂念大姐家没有房屋;小妹没有工作;小弟任性贪玩……您不用语言表达,但您对我们的疼爱,我能够深深地体会到。父爱如山、父爱永恒!您是世界上最好的父亲!您真的不该离去得这么早、这么匆忙阿!爸爸呀!我的好爸爸!儿女们真的舍不得您走啊!

时间真快,今天,您离开我们已有四十九天了,是您满七的日子,我和母亲、姐弟妹们来到您的坟前,号泣祭奠,难诉衷肠!老父九天有灵,佑我家振业旺,天长地久,福禄齐芳。愿父神早赴天堂,来品来尝。大别杨山,永致思亲之泪;天涯地角,长驰膝下之魂。灵其有知,昌览儿心。

老父儿女们一定不辜负您的希望,奋发向上,重振家风。您安息吧!呜呼哀哉!

伏惟

尚飨

不孝男小龙泣血奉上

**实例 32《祭岳父文》(陈永恭)**

岳父李老大人生于一九三二年古四月二十八日,不幸于二零零六年十二月三十一日,瞑目长逝,享年七秩晋五,愚婿永恭谨以酒果肴馔奠于岳父大人灵前：

呜呼！噩耗传来，泰山倾颓，愚婿闻之，神魂骇散。愚婿远道归来，未能为岳父侍奉汤药，未尽孝道，止不住泪如泉淌。

回想岳父，一身正气，一生清白，担任队长，廉洁奉公，关心群众；乐善好施，高风亮节，誉满全庄。

岳父对待女婿胜过亲生，经常谆谆教导，苦口婆心，教育吾辈要努力工作，遵法守纪，公正为人，岳父之恩惠，没齿不忘。

岳父年逾七旬，理应养颐处优，安度晚年，然一病卧床，遽尔魂亡，哀哀半子，号泣彷徨。岳父的长女，婿的贤妻，先年而逝，婿无自容，心绪茫茫。今载重孝，婿的家严，又及岳丈，一年同逝，雪上加霜，怎能不让为婿寸断肝肠。如今只有，聊表祭筵，奠献于堂。

岳父的一生是勤劳的一生，艰辛的一生。岳父之德，足启后人。愚婿决心继承遗志，化悲痛为力量，克勤克俭，公正为人，爱国爱党，立业立家，以告岳父在天之灵。

伏惟

尚飨

愚婿陈永恭泣奠

2007年1月3日

**实例33《祭岳父文》(王所)**

我的岳父，名叫何小奎，一个普普通通的中国老百姓，朴朴实实的农民汉，稳稳当当的老实人，岳父家住垣曲县华峰乡南岭村，家中土窑两眼，家当不过千元，面对千山一水，位于凤头龙尾，真正的山清水秀之居。

难忘岳父，生于一九二七年农历七月初四，一个军阀混战，非常混乱的年代。他父辈兄弟四个，他父是长子，其父一生穷困，但善于医术，专治疑难杂症，积德行善，救人一万，认义子干女无数，但不多取人钱财。因穷困，兄弟四个的亲娘曾被活活饿死；因穷困，祖爷担挑一担的家当，从王茅成家坡逃难落户到华峰南岭，靠娘舅家接济，寄于二眼洞窑中生存；因穷困，老二老三逃难到古城张家庄破窑中落户，老四被迫去当兵，现落户云南。岳父当年只有七八岁。

岳父以前在颠沛流离中长大，艰难困苦中生活，战争年代中生存；造就了忠厚朴实、刚正倔强、勤劳能干的性格。为人善良正直、公正公道、从不计较，遇事吃亏在先，不计名利忍让为本。1937年日本进中国时，他才十多岁，两年后，他就被日本兵抓去修路、修炮台,做小苦力。岳父大人人生最该幸福的青少年时期,却没读过一天书,没吃过一顿肉饭,没穿过一件新衣。从不知过年是什么,而是在日本帝国主义的铁蹄下艰难度日。1945年日本投降后岳父18岁,当时已和岳母成婚,本该过安定的生活,国共两党内战一起,大岳伯领上二岳伯和岳父参加支援前线。1947年二岳伯随支前部队南下,一直打到全国解放。大岳伯因支前有功,被大家拥戴为队长,一干就是几十年;岳父为解放军部队送过粮,担过盐,还抬过伤员,也算革命后援部队中的一员。

解放后岳父积极参加社会主义建设事业,在生产队勤劳苦干。虽然家中无隔夜粮,但从不占他人一点光。农业生产上的十八般"武艺"他样样拿得起,村上的红白喜事他都主动参与帮忙,深得乡邻们的赞誉好评。1988年,已过花甲又三年的岳父,曾被大家选为队长,他带领大伙修路、平地、栽树、修渠、建瓦窑,协调各种民事,处理各种关系,办成了许多好事难事,被大家公认为正直的"老队长"。

岳父一生为何家抚养三子四女,后又帮长兄抚育出嫁三女(因长嫂早逝)。共七女三子,老大到老五结婚时,家中一无余粮,二无余钱,一桌一箱一百元,就办成了一件大事,老六至老十结婚时,家境稍好点,记得岳父还是靠借钱来办事的,办完事马上还钱,他只图办一件大事,尽了父亲的义务。

岳父比别人有福的地方,也是他一生最知足之处有九:一是他有一个贤内助;二是子女孙甥满堂;三是寿近75岁,比许多六十不过的人强多了;四是儿媳儿子孝顺,女儿女婿个个听话;五是乡邻亲明,和睦顺当;六是岳父享了老来福,五十岁后吃不穷、穿不少、身自由、有看的、有花的,喜事接连,三子七女(除老七女)均住上新房;七知足是岳父每次祝寿,也是何家全家团圆时,岳父看到幸福的后一代,幸福溢于满脸;八知足是岳父仙逝时,儿女们都得祭;九知足,岳父一生善良正直,勤劳能干,大好人一个,名传百里。

岳父一生遗憾的地方:一是寿不过八十四;二是未见一陈孙;三是七女(红桃)未建成房;四是无一女成公家人;五是未给岳母留下足够的生活费;六是未畅游过北京;七是老年曾丧一子一婿;八是长孙婚事没办;九是他二兄嫂的生活与后事未安排到位;十是建房楼一生,临终仍住在土窑中。

我是岳父的二女婿。1982年与其女成婚。初次见岳父,品行上至少有三相同,朴实不爱穿,忠厚不巧言,安分却乐干。二十多年翁婿感情,有几件事至今仍如昨天。(1)1984年,岳父一人,拉了一平车麦子,从华峰送到古城二女家,说古城人缺吃,这是二女一年的口粮,我当时感动地改口伯父为"爸"。(2)我大女上学时,他已是七十高龄的人了,仍出百元助女上学。(3)1987年我转为公办教师时,岳父和我畅谈半夜,我摆庆贺宴,他又从家中专程送了一套“猪下水”。(4)最难忘的是,我建房十间,岳父招呼整一百天,一天三顿饭,又筛沙又搬砖,操心跑腿,使我觉得永远对岳父有愧疚之心。(5)记得岳母曾说过,1958年岳父辛苦一年,打好土窑,半夜忽然塌了半截,岳母和几个兄妹困在其中,幸好家人与邻居及时相救,岳母和几个兄妹才得已生命,要不然就不会有我们这一家人。(6)长兄何小选。英年早逝,这对岳父的打击非常大,我曾经劝岳父,他只一言不发,我埋怨岳父(棺藏窑中不吉利),他却没一句解释。(7)岳父生大病的日子里,他对“死”毫不忌讳,一点不惧怕,照吃照转,从不连累子女,临终嘱托:“简朴过事,照顾好老三子,劝子女不要惹岳母生气,照顾好岳母生活,关心二伯及伯母的生活。”放心不下的是长孙的婚事,丢不下却是二伯父。(8)岳父魂归时风雪连天,也许是老天爷对忠厚长者的悲凄……

2001年阳历10月22日,是父亲的忌日,做为何家半子,继承的当然是岳父的良好品行,正直的人格,完成岳父未完成的事情,使岳母高寿八十以上,何家人人健康,家家幸福。

二女(何小桃)女婿(王所)祭奠

**实例34《祭舅父文》(石生库代写)**

时惟孟春,一阳初生;呜呼舅父,奈何赴冥。
而今而后,永隔幽明;追怀仁德,悲思无垠。
唯我舅父,一生苦辛;信著乡里,誉重杏林。
早年苦学,不耻下问;壮岁行医,手勤业精。
丸散膏丹,草药银针;固本清源,祛邪扶正。
救死扶伤,抚孤恤贫;妙手丹心,为有贤声。
和谦共仰,仁素咸钦;处事以道,待人以诚。
方期百岁,以享眉寿;诚不逆料,何处招魂?
麻衣如雪,涕陨泪落;凄凄满室,戚戚盈庭。
介以芜句,荐之尊灵;来格来尝,鉴以微忱。

愚甥某　叩祭

**实例35《祭师文》(佚名)**

呜呼!惊雷突至,霹雳惊心!汶川之阴霾尚萦伺身周,未曾散耳,今惊闻先生逝去之噩耗,手足颤而心脑木,悲不自胜矣!

吾尝有幸,受业于先生门下岁有余。先生之耳提面命,早成金玉,入耳、入脑、入心也，先生之丰神俊姿，亦早成伟塑，入目、入骨、入魂也。吾性弱情怯，未曾敢与先生攀交，故不甚悉熟耳，然此又何妨乎？国人之于孔子，攀与者庶几，熟乎者庶几？然无不顶礼膜拜耳。吾固不敢推先生比孔丘之肩哉，然若论之以师德、师才、师道、师业，纵回溯千载，先生与仲尼面之，亦无需愧色也。

先生于吾等之辈，乃师，乃友，乃父，乃兄也。今先生骤离，则使失友之群，怎以为寄，失亲之众，何处可依？痛哉！今先生骤离，则学府之中，再不见披星戴月孜孜之身影，讲堂之上，再不闻苦口婆心谆谆之言音。悲夫！

先生年未不惑已颇有事业，颇具声名耳，先生虽非位显已极受尊崇，极得爱戴也。今方年富力强，壮怀激烈时，竟撒手远离，使吾国折栋梁，吾党损英才也。呜呼哀哉！

吾言，先生离去，使吾等之辈，几多迷离之泪眼，几多喷涌之悲情，此实言耳；占基云，先生一去，则十万长夜成惊梦，七月流火似寒冰，此实言耳；银萍曰，先生已去，吾辈唯有奋然而前行方可告慰先生泉下之灵，此实言耳；其他芸芸门生，亦书言悲，书言情，书言志，此皆实言耳！先生可曾闻欤？若不闻，则吾等心惶然也，若闻之，则先生泉下之灵，可聊以得慰乎？呜呼哀哉！

暮春之日，弟子衔哀祭吾师于陇之秦州，祈愿先生平安远行。

泣血叩首！

永远爱您的学生 敬祭

×年×月×日

**实例 36《痛悼刘衷恩师文》(朱赤)**

维

公元二零零零年十二月十六日忘年交愚生朱赤谨以束刍椒浆清酌庶馐之仪致祭于尊师之灵前曰：

呜呼！九寒斗宿悲，风卷兰山之烟；光掩少微宿，雾暗云霞之彩。帐玉楼之缥缈，赴召无端；箕星夜坠，悲同伯牙之琴；噩梦宵临，哀感兰山之笛。

呜呼！尊师，教育泰斗，学界宗师。教本于性成，内外无间；聪明由于天授，经史精通。气度浩瀚，爱如霁月。仪容和蔼，坐如春风。德贯故里，乡闾推崇。倡新教育于靖远，后进典型。教术皆匡时之具，文墨为席上之珍。目淡儒修，不慕荣利。磊落胸怀，只重品行。继马帐之风，贤痛俱植。传杏坛之化雨，寸草皆春。犹忆六十再聚首，三十载深情。墨洒相合，同气同声，水乳交融，与师同书黄赵集，与师同论笔墨神，与师同品书艺韵，与师酒堂坐五更，常聚首，乐融融，谁料岁在龙蛇，撒手人间，乘槎凌空，从兹老成凋谢，典型永存，哲人其萎，月落半庭空。

鸣呼！尊师，黑暗社会上下交徵，亲友相助，学业告成。全国解放，莺歌燕舞，万众欢腾，浴光天之化日，培桃李之浓荫，从兹走上康庄道，鞠躬尽瘁事长征。

鸣呼！尊师，礼帽凉衫气和祥，出口教理震教堂，万呰程陈师树德，组教开翼三陇扬。

鸣呼！尊师，而今已矣，钟期已逝，叹流水之何堪；大雅云亡，痛典型之沉沦。白马素车，徒俟桃李负痛；只鸡斗酒，拙心常忆不如人。滴泪和墨，聊表寸衷。泣撰数言，泪落沾襟。魂兮魄兮，鉴我愚诚。

伏惟

尚飨

愚生朱赤　敬挽

**实例37《祭奠敬爱的宋玉橡老师》(佚名)**

这一次
我们是真的
真的失去了一位师长

您是人类灵魂的工程师
在青春年华里走了
在这个夏日走了
走的如此突然
如此匆匆

您走了
悄无声息地走了
此刻，一切停滞
唯有蕴藏有思念和愧疚的烟雾
飘荡

留给
您曾经、现在的学子们
除了悲伤、泪水

还有无尽的思念
苍天,你嫉妒了吗?
不知道五月的靖远
会不会大雨滂沱
如果是
那一定是,
天使的眼泪。
一定是!!

您活着
像雪花般无声无息
诲人不倦让生命充实、温馨
您走了
像雪花般无声无息
化入泥土,以人恬静
以大地新生

今天
您所有的学子在这里
为您
我们最敬爱的老师
唱一首赞歌:
雪落无声……

永远爱您的学生　敬祭
×年×月×日

**实例38《祭张荣兄文》(王启明)**

念吾兄诞生于民国十年，八岁时遇荒年多历艰难。为生计勤务农四处流连,起鸡叫睡半夜度日为艰。伯母逝怡弟幼呱呱襁褓,侍兄弟如己生慈善心肠。重教育训子弟刻苦读书,忠职务为教育奋斗终生。忠与孝均可成我等楷模,承先辈启后昆光照祖宗。六六年去北京总理接见,功和绩著史谱人人称扬。念长兄对我等关怀备至,父逝后遵我兄理所当然。大兄您对先辈孝自天性,对叔婶表亲件件关心。长兄在每来此情深意切,谈往事语家常怀念犹新。处盛世儿女们前途似锦,逢乐年享晚福弄孙膝间。不料想狂风吹五月生寒,端阳节晨时魂归九天。心肌梗塞我的兄去之太猛,儿女们未分别难留遗言。手足情兄弟义如雁折翅,再不能和兄长共论家常。人世间最不幸生离死别,百日期书此文表达弟情。愿兄长灵前英明闻尝其间!

伏惟

尚飨

王启明　撰

**实例 39《祭奠大姐》(王秉兴)**

姐姐古稀病剧,终经多方救治,已无回天之术,病逝于某年某月某日,弟悲痛万分,心如刀绞。忆往昔,慈母早逝,弟还幼小,姐姐分担家业,煞费苦力,拉连度日,牺牲自我,尽姊妹之情,代慈母之职,呕心沥血,竭尽心力,成全小弟,期间辛酸,令人结肠。大恩高过天厚于地。弟念心切,洒泪为文:

惊魂噩耗肝胆裂,怅望云山恋孤雁。

骨肉之情割不断,天涯地角永相连。

夜月香消苑花寂,苍天韵冷弟梦寒。

往昔弟幼母归天,千斤重担压你肩。

牺牲自我无怨言,抚弟立身美名传。

麻油灯下手中线,针针都将爱弟牵。

老大出嫁常惦记,捎信带话盼平安。

几度灾荒受饥寒,节口资助渡难关。

呕心沥血病入肓,回天无术恨终天。

望眼欲穿心憔悴,幽明永隔难相见。

彤管泪洒标淑德,寸草血凝记永年。

一世勤劳传佳风,终生俭朴留典范。

千言万语难赋深情,姐姐一路好走。

姐姐在天之灵安息吧!

弟王秉兴　叩祭

×年×月×日

**实例 40《沉痛祭奠我至真至爱的朋友——乔国强同学》(佚名)**

我们简直不敢相信,您看上去是那么有活力,那么健康的一个人怎么会突然走了。人生真是事事无常,难以预料啊!

本月 19 日早晨 7 点 10 分,我们接到了金全从华亭传来令人震惊的消息,说我们至真至爱的您，18日，从平凉返回兰州途中，在华亭，因心肌梗塞猝发，抢救不及，遽然而逝，刹那间，恍如一梦，不敢相信。上周一，您还和我们在一起，怎么说走就走了呢？同学们闻其噩耗都如雷轰顶，根本不相信，这是真的？

2009年4月18日12时，即己丑年三月二十三日午时，这天、这时，成为了我们最悲痛的日子。

今天是您的祭日，咱们的同学能来的都来了，不能来的也是因事脱不了身，但他们把哀思的话捎带来了。在您的灵前，我们鞠躬致祭，作文悼念：

呜呼！天心无情，风云莫测，挚友国强，遽然病逝，寿至四六。悠悠苍天，曷其至极！

悲吾国强，命途多艰。为谋生计，日夜奔忙。历经苦辛，转向为商。信诚待客，经营有方。渐入佳境，气吐眉扬。天泣地恸，抛弃高堂。友之为人，祖训无忘。待人接物，性格开朗。友之愕逝，家族失光。雁行失伴，痛断肝肠。友中缺尔，睹物悲怆。回忆音容，触目心伤。手足情深，千载难忘。灵前致祭，敬上一香。

逝者已去矣，生者常追忆。今天，您就要永远离开我们，绝尘而去，荣登遥远的佛国，那就请您带着我们无尽的怀念和尊敬，一路走好！

国强，我们至真至爱的同学安息吧！

您至真至爱的同学 敬祭

2009年4月22日即己丑年三月廿七日

## 3.3 祭文研究

### 3.3.1 祭文产生的渊源

我国是个文明古国，历史悠久，文化灿烂。汉赋洋洋洒洒，气势雄浑，诗词丰富多彩，意蕴深远，戏曲情真意切，扣人心扉，各种体式数目之多，汗牛充栋。但其中哀悼之作，则多见于文而少见于诗，盖以文更可曲尽人意。许多祭文精华，感天动地，沁人心脾，至纯至真，体现了中华民族博大精深的文化底蕴和优秀的传统美德。今天，我们穿越时空隧道，探究古代祭文产生的历史渊源，对于我们理解、赏析这些宝贵的文化遗产，重新认识祖先对死亡这一永恒存在的感知、思索和慨叹大有裨益。

所谓祭文，即指以散文(包括骈赋)形式出现的告祭死者或天地山川等神祇时所读的文章。我们所说的祭文，主要就祭人者而言，它略等于现在的悼词。

追根溯源,其产生的原因有三。

一、古代祭文适应了吊死慰生、陈哀抒悲的客观要求。

追忆死者生平,抒写生者长恨,或肝肠寸断,或痛不欲生,或告慰九泉,或默祷致哀……凡此皆为巨大的情感所驱遣和冲击,把莫大的心灵感触用文字转化为一种物化形态,应该说形式亦是多样的,如挽歌、诗歌、挽联等等,如《诗经》中的《唐风·葛生》、《秦风·黄鸟》,《楚辞》中的《九歌》、《招魂》、《大招》诸作,无不悱恻缠绵,意蕴深远。但是,无论是诗词,还是挽歌、挽联,都由于其形式所限不能尽诉哀情,曲传人意,使人心存意犹未尽之感。于是,祭文遂应运而生。悲痛之极可"呜呼哀哉!呜呼哀哉!"痛诉之时可"生不能相养以共居,殁不能抚汝以尽哀,敛不得凭其棺,窆不得临其穴"(韩愈《祭十二郎文》)。句子可长可短,句法可排比可对偶,亦可娓娓道来,亦可仰天长叹,篇幅长短不限,句法灵活自如,使哀莫大于死别、悲莫甚于生吊的情感宣泄得淋漓尽致。

二、祭文是中国传统文化的产物。

中国作为文明古国,礼仪之邦,自周公倡导礼仪之风,至孔孟儒学成为影响后世中国的主流思想,更是将重德慎罚、忠孝仁义思想意识发扬光大,乃至少敬老、强扶弱、爱国、忠君、明礼等成为吾辈为人处世的不变法则,欺君不孝、卖国求荣成为我们深恶痛绝的反伦理反礼仪大逆行径。古代祭文,反映了古人对人生规律的强烈关注和对生命价值的自觉反省。乔治·桑培耶纳曾指出:"一个有真正审美知觉的民族,创造出传统的形式,通过代代传诵意味深长的固定主题,表达出生活中朴素的哀怨情怀。"古代祭文正是中华民族创造出的,表现对死亡这一"固定主题"进行审视而抒发哀怨情怀的传统形式,这是民族的东西,也唯有民族的才是世界的。

三、古代祭文发生发展与古代祭祀礼仪和丧葬习俗密切相关。

在繁缛复杂的古代礼仪中,祭祀居于十分显赫的地位。《礼记·祭统》曰:"凡治人之道,莫急于礼;礼有五经,莫重于祭。"作为古代宗教重要组成部分的祭祀活动,是灵魂不死的观念和鬼魂崇拜的信仰开启了丧葬习俗的发生。《周易·系辞传》曰:"古之葬者,厚之以薪,葬之中野,不封不树,丧期无数。"随着社会的文明进步,祭祀的习俗日趋繁杂、隆重。在众多的丧葬礼仪中,作为祭悼是一个十分重要的环节,时至今日,仍有死以祭文哀悼的形式。中国古人"慎终追远"的意识,而"事死如事生"就构成了中国古代丧礼的基本原则,进而祭文亦即成为对这一基本原则的重要实现形式。同时,祭文又是宣传传统文化,瞻仰前辈丰功伟绩,教育后世,团结后人及高扬正气,抨击邪恶的重要方式之一。正由于祭文的出现,使"死亡的可能性中还有一种更深的意义,有一种冒险拼搏的动力……不免一死的意识,不仅丰富了爱,而且建构了爱。"先辈夫祭妻,妻祭夫,子祭父母,父母哭子,弟告亡兄,师哀弟子,情真真,意切切,字字句句,力透纸背,爱的魅力得到充分展现。今天我们细数拜读,谁又能不怦然心动,凄然神伤,潸然泪下而自省、自勉、自强呢?

"浮生虽多途,趋死唯一轨"(韩愈《秋怀诗》之一),这是自然不变的永恒法则。但生者对死者的价值认同、情感寄托却为我们留下了更为可贵的东西。那些至情至性的艺术佳品,若对其产生根源有一认识,再细细品味,会更感其可读、可感、可传、可承。

(本文题为《浅析古代祭文产生的渊源》 作者:刘明湖,兰州市电大。)

### 3.3.2 古代哀祭文概述

在古代,人们产生万物皆有灵观念的同时,也就出现了祭祀。当时祭祀天地山川,往往有祝祷性的文字,称作祭文、祈文或祝文。明徐师曾在《文体明辨序说》中指出:"古之祭祀,止于告飨而已",其文并无哀伤之意,与后代的哀祭文是两码事。而专门用来追念哀悼亲友丧葬的文字,古人常用的形式是诗歌。春秋之际,《诗经》中的《凯风》、《葛生》、《黄鸟》、《蓼莪》等哀诗,悲切伤痛,传诵于黄河流域。战国以下,屈原的《九歌》、宋玉的《招魂》、景差的《大招》等祭歌,缠绵悱恻,流播于江汉之滨。到了两汉,又有《薤露》、《蒿里》等挽歌,哀音纤徐,声绕闾里。所以清代姚鼐在《古文辞类纂序目》中曾说:"哀祭类者,诗有颂,风有黄鸟、二子乘舟,皆其原也。"

古代以散文形式出现的哀祭文,最早见于《尚书》中的《周书·金縢》:"惟尔元孙某,遘厉虐疾。若尔三王,是有丕子之责于天,以旦代某之身。"

写周武王病笃,周公旦祷于三王,请以身代,史官纳其祝册于金縢之匮中。虽仍属于祭天祈祷之词,但毕竟悬念生死,情切骨肉,可视为哀祭散文的萌芽之作。其后,周代统治者为了巩固其宗法礼教制度,特别重视厚葬,王公贵族卿大夫死后,都要在祖庙前举行祭奠仪式,由史官宣读诔辞,以表彰死者功绩,并确定其谥号。儒家又把此种仪礼伦理化、规范化,使之成为中国封建社会传统礼教的重要组成部分。据《周礼》郑玄注称:"诔者,累也,累列生时行迹,读之以作谥。"诔也就成为古代哀祭文的早期形式。同时《礼记·曾子问》中还规定"贱不诔贵,幼不诔长",又给它打上了明显的封建等级烙印。最早的诔,据《檀弓》所载为鲁庄公诔县贲父、卜国,认为"士之有诔,自此始也"。但只有记事,而无诔辞。现存最早的诔辞，为《左传·哀公十六年》所载鲁哀公的《孔子诔》："旻天不吊，不遗一老，俾屏余一人以在位，茕茕余在疚！呜呼哀哉尼父！无自律。"

全文虽只短短数语，但词哀情切，体现了"祭奠之楷，宜恭且哀"（明徐师曾《文体明辨》）的抒情特征。因诔辞必经宣读，其中"呜呼哀哉"的呼号语，就被以后哀祭文所广泛套用。

两汉之间，扬雄的《元后诔》、杜笃的《大司马吴公诔》、傅毅的《明帝诔》、张衡的《司空陈公诔》、蔡邕的《济北相崔君夫人诔》、卢植的《郦文胜诔》等诔辞先后出现，盛极一时。其体例大致为："选言录行，传体而颂文，荣始而哀终。论其人也，暖乎若可觌；道其哀也，凄焉如可伤。"（梁刘勰《文心雕龙·诔碑》）也就是前列小传，记叙死者生平，表示颂扬之意；后写四言诔辞，称誉死者荣耀，寄托哀悼之思。前者为散体，后者为韵体，从而开两千多年来哀祭文韵散结合之先例。与此同时，由辞赋派生出来的哀辞、吊文，由颂神式祝辞衍生出来的散体哀祭文也相继出现。哀、吊两体从文辞上说，要求"情主于伤痛，而辞穷乎爱惜"。（刘勰《文心雕龙·哀吊》）。一般都前有序言，后有韵语，与诔辞近似。所不同的是早期哀辞"率以施于童弱夭折、不以寿终者"（晋挚虞《文章流别论》）。如曹植的《金瓠哀辞》，悼念他十九岁夭折的女儿："在襁褓而抚育，向孩笑而未言，不终年而夭绝，何见罚于皇天，信吾罪之所招，悲弱子之无愆。去父母之怀抱，灭微骸于粪土。"

哀痛伤悼之情，溢于言表。吊文则内容广泛，为古代群众性的哀悼文体。如贾谊的《吊屈原文》："恭承嘉惠兮，俟罪长沙。侧闻屈原兮，自沉汨罗。造托湘流兮，敬吊先生。遭世罔极兮，乃殒厥身。呜呼哀哉兮，逢时不祥。鸾凤伏窜兮，鸱鸮翱翔。阘茸尊显兮，谗谀得志。贤圣逆曳兮，方正倒植。"

以屈原自喻，借悲悼屈原抒发自己受贬冷落的愤懑之情。此外，还有班婕妤的《自悼赋》，吊影自怜，哀顽凄艳，为后来自祭文的滥觞；杜笃的《吊比干文》，仅"敬申吊于比干，寄长怀于尺牍"两个偶句，可算是古代挽联的最初形式了。至于哀悼性的散体祭文，首推汉光武帝的《临吊侯霸诏》："惟霸积善清洁，视事九年，汉家旧制，丞相拜日，封为列侯。朕以军师暴露，功臣未封，缘忠臣之义，不欲相逾，未及爵命，奄然而终。呜呼哀哉！"

此为政府文牍。见于私人文翰的，则有曹操的《祭桥公文》：

"故太尉桥公，诞敷明德，泛爱博容。国念明训，士思令谟。灵幽体翳，邈哉晞矣。吾以幼年，逮升堂室，特以顽鄙之姿，为大君子所纳。增荣益观，皆由奖助，犹仲尼称不如颜渊，李生之厚叹贾复。士死知己，怀此无忘。又承从容约誓之言：'殂逝之后，路有经由，不以斗酒只鸡过相沃酹，车过三步，腹痛勿怪。'虽临时戏笑之言，非至亲之笃好，胡肯为此辞乎？匪谓灵忿，能贻己疾，旧怀惟顾，念之凄怆。奉命东征，屯次乡里，北望贵土，乃心陵墓。裁致薄奠，公其尚飨！"

此为正式以"祭文"命名的开始，内容专以悼念死者为主，且追述"临时戏笑之言"，收尾又使用"尚飨"一词。这种写法，打破了以往常规，逐渐为社会各阶层所使用，而成为后代祭文的基本形式。

魏晋南北朝时期，由于社会思想解放，文学观念加强，哀祭文除为王公贵族歌功颂德之外，也出现了一些悼念骨肉、悲痛身世的至情文字，大大增强了这一文体的抒情气息。这一时期的名篇，诔辞有曹植的《王仲宣诔》、阮籍的《孔子诔》、潘岳的《马汧督诔》、颜延之的《陶征士诔》等；哀辞有上述曹植的《金瓠哀辞》以及陆机的《吴大司马陆公少女哀辞》等；吊文有祢衡的《吊张衡文》、王粲的《吊夷齐文》、李充的《吊嵇中散文》、陆机的《吊魏武帝文》；祭文有王珣的《祭徐聘士文》、陶潜的《自祭文》、王僧达的《祭颜光禄文》、孔稚圭的《祭外兄张长史文》、刘令娴的《祭夫徐悱文》等；还有用辞赋体写的哀悼文，如曹植的《慰子赋》、潘岳的《悼亡赋》、江淹的《伤爱子赋》、庾信的《哀江南赋》等。在这些各体具备的作品中，与前代相比，亦有所不同。其表现在内容上的，因本期战争迭起，叛篡频见，统治者在夺得权位后，多思正名以自固，故出现了以政府文告形式书写的哀策文。如曹丕的《武帝哀策文》、王珣的《孝武帝哀策文》等，实为古"诔"与哀辞的混合体。而一般知识分子，则感时伤世，或托古喻今，对人生表现出更多的消极情绪。如陆机的《吊魏武帝文》：

"悲夫！爱有大而必失，恶有甚而必得，知慧不能去其恶，威力不能全其爱，故前识所不用心，而圣人罕言焉。若乃柔情累于外物，留曲念于闺房，亦贤俊之所宜废乎！"

祭吊像曹操这样不可一世的人物，本可慷慨陈词，而本文却低回想象，怅然系之，涂上一层迷惘徬徨的伤感色彩。而表现在形式上的，由于本期骈体垄断文坛，一切文牍书翰，风行骈四俪六。如梁萧纲的《祭战亡者文》：

"降夫既旋，功臣又赏。班荷元勋，苏逢漏网。校尉沾荣，属国蒙奖。独念断魂，长毕灰壤。膏原染刃，委骨埋泉。徒闻自没，讵辨名传。"

可见当时连祭文也骈偶化了。同时祭文的格式也进一步趋于完备。如东晋殷允的《祭徐孺子文》开始为："惟太元六年龙集荒落冬十月哉生魄，试守豫章太守殷君谨遣左右某甲奉清萏合，一簋单羞，再拜奠汉故聘士豫章徐先生。"具体点明时间、职务、主祭人、祭品以及死者，从此就成为祭典开场白的定格。

唐宋时期，古文运动兴起，骈体形式渐微，散体文字时新。只是由于赋体、骈体接近于诗歌，尚有利于表达感情，所以哀祭文除散体之外，仍有采取赋体、骈体的。但不管采用何种形式，其内容与体例都发生了明显的变化。其一是本期谥法简化，谥议废除，正如徐师曾在《文体明辨》中说的："古之诔本为定谥，而今之诔惟以寓哀，则不必问其谥之有无，而皆可知之。至于贵贱长幼之节，亦不复论矣。"同时也不再局限于四言，而逐步向骚体、长短句过渡。如韩愈悼念欧阳詹、柳宗元悼念吕温的文章，既称"诔辞"又称"哀辞"，可见二者基本上已经合流。到了北宋，"南丰(曾巩)、东坡(苏轼)诸老所作，则总谓之哀辞焉"(明吴讷《文章辨体》)，哀辞终于取代了诔辞的地位。虽然以后在清代小说《红楼梦》里还出现《芙蓉女儿诔》，那不过是作者袭用旧称的游戏之作，已非古诔的原貌了。其二是吊文范围也逐步扩大，它不仅可以凭吊死者，而且可以凭吊可悲的事物，如唐李华的《吊古战场文》。其三是祭文名称进一步为社会各阶层所广泛运用。此外还出现告、哭、悼、葬、奠、醉、悲等别称。如李商隐的《奠小侄女寄寄文》、柳识的《许先生颍阳祠庭献醉文》、富弼的《哭尹舍人文》、陈亮的《告祖考文》等。至于韩愈的《祭鳄鱼文》、白居易的《祭庐山文》、苏轼的《祭城隍神文》，是古代祭神遗风的流传，不应属于哀祭文之列。

唐宋八大家及其他名家的哀祭佳什，篇帙纷陈，美不胜收。其中以散体称誉于世的，有陈子昂的《祭韦府君文》、韩愈的《祭十二郎文》、白居易的《祭浮梁大兄文》、李商隐的《重祭外舅司徒公文》、苏轼的《祭欧阳文忠公文》等，而又首推《祭十二郎文》，此文在内容和写作上均不依旧法。不写十二郎个人事迹，只写早年的困苦家境，成年后的睽违远隔，末尾写噩耗传来时的悲痛哀绝：

"呜呼！汝病吾不知时，汝殁吾不知日，生不能相养以共居，殁不得抚汝以尽哀，敛不凭其棺，窆不临其穴，吾行负神明而使汝夭，不孝不慈，而不得与汝相养以生，相守以死；一在天之涯，一在地之角，生而影不与吾形相依，死而魂不与吾梦相接，吾实为之，其又何尤！彼苍者天，曷其有极！"

真乃字字血泪，哀哀感人，曾被誉为"祭文中千年绝调"。以韵文称誉于世的，有王勣的《祭杜康文》、张说的《祭元十郎文》、李翱的《祭韩侍郎文》、欧阳修的《祭石曼卿文》、苏辙的《祭亡兄端明文》等。而又首推《祭石曼卿文》为代表作，此文首先慨叹死者声名之不朽，继悲死者墓道之凄凉，然后追忆过去交往之真挚；从应该忘情达观立论，却以终不能忘情作结，文笔突兀，音节抑扬，写出了作者的无限哀思，亦被誉为千古绝唱。特别是"生而为英，死而为灵"两语，常被后代祭文所引用。南宋末期，民族矛盾尖锐。王炎午于文天祥被元兵所俘时写的散体《生祭文》,与文殉国后写的韵体《望祭文》,感情壮烈,语言精湛,亦属祭文中的杰作。

当然,从写作风格来对比,唐宋祭文还是各具特色的。唐文以情胜,宋文则以理胜。因唐代碑碣墓志,大量涌现,有关死者升降起居之迹,歌功颂德之词,已被此等谀文所囊括,祭文所写,多属哀挽之语,更显得情真意切。如前述的《祭十二郎文》,固然洋洋千言,一往情深,就是韩的另一短章《祭房君文》,亦复如是:

"维年月日,愈谨遣吏皇甫悦以酒肉之馈,展祭于五官蜀客之柩前:呜呼!君乃至于此,吾复何言?若有鬼神,吾未死,无以妻子为念!呜呼!君其能闻此言否?尚飨!"

全文仅六十余字,写来却一字一泪,令人不忍卒读。宋代的祭文,则由于受到宋诗议论化的影响,也蒙上了一层议论的轻纱。如王安石的《祭欧阳文忠公文》的起笔:

"夫事有人力之可致,犹不可期;况复天理之溟漠,又安可得而推?惟公生有闻于当时,死有传于后世,苟能如此足矣,而亦又何悲!"

该文本系长篇韵体祭文,却不作缠绵往复语,而从议论入题,称道欧阳修的生平为人,气势豪健,在当时诸文家所作祭文中,也被评居首位。至于李易安的《祭赵湖州文》:"白日正中,叹庞翁之机捷;坚城自堕,怜杞妇之悲深。"则深刻地概述了对其夫赵明诚的悼念,名为祭文,却偶句双起,对仗工稳,则与宋代已经定型的挽联处于边缘状态了。

元明清三代,为我国哀祭文写作的持续阶段。虽创新之作不多,但在继承上却成绩斐著。其中以散体著称的,有王守仁的《瘗旅文》、归有光的《祭外姑文》、钟惺的《告亡儿肆夏文》、刘大櫆的《祭舅氏文》、袁枚的《祭妹文》、吴汝纶的《祭李文忠公文》,以及鸦片战争时期《浙江府厅县生祭黄冕文》等。如《祭外姑文》:

"癸巳之岁,秋冬之交,忽遘危疾,气息掇掇。犹日念母,扶而归宁。疾既大作,又扶以东。沿流二十四里,如不能至。十月庚子,将绝之夕,问侍者曰:'二鼓矣。'闻户外风淅淅,曰:'天寒风且作,吾母其不能来乎?吾其不能待乎?'呜呼!颠危困顿、临死垂绝之时,母子之情何如也!"

通过已故妻子临死思母细节的描述,以悼念今日岳母故世、子女已先期早殇的惨痛,高度表现了哀祭文的文学特征。又如《祭妹文》:

"呜呼!身前既不可想,身后又不可知;哭汝既不闻汝言,奠汝又不见汝食。

纸灰飞扬，朔风野大，阿兄归矣，犹屡屡回头望汝也。呜呼哀哉！呜呼哀哉！”

文中絮絮忆往，簌簌泪下，骨肉情深，肝肠寸断，曾被语文课本多次选读。其中以韵体（或骈体）著称的，有徐渭的《祭少保胡公文》、黄宗羲的《张待轩先生哀辞》、严绳孙的《祭纳兰性德文》、曹寅的《祭郭汝霖先生文》、汪中的《哀盐船文》、梅曾亮的《祭陈石士先生文》等。如《哀盐船文》：“呜呼哀哉！且夫众生乘化，是云天常。妻孥环之，气绝寝床。以死卫上，用登明堂。离而不懖，祀为国殇。兹也无名，又非其命。天乎何辜，罹此冤横？游魂不归，居人心绝。麦饭壶浆，临江呜咽。”

此中写盐船失火，众多客商死于非命的惨状，哀啭凄厉，寄寓了作者无限的同情与伤感，因而也素称名篇。

总之，古代的哀祭文从诔辞开始，经过哀辞、吊文和祭文的沿革，一直发展到现代白话文的悼词、悼念文章、唁电等，清楚地显示了我国哀祭文体伴随着社会演变而向前延续和发展的轨迹。看来现有的悼词将与挽诗、挽联鼎足而三，驰骋风行于哀祭文坛，长期葆有其旺盛的生命力。

（本文题为《古代的哀祭文》 作者：佚名 来源：发花文艺网）

### 3.3.3 “祭文”和“悼亡诗”比较

祭文和悼亡诗虽然都属于悼祭文学，但严格说来，二者还不是同一类型的概念。祭文是古文的一种文体，按照姚鼐在《古文辞类纂》里的意见，文体分为论辨、序跋、奏议、书说、赠序、诏令、传状、碑志、杂记、箴铭、颂赞、辞赋、哀祭等十三类。其中哀祭类就包括哀辞和祭文，两者同为哀悼死者，之间的区别是：祭文是要在设坛祭奠时朗诵的。祭文起源于祝文，最早是向死者献上食品，招呼他们来吃的（所以标准的祭文总是以“尚飨”或者“伏惟尚飨”结尾），后来慢慢加上了别的内容。明朝徐师曾在《文体明辨序说》里介绍了这种变化：“按祭文者，祭奠亲友之辞也。古之祭祀，止于祭祝，止于告飨而已。中世以还，兼赞言行，以寓哀伤之意，盖祝文之变体也。其辞有散文，有韵语，有俪语，而韵语之中，又有散文、四言、六言、杂言、骚体、俪体之不同。”唐宋以后，祭文的格式渐渐趋于定型，至明清，已演变成一种纯粹的形式，就像葬礼上的嚎啕假哭一样。悼亡诗则并非某种诗体，而是一个约定俗成的泛类。最早以《悼亡》为题的，是晋朝潘岳的三首追悼亡妻的诗作。之后，男子丧妻，也纷纷用“悼亡”作为诗题，渐渐地，“悼亡诗”约定俗成为夫悼亡妻的内容。这种习惯并不规范，所以例外很多,比如明朝的薄少君女士,她悼念亡夫的诗作多达百首——数目也许是同类题目的冠军——同样是以“悼亡”为题。

祭文和悼亡诗最重要的不同之处不在于体裁,而是说话的口气。祭文是对着死者发言的;悼亡诗近似自言自语。

从韩愈《祭十二郎文》到欧阳修《祭石曼卿文》到明清的一些形式祭文能看出,祭文写到后来,不大像是针对某个人的了,谁都适用。悼词是祭文的现代版,似乎也有这个趋势。相比之下,悼亡诗的发展保留了充分的个人空间,后人不吟诗不填词,也会用其他的形式把自己和死者最独特的关系写出来。

陆游:禹迹寺南,有沈氏小园。四十年前,尝题小词一阕壁间。偶复一到,而园已三易其主,读之怅然:

枫叶初丹槲叶黄,河阳愁鬓怯新霜。
林亭感旧空回首,泉路凭谁说断肠?
坏壁醉题尘漠漠,断云幽梦事茫茫。
年来妄念消除尽,回向蒲龛一炷香。

薄少君:《悼亡诗百首·之五》

北邙幽恨结寒云,千载同悲岂独君?
焉得长江俱化酒,将来浇尽古今坟。

纳兰性德:《浣溪沙》

谁念西风独自凉,萧萧黄叶闭疏窗。沉思往事立残阳。被酒莫惊春睡重,赌书消得泼茶香。

(本文题为《“祭文”和“悼亡诗”》 作者:佚名 来源:同怀网)

# 后 记

今年开春，经兰州大学出版社张宏发君的牵线，编者和靖远县委杜树泽、靖远师范高振茂、靖远二中张永选诸君商议，承担了兰州大学出版社立项的“农家书屋”之《谱牒、碑文、祭文赏析》一书的编写任务。

《谱牒、碑文、祭文赏析》的编写从今年一月份开始，到六月份完成，历时半年。在编写过程中，我们得到了兰州大学出版社领导的关心支持，还有那些热衷于传统文化的传承者的大力帮助，是他们给了我们巨大的鼓舞和动力，本书能在不太长的时间内编写完成，应该说是大家共同努力的结果，融入了集体的智慧和劳动。

我们要特别感谢兰大出版社的张宏发先生、施援平先生及其他各位编辑，他们为该书的顺利完成付出了很多时间和精力，给予了我们热情的帮助和指导。需要说明的是，我们在书中选录的除了自撰的文章外，还收编了一些来自网络和期刊的文章，这些文章我们都标明了出处，并将原作者的姓名附在了文后，在此也对这些文章的作者表示感谢。

《谱牒、碑文、祭文赏析》系兰大出版社“农家书屋”系列丛书之一，编写此书我们深感责任重大，从收集资料到编写成书，是一项艰苦复杂的文化工程。在编写过程中，我们深感时间短，资料匮乏，加上学识和水平有限，虽然大家尽心竭力，但难免存有瑕疵和疏漏，诚望专家同仁给予批评指正，我们将诚恳接受，并致谢忱。

编 者

2009 年 6 月